JN063173

山形県の教員採用試験過去問シリーズ⑦

2025年度版

山形県の理科

過去問

協同教育研究会 編

協同出版

本書には，山形県の教員採用試験の過去問題を収録しています。各問題ごとに，以下のように5段階表記で，難易度，頻出度を示しています。

難　易　度

非常に難しい　☆☆☆☆☆
やや難しい　☆☆☆☆
普通の難易度　☆☆☆
やや易しい　☆☆
非常に易しい　☆

頻　出　度

◎　ほとんど出題されない
◎◎　あまり出題されない
◎◎◎　普通の頻出度
◎◎◎◎　よく出題される
◎◎◎◎◎　非常によく出題される

※本書の過去問題における資料，法令文等の取り扱いについて

本書の過去問題で使用されている資料や法令文の表記や基準は，出題された当時の内容に準拠しているため，解答・解説も当時のものを使用しています。ご了承ください。

はじめに～「過去問」シリーズ利用に際して～

教育を取り巻く環境は変化しつつあり，日本の公教育そのものも，教員免許更新制の廃止やGIGAスクール構想の実現などの改革が進められています。また，現行の学習指導要領では「主体的・対話的で深い学び」を実現するため，指導方法や指導体制の工夫改善により，「個に応じた指導」の充実を図るとともに，コンピュータや情報通信ネットワーク等の情報手段を活用するために必要な環境を整えることが示されています。

一方で，いじめや体罰，不登校，暴力行為など，教育現場の問題もあいかわらず取り沙汰されており，教員に求められるスキルは，今後さらに高いものになっていくことが予想されます。

本書の基本構成としては，出題傾向と対策，過去5年間の出題傾向分析表，過去問題，解答および解説を掲載しています。各自治体や教科によって掲載年数をはじめ，「チェックテスト」や「問題演習」を掲載するなど，内容が異なります。

また原則的には一般受験を対象としております。特別選考等については対応していない場合があります。なお，実際に配布された問題の順番や構成を，編集の都合上，変更している場合があります。あらかじめご了承ください。

最後に，この「過去問」シリーズは，「参考書」シリーズとの併用を前提に編集されております。参考書で要点整理を行い，過去問で実力試しを行う，セットでの活用をおすすめいたします。

みなさまが，この書籍を徹底的に活用し，教員採用試験の合格を勝ち取って，教壇に立っていただければ，それはわたくしたちにとって最上の喜びです。

協同教育研究会

CONTENTS

第１部

山形県の
理科
出題傾向分析

山形県の理科　傾向と対策

中学理科については，例年通り学習指導要領から1問，山形県の科学的なトピックに関する問題を含む中学・高校共通の総合問題が1問，物理・化学・生物・地学の各科目が1問ずつ，計6問が出題された。解答は記述式である。学習指導要領については，教科の目標，第1分野の学習内容についての空欄補充に加えて，各分野の内容の取扱いについて学習指導要領の記載に基づいて記述させる問題が出題され，出題範囲も広く，他県と比較してやや難易度は高い。中学・高校共通の総合問題は，科学の日常的な話題も含めた一問一答式で，普段から科学に関する話題に関心を持ち，それにまつわる固有名詞が頭に入っていないと完答できない問題も出題される。山形県における近年話題となった科学の時事問題が出題されることが多いため，日頃から科学的な時事・山形県の地学的な特徴について確認することを勧める。物理・化学・生物・地学の各問題は中学の内容から高校の理科基礎科目範囲の内容まで含まれる。そのため，中学理科に関しては，中学，高校の教科書を関連づけながらの十分な理解と標準的な問題演習で対応できる。難易度は基礎・標準レベルであるが，出題範囲が広いことに加え，解答形式は，反応式，途中式の記述や説明など，記述力が必要なので，偏りなく学習しておく必要がある。

高校理科については，2024年度は物理，化学，地学の3科目の募集であった。2023年度は生物のみ，2022年度は物理，化学，生物の3科目，2021年度は物理，生物，地学の3科目であり，年度によって教員採用予定の科目が異なっているので，志望する科目の募集の有無を事前に確認する必要がある。学習指導要領の問題が1問，中学・高校共通の科学に関する問題が1問の2問に加え，3～4問(合計5～6問)を専門科目として課している。中学理科が基礎的な出題であるのに対し，高校理科の難易度はどの科目も高い。学習指導要領に関しては，2024年度は各科目にわたる指導計画の作成と内容の取扱い，「理数探究」の履修の原則についての記述問題が出題された。2023年度は各科目にわたる指導計画の作成と内容の取扱い，「理数探究基礎」，「理数探究」の履修を「総合的な探究」に替えることができる場合について説明させる記述式問題が，2022年度は理科と理数の目標，各科目にわたる指導計画の作成と内容の取り扱い，2021年度は物理基礎・生物基礎・地学基礎の目標から出題されている。選択した専門の範囲のみが取り扱われる訳ではないことに加え，記述式で出題されるため，理科の学習指導要領は用語を意識し，しっかりと目を通し，理解する必要がある。高校理科の各専門科目の出題は，例年，高校の教科書には記述がない，一部大学レベルにまで踏み込んだ出題もあるので，自分の専門科目については，過去の傾向を見ながら，対策を講じておく必要がある。大学受験レベルの問題を学習することが効果的であるが，科目によって傾向がやや異なるので，数年分の過去問に当たった上で，出題傾向を自分で分析し，出題形式に慣れ，論述力など，解答の表現力を身につけていく必要があるだろう。

過去5年間の出題傾向分析

■中学理科

科目	分類	主な出題事項	2020年度	2021年度	2022年度	2023年度	2024年度
物理	身近な物理現象	光					
		音		●		●	
		力	●				●
	電流の働き	電流と回路	●		●		
		電流と磁界					
	運動の規則性	運動と力	●		●		
		仕事，エネルギー，熱				●	
	学習指導要領	内容理解，空欄補充，正誤選択	●	●	●	●	●
化学	身近な物質	物質の性質	●				
		物質の状態変化			●		
		水溶液	●				
		酸性・アルカリ性の水溶液	●				
		気体の性質	●				
	化学変化と分子・原子	物質の成り立ち		●		●	
		化学変化と物質の質量		●	●	●	
	物質と化学変化の利用	酸化・還元					
		化学変化とエネルギー					
	学習指導要領	内容理解，空欄補充，正誤選択	●	●	●	●	●
生物	植物のからだのつくりとはたらき	観察実験	●				
		花や葉のつくりとはたらき	●				
		植物の分類					
	動物のからだのつくりとはたらき	刺激と反応					
		食物の消化					
		血液の循環					
		呼吸と排出					
	生物の細胞と生殖	生物のからだと細胞	●			●	
		生物の殖え方					
		環境・生態系			●		
	学習指導要領	内容理解，空欄補充，正誤選択	●	●	●	●	●
地学	大地の変化	岩石	●	●			
		地層		●	●		
		地震			●		
	天気の変化	雲のでき方・湿度		●			●
		前線と低気圧				●	
		気象の変化					

科目	分類	主な出題事項	2020年度	2021年度	2022年度	2023年度	2024年度
地学	地球と宇宙	太陽系	●				
		地球の運動と天体の動き	●			●	
	学習指導要領	内容理解，空欄補充，正誤選択	●		●	●	●

■高校物理

分類	主な出題事項	2020年度	2021年度	2022年度	2023年度	2024年度
力学	力		●	●		●
	力のモーメント					
	運動方程式	●	●	●		
	剛体の回転運動					
	等加速度運動		●	●		●
	等速円運動		●			●
	単振動	●				
	惑星の運動・万有引力		●			
	仕事，衝突		●	●		
波動	波動の基礎		●			
	音波		●	●	●	
	光波		●			●
電磁気	電界と電位			●		●
	コンデンサーの基礎			●		
	直流回路					
	コンデンサー回路			●		
	電流と磁界	●				●
	電磁誘導	●				●
	交流電流					
	電磁波					
熱と気体	熱，状態の変化		●			●
	状態方程式		●			●
	分子運動		●			
	熱力学第一法則					
原子	光の粒子性	●	●			
	物質の二重性	●	●			
	放射線	●				
	原子核反応					
その他	実験・観察に対する考察					
学習指導要領	内容理解，空欄補充，正誤選択	●	●	●	●	●

■高校化学

分類	主な出題事項	2020年度	2021年度	2022年度	2023年度	2024年度
物質の構成	混合物と純物質					
	原子の構造と電子配置				●	
	元素の周期表					
	粒子の結びつきと物質の性質		●	●	●	
	原子量，物質量		●			
	化学変化とその量的関係		●		●	●
物質の変化	熱化学	●				
	酸と塩基	●		●		●
	酸化と還元			●		●
	電池			●		
	電気分解	●				●
無機物質	ハロゲン					
	酸素・硫黄とその化合物					
	窒素・リンとその化合物					
	炭素・ケイ素とその化合物					
	アルカリ金属とその化合物					●
	2族元素とその化合物					
	アルミニウム・亜鉛など					
	遷移元素	●		●		
	気体の製法と性質					
	陽イオンの沈殿，分離					
有機化合物	脂肪族炭化水素					●
	アルコール・エーテル・アルデヒド・ケトン					●
	カルボン酸とエステル					
	芳香族炭化水素	●				
	フェノールとその誘導体	●				
	アニリンとその誘導体					
	有機化合物の分離					
物質の構造	化学結合と結晶			●		
	物質の三態					●
	気体の性質					
	溶液，溶解度					
	沸点上昇，凝固点降下，浸透圧					●
反応速度と化学平衡	反応速度					
	気相平衡	●				
	電離平衡			●		
	溶解度積					
	ルシャトリエの原理	●				

分類	主な出題事項	2020 年度	2021 年度	2022 年度	2023 年度	2024 年度
天然高分子	糖類					
	アミノ酸・タンパク質					
	脂質					
合成高分子	合成繊維					
	合成樹脂（プラスチック）			●		
	ゴム					
生活と物質	食品の化学					
	衣料の化学					
	材料の化学					
生命と物質	生命を維持する反応					
	医薬品					
	肥料					
学習指導要領	内容理解，空欄補充，正誤選択	●		●	●	●

■高校生物

分類	主な出題事項	2020 年度	2021 年度	2022 年度	2023 年度	2024 年度
細胞・組織	顕微鏡の観察					
	細胞の構造					
	浸透圧					
	動物の組織					
	植物の組織					
分裂・生殖	体細胞分裂				●	
	減数分裂				●	
	重複受精				●	
発生	初期発生・卵割					
	胚葉の分化と器官形成		●			
	誘導		●			
	植物の組織培養		●			
感覚・ 神経・行動	感覚器				●	
	神経・興奮の伝導・伝達				●	
	神経系					
	動物の行動					
恒常性	体液・血液循環			●		
	酸素解離曲線			●		
	ホルモン					
	血糖量の調節					
	体温調節					
	腎臓・浸透圧調節					
	免疫					

出題傾向分析

分類	主な出題事項	2020年度	2021年度	2022年度	2023年度	2024年度
恒常性	器官生理		●			
	自律神経系					●
遺伝	メンデル遺伝		●		●	
	相互作用の遺伝子					
	連鎖				●	
	伴性遺伝					
	染色体地図					
植物の反応	植物の反応					
	植物ホルモン					
	オーキシンによる反応					
	種子の発芽					
	花芽形成					
遺伝子	DNAの構造とはたらき		●	●	●	
	遺伝情報の発現とタンパク質合成		●			
	遺伝子の発現・調節		●			
	遺伝子工学		●	●	●	
酵素・異化	酵素反応					●
	好気呼吸					
	嫌気呼吸					
	筋収縮					
同化	光合成曲線			●		
	光合成の反応			●		
	窒素同化		●			
	C4植物					
個体群・植物群落・生態系	成長曲線・生存曲線・生命表			●		
	個体群の相互作用			●		
	植物群落の分布					
	植物群落の遷移					
	物質の循環					
	物質生産					
	湖沼生態系					
	環境・生態系					
進化・系統・分類	進化の歴史					
	分子系統樹		●			
	進化論		●			
	集団遺伝				●	
	系統・分類					
学習指導要領	内容理解，空欄補充，正誤選択	●	●		●	

■高校地学

分類	主な出題事項	2020年度	2021年度	2022年度	2023年度	2024年度
惑星としての地球	地球の姿		●			●
	太陽系と惑星					
大気と海洋	大気の運動		●			●
	天候		●		●	●
	海水の運動		●			
地球の内部	地震と地球の内部構造		●	●		●
	プレートテクトニクス		●	●		
	マグマと火成活動			●		
	地殻変動と変成岩					
地球の歴史	地表の変化と堆積岩		●			●
	地球の歴史の調べ方		●			●
	日本列島の生い立ち					
宇宙の構成	太陽の姿		●			●
	恒星の世界					●
	銀河系宇宙					
その他	実習活動の要点					
学習指導要領	内容理解，空欄補充，正誤選択	●	●		●	●

第２部

山形県の
教員採用試験
実施問題

2024年度　実施問題

中　高　共　通

【1】次の問いに答えなさい。

1 「水中の物体は，その物体が押しのけた水にはたらく重力と同じ大きさの浮力を受ける」という原理がある。これを何の原理というか，書きなさい。

2　乾燥剤や脱臭剤に使われている，ケイ酸を乾燥させたものを何というか，書きなさい。

3　自律神経系のうち，心臓の拍動を促進させたり，瞳孔を拡大させたりなど，活動状態や興奮状態ではたらく神経を何というか，書きなさい。

4　湿った空気が山の斜面に沿って雨を降らせながら山を越え，山を吹き下りる際に高温で乾燥した風が吹く現象を何というか，書きなさい。

5　大江町の最上川河床で発見された化石で，山形県の天然記念物に指定された，草食で大型の海棲哺乳類の名称を書きなさい。

(☆☆☆◎◎◎)

中　学　理　科

【1】「中学校学習指導要領」(平成29年3月告示)「第2章　各教科　第4節　理科」に関して，次の問いに答えなさい。

1　次の文は，「第2　各分野の目標及び内容〔第1分野〕 1　目標」の一部である。文中の空欄(　a　)～(　d　)にあてはまる語句を，それぞれ書きなさい。

(1)　物質やエネルギーに関する(　a　)・現象についての観察，実験などを行い，身近な物理現象，電流とその利用，運動とエネルギー，身の回りの物質，化学変化と原子・分子，化学変化とイオンなどについて(　b　)するとともに，科学技術の発展と人間生活との関わりについて認識を深めるようにする。また，それらを(　c　)に探究するために必要な観察，実験などに関する基本的な(　d　)を身に付けるようにする。

2　「第2　各分野の目標及び内容〔第2分野〕 2　内容　(3)　生物の体のつくりと働き」について，次の問いに答えなさい。

(1)　次の文は，「(3)　生物の体のつくりと働き　イ」に記載されている内容である。文中の空欄(　e　)～(　g　)にあてはまる語句を，それぞれ書きなさい。

イ　身近な植物や動物の体のつくりと働きについて，(　e　)をもって解決する方法を立案して観察，実験などを行い，その結果を分析して(　f　)し，生物の体のつくりと働きについての規則性や関係性を(　g　)て表現すること。

(2)　「3　内容の取扱い」において，第2分野「(3)　生物の体のつくりと働き」は，第何学年で取り扱うものとされているか，書きなさい。

3　次の文は，「第3　指導計画の作成と内容の取扱い　1　(4)」である。文中の空欄(　　)にあてはまる語句を書きなさい。

(4)　日常生活や(　　)等との関連を図ること。

(☆☆◎◎◎)

【2】次の文章を読んで，以下の問いに答えなさい。

A酢酸水溶液の濃度を求めるために，次の①～④の手順で実験を行った。

【実験】

① $_{B}$水酸化ナトリウム約4gを蒸留水に溶かして500mLの水溶液をつくった。

② $_{C}$シュウ酸二水和物$(COOH)_2 \cdot 2H_2O$の結晶2.52gをはかりとり，蒸留水に溶かし，200mLの(　a　)に入れて標線まで蒸留水を加えた。

③ ②でつくったシュウ酸水溶液20mLを(　b　)で正確にとり，(　c　)に入れ，$_{D}$指示薬を数滴加えたのち，①でつくった水酸化ナトリウム水溶液を(　d　)に入れて滴下した。

④ 酢酸水溶液20mLを(　b　)で正確にとり，③とは別の(　c　)に入れ，指示薬を数滴加えたのち，③で濃度を求めた水酸化ナトリウム水溶液を(　d　)に入れて滴下した。

1　空欄(　a　)～(　d　)にあてはまる器具として最も適切なものを，次のア～クの中からそれぞれ一つずつ選び，記号で答えなさい。

ア　枝つきフラスコ　　イ　コニカルビーカー
ウ　こまごめピペット　　エ　ビュレット
オ　ホールピペット　　カ　丸底フラスコ
キ　メスシリンダー　　ク　メスフラスコ

2　下線部Aについて，酢酸の示性式を書きなさい。

3　下線部Bについて，水酸化ナトリウムにみられる，空気中の水分を吸収して溶ける現象を何というか，書きなさい。

4　下線部Cについて，シュウ酸$(COOH)_2$が還元剤としてはたらくと，二酸化炭素に変化する。この変化を電子e^-を用いたイオン反応式で表しなさい。

5　下線部Dの指示薬として最も適切な指示薬を，次のア～エの中から一つ選び，記号で答えなさい。

ア　フェノールフタレイン　　イ　メチルオレンジ
ウ　メチルレッド　　エ　リトマス

6　図は，④での(　c　)内における水溶液中のあるイオンの物質量と，滴下した水酸化ナトリウム水溶液の体積の関係を表している。X,

Yにあてはまるイオンを，以下のア～オの中からそれぞれ一つずつ選び，記号で答えなさい。

図

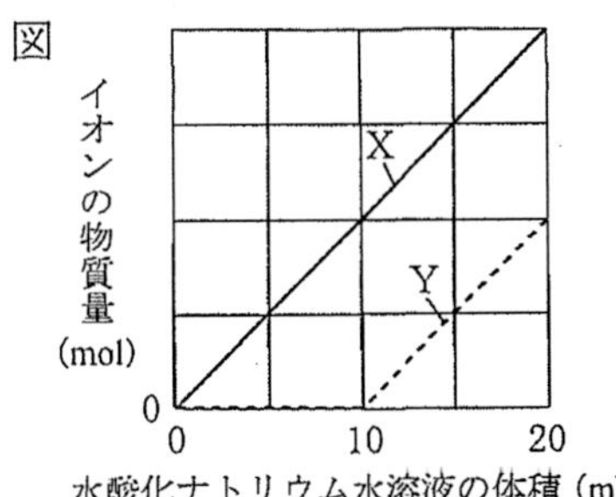

ア　酢酸イオン　　イ　シュウ酸イオン　　ウ　水酸化物イオン

エ　水素イオン　　オ　ナトリウムイオン

7　実験の結果，③および④における中和点までの水酸化ナトリウムの滴下量は，それぞれ21mL，10mLであった。酢酸水溶液のモル濃度は何mol/Lか，求めなさい。ただし，原子量はH＝1.0，C＝12，O＝16とし，答えの数値は有効数字2桁で書き，求め方も書きなさい。

(☆☆☆◎◎◎◎)

【3】次の問いに答えなさい。

1　光について述べた次の文章を読んで，以下の問いに答えなさい。

光がまっすぐ進むことを光の(　a　)という。空気中からガラスなどの透明なものに，境界面に対して斜めに光をあてると，境界面で反射する光とガラスの中に進む光が観察できる。ガラスの中に進む光は，入射光の延長線上から少し折れ曲がって進むが，このように，異なる物質の境界面で光が折れ曲がって進む現象を光の(　b　)という。この現象は，空気中に比べてガラスの中では光の波長が(　c　)なり，光の速さが(　d　)ことで起こる。

(1)　空欄(　a　)，(　b　)にあてはまる最も適切な語句を，それぞれ書きなさい。

(2)　空欄(　c　)，(　d　)にあてはまる語句の組み合わせとして適切なものを，次のア～カの中から一つ選び，記号で答えなさい。

ア　c　長く　　d　速くなる
イ　c　長く　　d　変わらない
ウ　c　長く　　d　遅くなる
エ　c　短く　　d　速くなる
オ　c　短く　　d　変わらない
カ　c　短く　　d　遅くなる

2　凸レンズの前方30cmの位置に光源を置いたところ，凸レンズの後方に置いたスクリーンに光源と同じ大きさの実像ができた。次の問いに答えなさい。

(1)　この凸レンズの焦点距離は何cmか，求めなさい。

(2)　光源を凸レンズから少しずつ遠ざけていくと，実像のできる位置と実像の大きさはそれぞれどうなるか，簡潔に書きなさい。

3　図は，人が全身を鏡にうつしている様子を示している。以下の問いに答えなさい。ただし，人のつま先から目の高さまでは144cm，目の高さから頭の先の高さまでは16cmとし，つま先，目，頭の先は一直線上にあるとする。

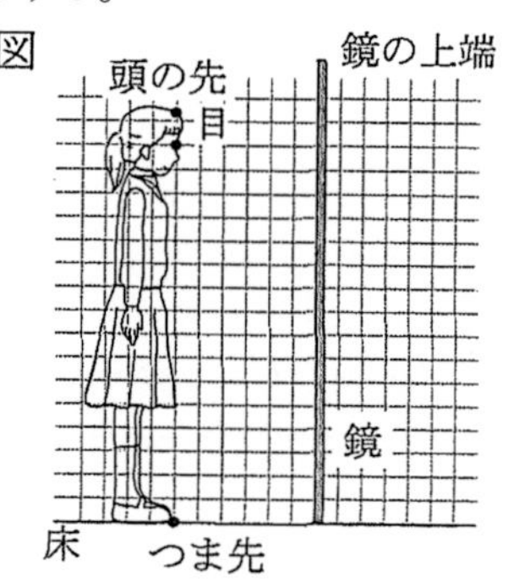

(1)　つま先から出た光が，鏡に反射して目に届くまでの光の道すじを，図にかきなさい。

(2)　図の状態で人の全身を鏡にうつすには，鏡の上端の位置が，少なくとも床から何cmの高さにあればよいか，求めなさい。

(☆☆◎◎◎)

【4】次の文章を読んで，以下の問いに答えなさい。

生体内で起こるさまざまな化学反応には，酵素と呼ばれる物質がはたらいている。酵素は，主に①タンパク質からできており，②DNAの遺伝情報に基づいて，必要に応じて細胞内で合成されている。酵素自体は反応の前後で変化しないため，少量の酵素があれば，くり返しはたらいて反応を促進し続けることができる。

酵素がはたらく相手の物質を基質といい，③酵素は特定の基質にしかはたらかない。このため生体内で起きる数多くの化学反応には，それぞれの基質に対応した数多くの種類の酵素が存在している。図1は，一定濃度の酵素と基質を，④37℃で反応させたときに生じる生成物の量の変化を示したものである。

図1

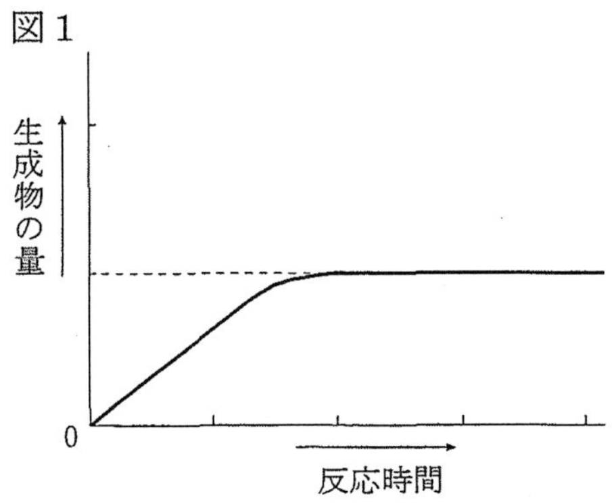

1　下線部①について，タンパク質を構成する基本単位は何か，書きなさい。

2　下線部②について，タンパク質の合成過程において，DNAの遺伝情報である塩基配列が，写し取られてRNAがつくられる過程を何というか，書きなさい。

3　下線部③について，次の問いに答えなさい。

(1)　酵素が特定の基質にしかはたらかない性質を何というか，書きなさい。

(2)　アミラーゼがはたらく基質として最も適切なものを，次のア～オの中から一つ選び，記号で答えなさい。

ア　グルコース　　イ　脂肪　　ウ　セルロース

エ　タンパク質　　オ　デンプン

4　図1のグラフについて，反応時間が経過すると，やがて生成物の量が増加しなくなるが，その理由を簡潔に書きなさい。

5　図1のグラフが得られたときの条件を，以下の(1)，(2)のように変えて反応させた場合，得られるグラフはどのようになるか。最も適切なものを図2のA～Eの中からそれぞれ一つずつ選び，記号で答えなさい。なお，図2の点線Xのグラフは，図1のグラフに相当している。

図2

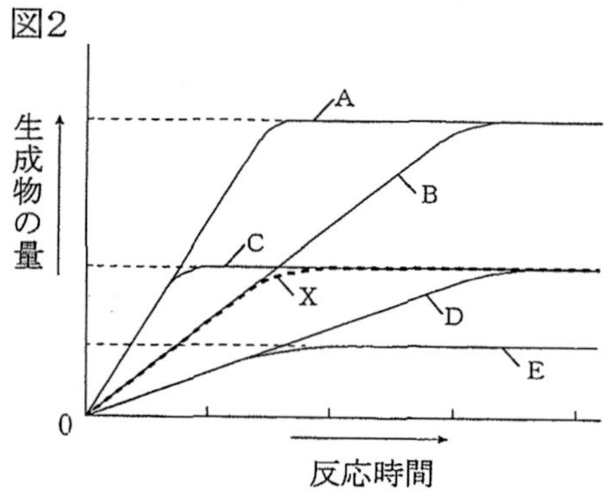

(1)　反応開始時に酵素濃度を2倍にする。ただし，他の条件はそのままとする。

(2)　反応温度を20℃にする。ただし，他の条件はそのままとする。

6　下線部④について，60℃の高温下で反応させると反応速度が下がるが，その理由を簡潔に書きなさい。

(☆☆☆◎◎◎)

【5】次の文章を読んで，以下の問いに答えなさい。

大気や海洋の運動エネルギーは，太陽からの光がもたらしている。太陽は電磁波を宇宙に放射しており，これを太陽放射という。太陽放射に含まれる電磁波のうち，波長別の太陽放射エネルギーの強さは，(　a　)の部分が最も強い。

地球は太陽放射を常に受け取っているが，地表や大気の平均温度は，長い期間にわたって一定の範囲に保たれている。これは地球が吸収する太陽放射エネルギーと同じ量のエネルギーが①地球放射として地球から大気圏外に放出され，②地球のエネルギー収支がつり合っているからである。

地球の大気には温室効果ガスが含まれており，それらの温室効果によって地表の平均温度は約15℃に保たれている。もし地球に大気がない場合，地表の平均温度は約(　b　)℃になると考えられている。

地球が受け取る太陽放射エネルギーを，地球上の各地域で考えると，吸収するエネルギー量は赤道付近で多く，両極域で少なくなる。これは地球は球形であることから，③赤道付近で単位面積あたりに受け取る太陽放射のエネルギーが大きくなるからである。また，④太陽放射で吸収した熱は大気や海洋の流れによって輸送されている。つまり，大気や海洋の運動である⑤風や海流は，地球上の熱収支のアンバランスな状態を緩和する役割を果たしている。

1　空欄(　a　)にあてはまる語句として最も適切なものを，次のア～オの中から一つ選び，記号で答えなさい。

ア　X線　　イ　可視光線　　ウ　γ線　　エ　紫外線

オ　電波

2　空欄(　b　)にあてはまる数字として最も適切なものを，次のア～オの中から一つ選び，記号で答えなさい。

ア　－18　　イ　－8　　ウ　0　　エ　8　　オ　18

3　下線部①について，夜間は太陽放射がなくなり，地球放射だけになるため地表面は冷える。このような現象を何というか，漢字四字で書きなさい。

4　下線部②について，図1は地球に入射する太陽放射エネルギーの量を100としたときの，太陽放射のゆくえと，地球からのエネルギー移動の様子を表している。以下の問いに答えなさい。ただし，地球のエネルギー収支はつり合っているものとする。

図１

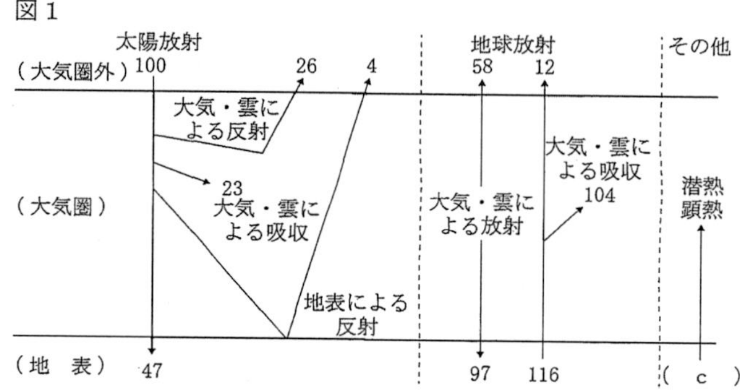

(1)　(　c　)にあてはまる数字を書きなさい。

(2)　大気・雲による吸収が，太陽放射よりも地球放射からの方が大きいのはなぜか，理由を簡潔に書きなさい。

5　下線部③について，赤道付近で単位面積あたりに受け取る太陽放射のエネルギーが大きくなるのはなぜか，簡潔に書きなさい。

6　下線部④について，図2は大気と海洋による熱輸送量の和と，海洋による熱輸送量の緯度分布を，北向きを正として表したものである。熱輸送について適切でないものを，以下のア～エの中から一つ選び，記号で答えなさい。

図２

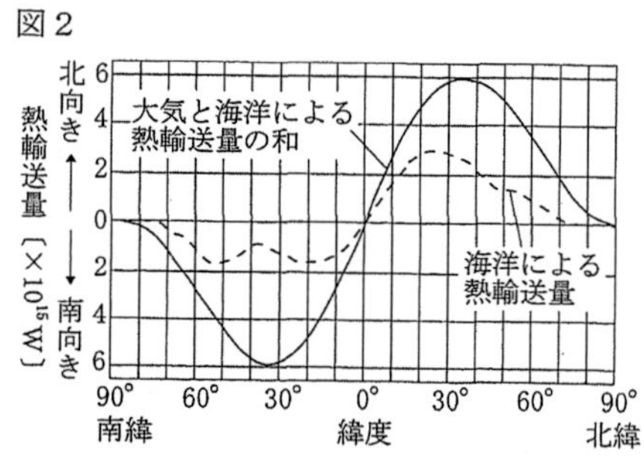

ア　大気と海洋による熱輸送は，南緯60°では南向きである。

イ　北緯40°～60°では，海洋よりも大気による熱輸送量の方が大きい。

ウ　海洋による熱輸送量は，南緯30°より北緯30°の方が大きい。

エ　大気による熱輸送量は，北緯20°より北緯40°の方が小さい。

7　下線部⑤について，天気が晴れ，風向が西北西の風，風力が6のとき，天気図で用いる記号を図3にかきなさい。

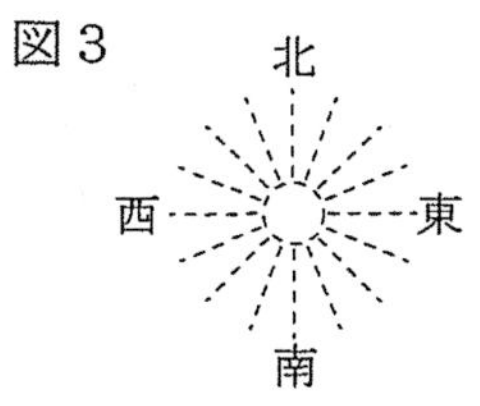

(☆☆☆◎◎◎◎)

高校理科

【共通問題】

【1】「高等学校学習指導要領」(平成30年3月告示)に関して，次の問いに答えなさい。

1　次の文章は，「第2章　各学科に共通する各教科」の「第5節　理科」及び「第11節　理数」における「第3款　各科目にわたる指導計画の作成と内容の取扱い」の一部である。空欄(　a　)～(　h　)にあてはまる語句を，それぞれ書きなさい。

【第5節　理科】

> (1)　単元など内容や時間の(　a　)を見通して，その中で育む資質・能力の育成に向けて，生徒の主体的・(　b　)で深い学びの実現を図るようにすること。その際，理科の学習過程の(　c　)を踏まえ，理科の見方・考え方を働かせ，見通しをもって観察，実験を行うことなどの(　d　)に探究する学習活動の充実を図ること。
>
> (4)　障害のある生徒などについては，学習活動を行う場合に生じる(　e　)に応じた指導内容や指導方法の工夫を計画的，(　f　)に行うこと。

【第11節　理数】

> (1)　単元など内容や時間の(　a　)を見通して，その中で育む資質・能力の育成に向けて，生徒の主体的・(　b　)で深い学びの実現を図るようにすること。その際，生徒や学校，地域の実態等に応じて，生徒が数学的な見方・考え方や理科の見方・考え方を(　g　)などして働かせ，様々な事象や課題に向き合い，主体的に探究することができるよう(　h　)を生かした教育活動の充実を図ること。

2 「第11節　理数　第3款　各科目にわたる指導計画の作成と内容の取扱い」に示されている，理数に関する学科における「理数探究」の履修の原則は何か，書きなさい。

(☆☆◎◎◎)

【物理】

【1】次の文章を読んで，あとの問いに答えなさい。

図のように，長さLの軽くて細い伸び縮みしない糸の一端を点Oに固定し，他端に質量mの小球をとりつける。また，点Oから鉛直下方$\frac{L}{3}$の位置にある点Aに，細い滑らかなくぎが水平に固定してある。くぎに垂直な面内で糸を張りながら小球を持ち上げて，点Oと同じ高さの点Bから静かにはなすと，小球はOBを含む鉛直面内で運動する。小球が最下点Cを通る瞬間，糸は点Aにあるくぎに触れ，その後，小球は点Aを中心とする円運動を始め，点Eに達した直後に糸がゆるんだ。ただし，重力加速度の大きさをgとし，小球の大きさと摩擦や空気抵抗は無視できるものとする。

図

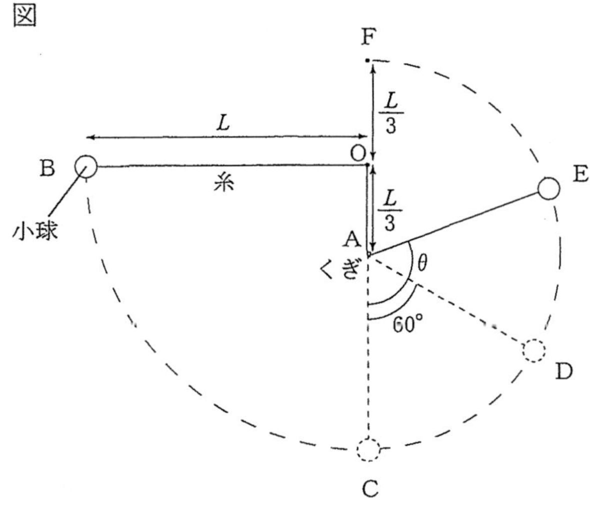

1　小球が点Cを通るときの速さv_Cを，g，Lを用いて表しなさい。

2　小球が点Cを通る直前の糸の張力T_{C1}と，点Cを通った直後の糸の張力T_{C2}を，それぞれm，gを用いて表しなさい。

3　小球が点Cを通過後，鉛直下向きから60°の角をなす位置Dを通るときの糸の張力T_Dを，m，gを用いて表しなさい。

4　∠EAC＝θとして，$\cos\theta$を分数で求めなさい。ただし，求め方も書くこと。

5　糸がゆるむことなく小球が点Oの鉛直上方$\frac{L}{3}$の位置にある点Fに達するためには，点Bで鉛直下向きの初速を与える必要がある。点Fに達するために必要な初速の最小値v_0を，g，Lを用いて表しなさい。

(☆☆☆◎◎◎)

【2】次の文章を読んで，あとの問いに答えなさい。

シリンダーとピストンで密閉容器を構成し，その中に1molの単原子分子の理想気体を封入する。この気体を，圧力p_0，体積V_0の状態Aから，図のようにA→B→C→Aの順に状態をゆっくりと変化させた。すると，AからBまでは圧力と体積の関係が図のような直線で表すことができた。BからCまでは体積が一定であり，CからAまでは圧力が一定である。ただし，シリンダーとピストンの間の摩擦は無視できるものとし，気体定数をRとする。

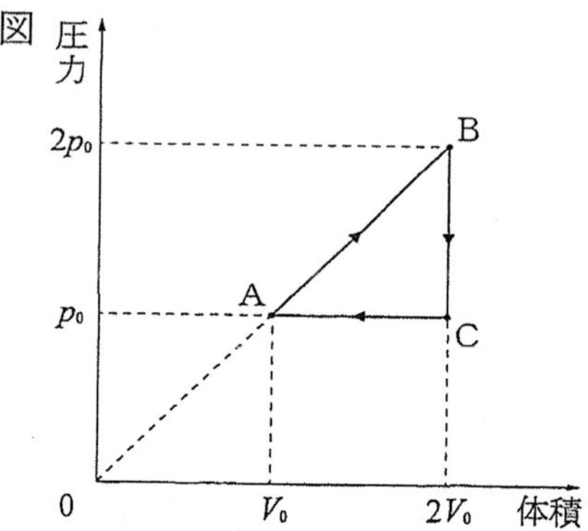

1　状態A，B，Cの絶対温度を，それぞれp_0，V_0，Rを用いて表しなさい。

2　A→B，C→Aの過程で気体が外部にした仕事を，それぞれp_0，V_0を用いて表しなさい。

3　A→B，B→C，C→Aの過程で気体が吸収した熱量を，それぞれp_0，V_0を用いて表しなさい。

4　A→Bの過程のモル比熱を，p_0，V_0，Rのうちから，必要なものを用いて表しなさい。ただし，求め方も書くこと。

5　A→B→C→Aのサイクルを熱機関と考えた場合の，熱効率eを求めなさい。ただし，答えは分数で表し，求め方も書くこと。

(☆☆☆◎◎◎)

【3】次の文章を読んで，あとの問いに答えなさい。

図1のように，xy平面に垂直で一様な磁場が，$y≧0$の領域だけにあり，原点Oのまわりに扇形コイルOPQが一定の角速度ω〔rad/s〕で反時計回りに回転している。磁場の磁束密度B〔T〕は一定で，紙面の表から裏へ向かっている。扇形コイルの形は半径l〔m〕の四分円である。このコイルは，$t=0$〔s〕の時刻に第4象限にあって，辺OPがx軸と一致し

ている。ただし，コイルの抵抗値をR〔Ω〕とし，自己誘導は無視する。

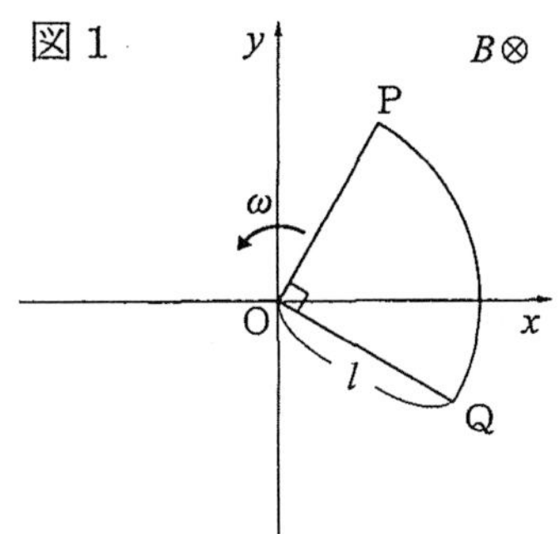

1　コイルの位置が次の(1)，(2)のとき，辺OP内の自由電子が受けるローレンツ力の向きを，以下のア～ウの中からそれぞれ一つずつ選び，記号で答えなさい。ただし，同じ記号を選んでもよいものとする。

(1)　辺OPが第1象限にあるとき

(2)　辺OPが第3象限にあるとき

ア　O→Pの向き　　イ　P→Oの向き

ウ　ローレンツ力を受けない

2　辺OPが第1象限にあるとき，扇形コイルに生じる誘導起電力の大きさV〔V〕を，B，l，ωを用いて表しなさい。

3　コイルを流れる電流I〔A〕の時間変化を，図2にグラフで表しなさい。ただし，O→Pの向きに流れる電流を正とし，横軸t〔s〕の範囲は$0 \leqq t \leqq \frac{2\pi}{\omega}$とする。また，グラフは，縦軸，横軸のそれぞれに，値がわかるように表しなさい。

4　コイルが一回転する間に発生するジュール熱Q〔J〕を，B，l，ω，Rを用いて表しなさい。

5　コイルを回転させるために，点Pで外力f〔N〕を円弧の接線方向に加えているとする。次の問いに答えなさい。

(1)　f〔N〕の時間変化を，図3にグラフで表しなさい。ただし，反時計回りの向きを正とし，横軸t〔s〕の範囲は$0 \leqq t \leqq \dfrac{2\pi}{\omega}$とする。また，グラフは，縦軸，横軸のそれぞれに，値がわかるように表しなさい。

図3

(2)　一回転の間に外力がする仕事W〔J〕を，B，l，ω，Rを用いて表しなさい。

(☆☆☆◎◎◎)

【化学】

【1】次の文章を読んで，あとの問いに答えなさい。ただし，原子量はCu＝63.5，ファラデー定数F＝9.65×10^4C/molとする。

電解質の水溶液に電極を浸し，直流の電流を流すと，電極表面で酸化還元反応が起こる。これを電気分解という。図は，二つの電極を浸した電解槽Aと電解槽Bに，直流電源，直流電流計を接続した回路の模式図である。この回路を用いて電気分解を行ったところ，電解槽Aでは，陰極の質量が7.62g増加した。電解槽Bでは，陽極側で(　a　)の濃度が減少し，陰極側で(　b　)の濃度が増加するため，(　c　)は陽イオン交換膜を通過し，(　d　)極側へ移動した。

図

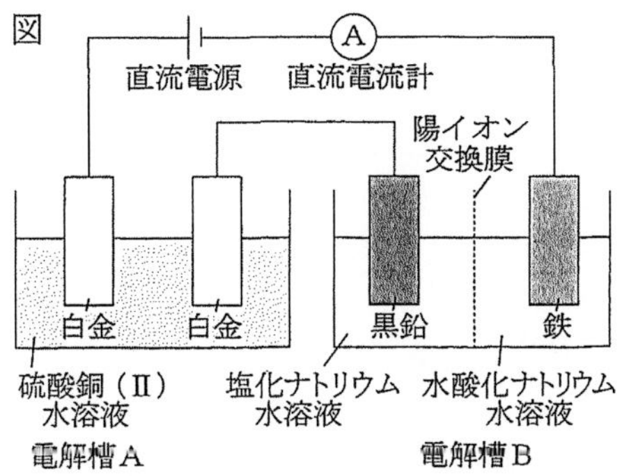

1　下線部について，電解質とはどのような物質か，簡潔に書きなさい。

2　空欄(　a　)～(　d　)にあてはまる語の組み合わせとして適切なものを，次のア～クの中から一つ選び，記号で答えなさい。

ア	a	OH^-	b	Cl^-	c	Na^+	d	陽
イ	a	OH^-	b	Cl^-	c	Na^+	d	陰
ウ	a	OH^-	b	Na^+	c	Cl^-	d	陽
エ	a	Cl^-	b	Na^+	c	OH^-	d	陰
オ	a	Cl^-	b	OH^-	c	Na^+	d	陰
カ	a	Cl^-	b	OH^-	c	Na^+	d	陽
キ	a	Na^+	b	Cl^-	c	OH^-	d	陰
ク	a	Na^+	b	Cl^-	c	OH^-	d	陽

3　電解槽Aの陽極の反応を，電子を含むイオン反応式で表しなさい。

4　この電気分解で流れた電気量は何Cか，求めなさい。ただし，答えの数値は有効数字3桁で書くこと。

5　電解槽Bで発生する気体の総体積は，標準状態で何mLか，求めなさい。ただし，答えの数値は有効数字3桁で書くこと。なお，発生した気体は理想気体として扱い，水に溶けないものとする。

6　電気分解後，電解槽Aの水溶液500mLのうち，20mLを取り出した。取り出した水溶液を中和するのに必要な0.100mol/Lの水酸化ナトリウム水溶液は何mLか，求めなさい。ただし，答えの数値は有効数字2桁とし，求め方も書くこと。

(☆☆☆◎◎◎◎)

【2】次の文章を読んで，以下の問いに答えなさい。

①塩化鉄(Ⅲ)水溶液を沸騰水中に入れると，水酸化鉄(Ⅲ)のコロイド溶液を生じる。このコロイド溶液をセロハン膜などの②半透膜の袋に入れて純水中に浸しておくと，大きさが小さいイオンは袋の外へ出ていき，コロイド粒子が袋の中に残る。このとき，半透膜の袋の外の水溶液のpHを測定すると，(　a　)性を示す。次に，袋の中の水酸化鉄(Ⅲ)のコロイド溶液の一部をとり，③少量の電解質水溶液を加えて放置すると沈殿が生じる。この現象を(　b　)といい，水酸化鉄(Ⅲ)のコロイド溶液は(　c　)コロイドといえる。また，コロイド粒子は正または負の電荷を帯びていることが多い。水酸化鉄(Ⅲ)のコロイド溶液に直流電圧をかけると，コロイド粒子は自身とは反対符号の(　d　)極に移動する。

1　空欄(　a　)～(　d　)にあてはまる最も適切な語句を，それぞれ書きなさい。

2　下線部①の反応を，化学反応式で表しなさい。

3　下線部②に関して，次の文章を読んで，あとの問いに答えなさい。ただし，大気圧は1.00×10^5Pa，デンプン水溶液の密度は常に1.00g/cm^3，気体定数は8.3×10^3Pa・L/(K・mol)とし，答えの数値は有効数字3桁で書くこと。

図のような断面積1.00cm^{2}のU字管の中央に水分子だけを通す半透膜をおき，左側に1.34gのデンプンを含む水溶液10.0mL，右側に液面の高さが同じになるように純水を入れた。温度300Kで十分な時間放置したところ，A右側の液面より左側の液面の高さが6.80cm高くなった。

図

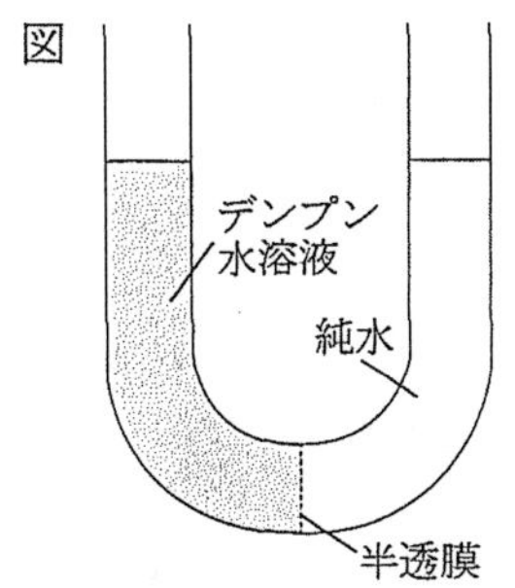

(1) 下線部Aのときの，デンプン水溶液の浸透圧は何Paか，求めなさい。ただし，1.00×10^5Paは76.0cmの水銀柱による圧力と等しく，水銀の密度は13.5g/cm^{3}とする。

(2) 下線部Aのときの，デンプン水溶液の体積は何mLか，求めなさい。

(3) このデンプンのモル質量は，何g/molになるか，求めなさい。ただし，求め方も書くこと。

4 下線部③について，同じモル濃度の電解質水溶液のうち，最も少量で沈殿を生じさせるものを，次のア～エの中から一つ選び，記号で答えなさい。

ア KBr　イ Na_2SO_4　ウ $Ca(NO_3)_2$　エ $AlCl_3$

(☆☆☆◎◎◎)

【3】図のように，吸収管ⅠおよびⅡを連結した燃焼管に，炭素，水素，酸素からなる酸性の有機化合物Aの試料を入れて，次の実験を行った。あとの問いに答えなさい。

【実験】

元素分析を行うために，試料を，酸素を通しながら(a)存在下で加熱し，完全燃焼させた。吸収管Ⅰに充塡した(b)は(c)を，吸収管Ⅱに充塡した(d)は(e)をそれぞれ吸収するので，燃焼後に吸収管ⅠとⅡの質量増加分を測定し，試料中のHとCの質量を求めた。

図

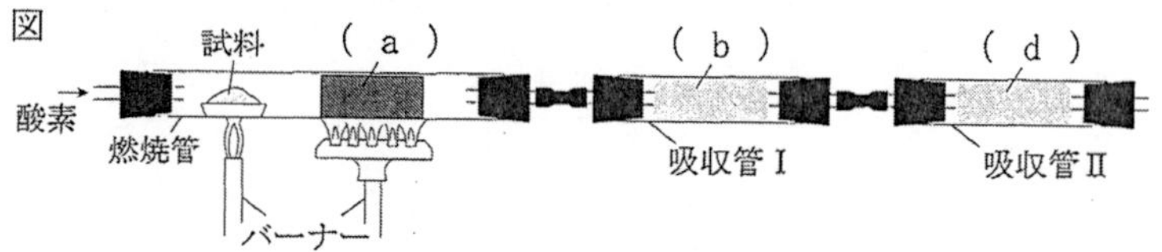

1　空欄(a)〜(e)にあてはまる最も適切なものを，次のア〜コの中からそれぞれ一つずつ選び，記号で答えなさい。

ア　一酸化炭素　　イ　塩化カルシウム　　ウ　塩化ナトリウム
エ　酸化銅(Ⅰ)　　オ　酸化銅(Ⅱ)　　カ　酸素
キ　ソーダ石灰　　ク　炭酸水素ナトリウム　　ケ　水
コ　二酸化炭素

2　有機化合物Aについて，次の文章を読んで，以下の問いに答えなさい。ただし，原子量は，H＝1.0，C＝12，O＝16とする。

炭素，水素，酸素からなる酸性の有機化合物Aの元素分析の値は，炭素が53.8％，水素が5.1％であった。また，Aの分子量は130以上170以下であった。Aには2個の炭素間二重結合が含まれ，臭素と容易に反応して有機化合物Bに変化した。Aに水酸化ナトリウム水溶液を加えて加熱したところ加水分解され，有機化合物Cのナトリウム塩と中性の有機化合物Dが生成した。Cの分子量は116であり，1分子のCは加熱により容易に1分子の水を失ってEに変化した。一方，Dに金属ナトリウムを加えても気体は発生せず，Dにフェーリング溶液を加えて加熱しても赤色の(f)の沈殿は見られなかった。

(1)　(f)にあてはまる最も適切な化学式を書きなさい。

(2)　Aの分子式を書きなさい。

(3)　C，Dの名称を，それぞれ書きなさい。

(4)　B，Eの構造式を，それぞれかきなさい。ただし，構造式は，例にならって簡略化した構造式でかくこと。

例

$$\begin{array}{l} H_2N-CCl-C-H \\ \quad\quad\ \ | \quad\quad\ \ \| \\ \quad\quad CH_3 \quad\ O \end{array}$$

(☆☆☆◎◎◎◎)

【4】次の文章を読んで，以下の問いに答えなさい。ただし，原子量はH＝1.0，C＝12，O＝16，Na＝23，Cl＝35.5とする。

①炭酸ナトリウムは白色の固体で，水に溶かすとその水溶液は塩基性を示す。この炭酸ナトリウムの水溶液から水を蒸発させていくと，炭酸ナトリウム十水和物の結晶ができるが，さらにこの結晶を乾いた空気中におくことで，②水和水の一部が失われ，白色粉末状の炭酸ナトリウム一水和物が生成する。

炭酸ナトリウムの製法の歴史を振り返ると，18世紀に始まった産業革命により炭酸ナトリウムの需要は高まり，1789年，フランスのルブランにより炭酸ナトリウムの工業的製法が考案された。しかし，このルブランの考案した製法は，生成物として生じる硫化カルシウムや副生成物として生じる③塩化水素が環境に与える負荷が大きく，工業的製法としてはしだいに廃れていった。このような時代背景のもと新たな製法が求められる中で，1863年，ベルギーの(　a　)によって，アンモニアソーダ法が実用化された。アンモニアソーダ法は，副生成物が環境に与える影響が少なく，製造過程で生じる④アンモニアや二酸化炭素を回収することで再利用できる製法であった。

1　下線部①について，炭酸ナトリウムの加水分解の反応を，イオン反応式で表しなさい。

2　下線部②について，この現象を何というか，書きなさい。

3　下線部③について，次の問いに答えなさい。

(1)　塩化水素の発生方法について最も適切なものを，次のア～エの中から一つ選び，記号で答えなさい。

ア　酸化マンガン(Ⅳ)に濃塩酸を加える

イ　塩素酸カリウムに酸化マンガン(Ⅳ)を加える

ウ　塩化ナトリウムに濃硫酸を加える

エ　硫化鉄(Ⅱ)に希塩酸を加える

(2)　塩化水素の捕集方法として最も適切な捕集方法を，書きなさい。

4　空欄(　a　)にあてはまる適切な人物名を，次のア～オの中から一つ選び，記号で答えなさい。

ア　ハーバー　　イ　ソルベー　　ウ　オストワルト

エ　ドルトン　　オ　デービー

5　次はアンモニアソーダ法の過程の一部を表している。それぞれの過程で起こる反応について，化学反応式で表しなさい。

(1)　炭酸水素ナトリウムを熱分解して，炭酸ナトリウムを生成する。

(2)　生石灰と水を反応させ，水酸化カルシウムを生成する。

6　下線部④について，アンモニアと二酸化炭素を高温・高圧で反応させると，窒素肥料の一つである尿素を得ることができる。この反応を，化学反応式で表しなさい。

7　アンモニアソーダ法で，炭酸ナトリウムの無水物を21.2kg製造するためには，質量パーセント濃度が26.5%，水溶液の密度が1.2g/cm^{3}の塩化ナトリウムの飽和水溶液が少なくとも何L必要か，求めなさい。ただし，答えの数値は有効数字2桁とし，求め方も書くこと。なお，各反応は完全に進行するものとする。

(☆☆☆◎◎◎)

【地学】

【1】次の問いに答えなさい。

1　地表付近で発生した地震のP波とS波の観測記録について，図1のような走時曲線を作成した。以下の問いに答えなさい。

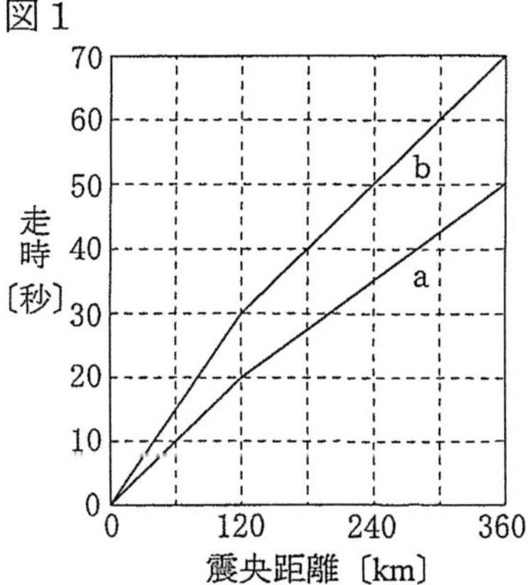

(1) 震央距離60kmの地点における初期微動継続時間は何秒間か，求めなさい。

(2) 図1の各走時曲線が，途中で折れ曲がり速度の変化が起きるのはなぜか，簡潔に説明しなさい。

(3) 直接波と屈折波が同時に到達する地点の震央距離は何kmか，書きなさい。

(4) 図1の走時曲線が得られた地域よりも地殻の厚さが薄い地域で同じ観測をした場合，図1の走時曲線aはどのような走時曲線に変化するか。最も適切なものを，次のア～エの中から一つ選び，記号で答えなさい。ただし，ア～エの点線は図1の走時曲線aを表している。

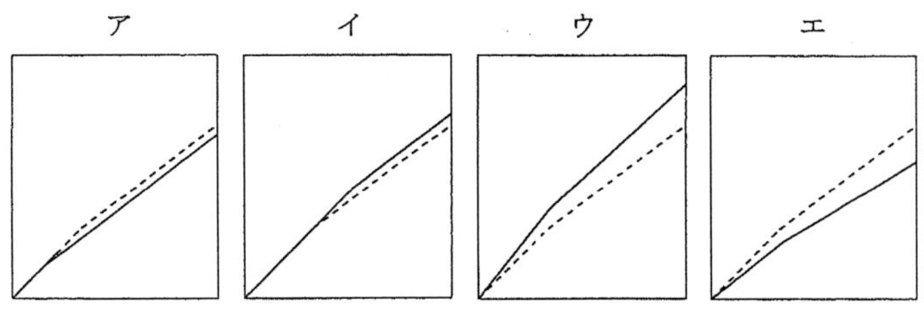

2　震央距離が非常に長い遠地地震では，震央距離を震央－地球中心－観測点と結んでできる角度で表す。図2は，ある遠地地震のP波

とS波の観測で得られた走時曲線である。以下の問いに答えなさい。

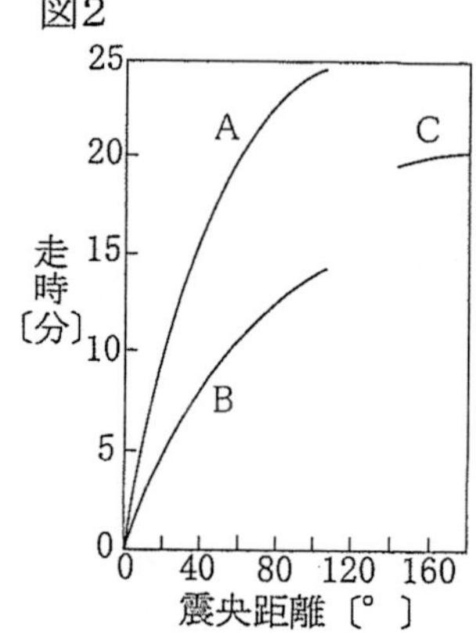

(1)　A，B，Cそれぞれについて，P波，S波のどちらを示しているか，書きなさい。

(2)　A，Bは，ともに震央距離103°で途切れている。この原因となっている境界面を何とよぶか，書きなさい。

(3)　南極点で大地震が起こったとする。このとき，P波が伝わらない地域として最も適切なものを，次のア～オの中から一つ選び，記号で答えなさい。

ア　北緯90°～北緯13°　　イ　北緯53°～北緯13°
ウ　北緯13°～南緯13°　　エ　南緯13°～南緯53°
オ　南緯13°～南緯90°

(☆☆☆◎◎◎)

【2】次の文章を読んで，あとの問いに答えなさい。

地球が公転しているとすれば，1年を周期とする恒星の小さな見かけの動きが生じるはずである。この動きの大きさを示す角度の半分を①年周視差といい，角度の秒(″)で表す。また，地球が運動していれば，恒星から届く光は運動の向きの前方からやってくるように見える。地球が公転していれば，②恒星の見える方向は1年周期で変化するはずであり，この変化の大きさを年周光行差という。この最大値は20.5″である。

年周視差は恒星までの距離の測定に用いられる。図は，年周視差pと恒星までの距離dの関係を表している。恒星までの距離を表す単位としては，パーセクや光年が用いられる。1パーセクとは，年周視差が1″になる距離のことである。③年周視差pと恒星までの距離dとの関係式から恒星までの距離を求めることができる。

見かけの等級は，恒星の実際の明るさを表したものではない。恒星の実際の明るさを比較するためには，恒星を10パーセクの距離において見たと仮定したときの等級を用いる。この等級を絶対等級という。

図

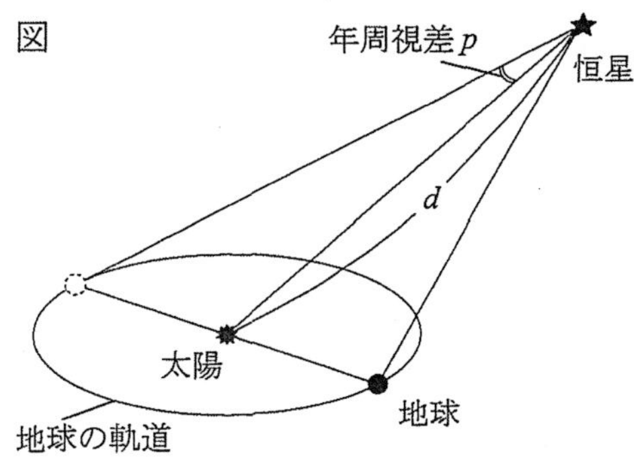

1　下線部①について，天球上にある次のA～Cの恒星の年周視差の軌跡として最も適切なものを，以下のア～エの中からそれぞれ一つ選び，記号で答えなさい。ただし，地球の公転軌道の形を円とする。

A　黄道上の恒星

B　黄道の極の恒星

C　A，B以外にある恒星

ア　点　　イ　直線　　ウ　円　　エ　楕円

2　下線部②について，黄道上にある恒星の年周光行差は，1年間でどのように変化するか，簡潔に説明しなさい。

3　1光年は何kmになるか，求めなさい。ただし，光速を3.0×10^5km/sとし，答えの数値は有効数字2桁で書くこと。

4　下線部③について，恒星までの距離d〔光年〕を年周視差p〔″〕を用いて，表しなさい。

5　見かけの等級が12等級，年周視差が0.001″の恒星の絶対等級は何等級か，求めなさい。

(☆☆☆◎◎◎)

【3】次の文章を読んで，以下の問いに答えなさい。

大気にはたらく力には，等圧線に直角に高圧側から低圧側に向かってはたらく①気圧傾度力や，地球の自転により生じる見かけの力である②転向力などがある。高度が1kmを超えると，大気と地表の間の摩擦の影響がほぼなくなる。そのような上空では，風は気圧傾度力と転向力の2つの力がつり合うように，等圧線に平行に等速で吹く。このような風を地衡風という。また，高度約1kmまでの風には，気圧傾度力と転向力の他に，地表と空気の間に摩擦力がはたらく。このような風を地上風という。

風による海面付近の海水の流れは，北半球では転向力によって，貿易風帯の海水は北に運ばれ，偏西風帯の海水は南に運ばれるため，貿易風と偏西風に挟まれた海域では，海水面が高くなる。この海域では，海水面の高低差によって圧力傾度力が生じ，それによって移動する海水には転向力がはたらき，③地衡流として流れている。

1　下線部①について，ある2地点間での気圧傾度力の大きさは，気圧差と何によって変化するか，書きなさい。

2　下線部②について，転向力がはたらく向きは北半球では風の向きに対してどのような向きか，書きなさい。

3　単位体積の大気にはたらく転向力Fの大きさは，$F=2\rho\nu\omega\sin\phi$(ρ：大気密度，ν：風速，ω：自転の角速度，ϕ：緯度)で表される。高緯度と低緯度で気圧傾度力が同じとき，地衡風の速さは緯度によりどのように変化するか，書きなさい。ただし，大気密度と自転の角速度は地球上どこでも同じとする。

4　図は，南半球の地上風の気圧傾度力Wと風向を表している。転向力をA，摩擦力をBとし，図にそれぞれ矢印で表しなさい。

図

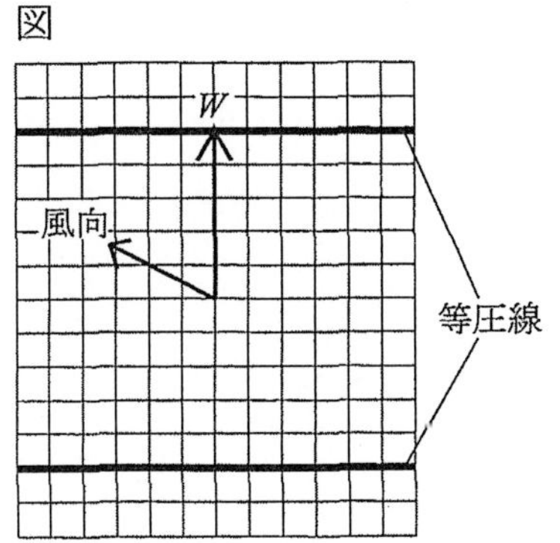

5　摩擦力が大きくなると，地上風の風速と，等圧線と風向のなす角は，それぞれどのように変化するか，書きなさい。

6　下線部③について，次の文章を読んで，以下の問いに答えなさい。

地衡流は，海水面の傾斜の(　a　)に圧力傾度力がはたらき，海水面の傾斜の(　b　)に転向力がはたらいてつり合った状態で流れる。このため，海水は海水面の高い方を(　c　)に見ながら，等高線に平行に流れる。

(1)　文章中の空欄(　a　)～(　c　)にあてはまる語の組み合わせとして最も適切なものを，次のア～エの中から一つ選び，記号で答えなさい。

	a		b		c	
ア	a	低い方から高い方	b	高い方から低い方	c	右
イ	a	低い方から高い方	b	高い方から低い方	c	左
ウ	a	高い方から低い方	b	低い方から高い方	c	右
エ	a	高い方から低い方	b	低い方から高い方	c	左

(2)　貿易風と偏西風に挟まれた海域では，環流が形成されている。黒潮のように，転向力の大きさが緯度により変化し，環流の低緯度から高緯度への流れが強くなる現象を何というか，書きなさい。

(☆☆☆◎◎◎)

【4】以下の【調査結果】は，ある地域の地質調査の結果を表している。また，図はこの地域の地質図である。以下の問いに答えなさい。ただし，図の破線は等高線，実線は地層境界線を表している。

図

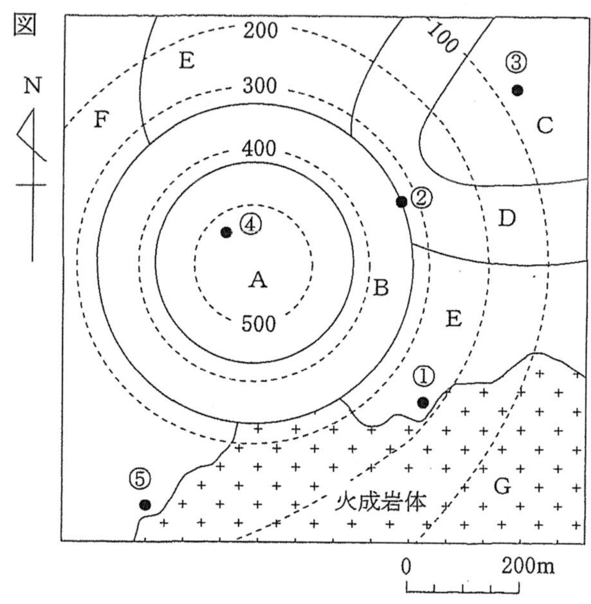

【調査結果】

・　地層Aは，砂岩を主体とする地層で，シジミの化石を産出した。
・　地層Bは，砂岩を主体とする地層で，デスモスチルスの臼歯の化石を産出した。最下部には礫岩が含まれていた。
・　地層Cは，泥岩を主体とする地層である。
・　地層Dは，砂岩を主体とする地層である。
・　地層Eは，泥岩を主体とする地層である。
・　地層Cと地層Dと地層Eからは，貨幣石の化石が産出した。
・　地層Fは，石灰岩からなる。
・　地層Gは火成岩体で，4mm程度の粒の大きい石英，長石類，黒雲母の結晶からなる。
・　場所により，ホルンフェルスが産出した。

・　この地域では，地層の逆転は認められなかった。

・　この地域には，断層はなかった。

1　地層Cについて，地層Cの走向をクリノメーターで測定したときの磁針の位置として最も適切なものを，次のア～カの中から一つ選び，記号で答えなさい。

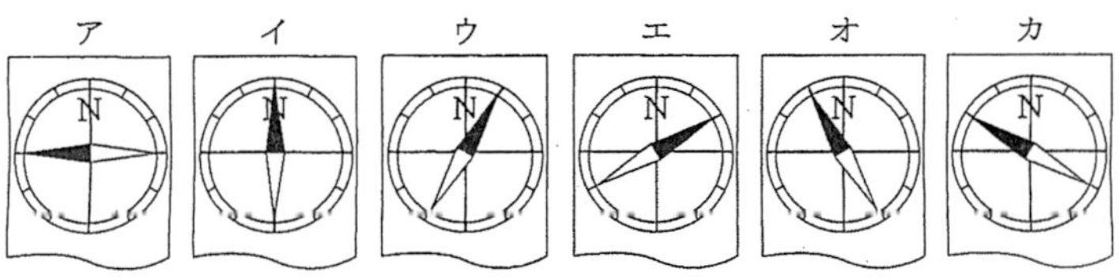

2　地層Bと地層Gの関係を何とよぶか，書きなさい。

3　地層Dのおよその厚さとして最も適切なものを，次のア～カの中から一つ選び，記号で答えなさい。

ア　20m　　イ　35m　　ウ　50m　　エ　65m　　オ　80m

カ　95m

4　ホルンフェルスは，図の①～⑤のいずれの地点で産出するか，図の①～⑤の中から一つ選び，記号で答えなさい。

5　地層A～Gを古い順に並べたとき，古い順から3番目と5番目にあてはまるものを，A～Gからそれぞれ一つずつ選び，記号で答えなさい。

6　地層Gの火成岩体が形成された時代として最も適切なものを，次のア～オの中から一つ選び，記号で答えなさい。

ア　2億年前　　イ　1億2000万年前　　ウ　8000万年前

エ　5000万年前　　オ　200万年前

7　地層Bの最下部の礫岩には，地層A，C，D，E，F，Gの岩石のうち，どの種類の岩石が含まれる可能性があるか。あてはまるものをすべて選び，記号で答えなさい。

(☆☆☆◎◎◎◎)

解答・解説

中高共通

【1】1　アルキメデスの原理　　2　シリカゲル　　3　交感神経
4　フェーン現象　　5　ヤマガタダイカイギュウ

〈解説〉1　解答参照。　2　二酸化ケイ素を原料として，ケイ酸ナトリウムを経てケイ酸を得る。このケイ酸を脱水したものがシリカゲルである。　3　交感神経は，副交感神経と拮抗的にはたらく。交感神経末端からはノルアドレナリン，副交感神経末端からはアセチルコリンが神経伝達物質として分泌される。　4　解答参照。　5　ヤマガタダイカイギュウは新生代新第三紀，約900万年前の海に生息していた哺乳類である。

中学理科

【1】1　a　事物　　b　理解　　c　科学的　　d　技能
2　(1)　e　見通し　　f　解釈　　g　見いだし　　(2)　第2学年
3　他教科

〈解説〉1　第1分野の目標は，教科の目標を受けて示しているものであり，第1分野の特質に即して，ねらいをより具体的に述べている。第1分野の目標(1)は，教科の目標の「自然の事物・現象についての理解を深め，科学的に探究するために必要な観察，実験などに関する基本的な技能を身に付けるようにする」を受けて，物質やエネルギーに関する観察，実験などを行い，それらの事物・現象について理解するとともに，科学的に探究するために必要な観察，実験などに関する基本的な技能を身に付けるというねらいを示している。　2 「2　内容」の(1)及び(2)は第1学年，(3)及び(4)は第2学年，(5)から(7)までは第3学年で取り扱うものとされている。　3　解答参照。

【2】1　a　ク　　b　オ　　c　イ　　d　エ　　2　CH_3COOH　　3　潮解　　4　$(COOH)_2 \rightarrow 2CO_2 + 2H^+ + 2e^-$　　5　ア　　6　X　オ　Y　ウ

7　シュウ酸水溶液のモル濃度は$\frac{2.52}{126} \div \frac{200}{1000} = 0.100$〔mol/L〕

③の結果より，水酸化ナトリウム水溶液のモル濃度(c')は

$2 \times 0.100 \times \frac{20}{1000} = 1 \times c' \times \frac{21}{1000}$　$c' = \frac{4}{21}$

④の結果より，酢酸水溶液のモル濃度(c)は

$1 \times c \times \frac{20}{1000} = 1 \times \frac{4}{21} \times \frac{10}{1000}$　$c \fallingdotseq 0.0952\cdots$　　答え…9.5×10^{-2}〔mol/L〕

〈解説〉1　a　一定体積の溶液を調製する器具はメスフラスコである。

b　一定体積の液体をはかりとる器具はホールピペットである。

c　滴定する試料はコニカルビーカーや三角フラスコに入れる。

d　滴下した液体の体積をはかる器具はビュレットである。　2　解答参照。　3　水酸化ナトリウムは潮解性があるので，中和滴定では空気とできるだけ触れないようにするため，ビュレットに入れて滴下する場合が多い。　4　シュウ酸がCO_2に変化するとき，H^+を放出する。左辺と右辺で，炭素原子，水素原子，電荷数を合わせる。　5　弱酸であるシュウ酸と，強塩基である水酸化ナトリウムの中和反応では，中和点が塩基側に偏るため，フェノールフタレインが適当である。なお，リトマス紙は通常は中和滴定では用いられず，液体ではないので問題文の「数滴加えた」という内容と合わないため，適切ではない。

6　Xは滴定の開始時に物質量が0molで，水酸化ナトリウム水溶液を滴下するにつれて増加するので，この中和反応には関与しないナトリウムイオンである。Yは滴定開始時には物質量は0molであるが，水酸化ナトリウム水溶液を10mL加えた以降は物質量が増加するので，水酸化物イオンである。　7　③では，シュウ酸二水和物(式量126)を用いて水酸化ナトリウム水溶液のモル濃度を決定する。④では，その水酸化ナトリウム水溶液を用いて酢酸のモル濃度を測定する。

【3】1　(1)　a　直進　　b　屈折　　(2)　カ　　2　(1)　15〔cm〕
(2)　実像の位置は凸レンズに近づき，実像の大きさは小さくなる。
3　(1)

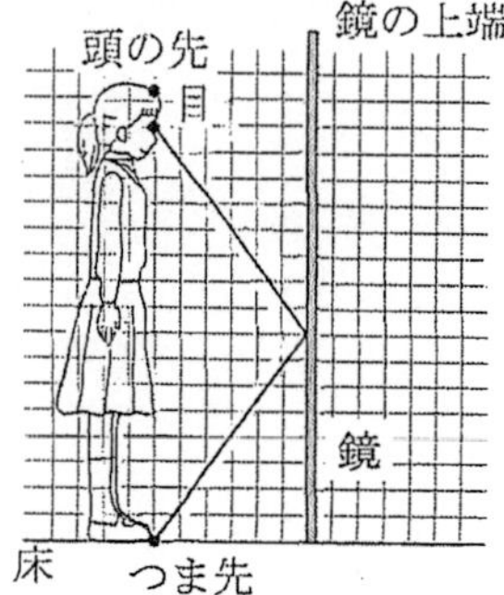

(2)　152〔cm〕

〈解説〉1　(1)，(2)　解答参照。　2　(1)　光源の大きさと像の大きさが同じになるのは，光源と凸レンズの距離が焦点距離の2倍のときなので，焦点距離は30÷2＝15〔cm〕となる。　(2)　光源を凸レンズから少しずつ遠ざけていくと，光軸に平行な光はレンズを通った後に焦点を通るので変わらないが，レンズの中心を通る光は光軸となす角度が小さくなるため，実像のできる位置は凸レンズに近づき，実像の大きさは小さくなる。　3　(1)　反射の法則が成り立つので，つま先から出た光が反射する点の高さは，つま先から目の高さまでの144cmの半分で，72cmである。　(2)　頭の先から出た光が鏡で反射して目まで届けばよい。このときの光が反射する点の高さは頭の先の高さと目の高さの中央なので，床からの高さは144＋16÷2＝152〔cm〕となる。

【4】1　アミノ酸　　2　転写　　3　(1)　基質特異性　　(2)　オ
4　基質がすべて消費されたから。　　5　(1)　C　　(2)　D　　6　酵素の立体構造が変化し，基質と結合できなくなるため。

〈解説〉1　アミノ酸が多数つながったものは，一般的には比較的分子量が小さいものをポリペプチド，分子量が大きいものをタンパク質という。　2　解答参照。　3　(1)　酵素が基質特異性をもつため，活性部位に結合できる基質のみが酵素作用を受けるからである。　(2)　アミラーゼによりデンプンはマルトースに分解され，マルトースはマルターゼによりグルコースに分解される。　4　解答参照。　5　(1)　酵素濃度が2倍になると，生成物ができる速さは2倍になる。一方，基質の量は変わらないので，最終的にできる生成物の量は変わらない。よって，より短い反応時間でXと同じ生成物の量になるCが該当する。(2)　生体内で起きる化学反応を考えているので，反応温度が約37℃のときが最適温度であり，これより低い20℃ではXより反応速度が小さくなる。一方，基質の量は変わらないので，最終的にできる生成物の量は変わらない。よって，より長い反応時間でXと同じ生成量になるDが該当する。　6　酵素の主成分はタンパク質なので，一般的に60℃にすると活性部位の立体構造が変わり，触媒としてのはたらきを失う。

【5】1　イ　　2　ア　　3　放射冷却　　4　(1)　28　　(2)　大気や雲が，地球放射に多く含まれる赤外線を吸収しやすいため。　　5　赤道付近では，太陽高度(南中高度)が高くなるから。　　6　エ

7

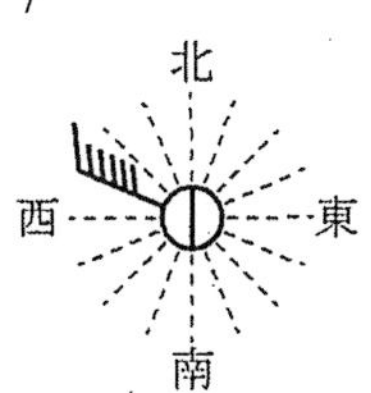

〈解説〉1，2　解答参照。　3　晴天の日の夜間では，地表から放射される赤外線を雲が吸収し再放射することがないため，地表付近の温度は急速に低下しやすい。　4　(1)　地表でのエネルギー収支を考えると，47＋97＝116＋cが成り立つので，c＝28となる。　(2)　1の解答より，太陽は主に可視光線を放射しており，赤外線は多くない。　5　地表の単位面積あたりに入射する太陽放射のエネルギーは，太陽高度が高いほど大きい。　6　図2の実線と破線との差が大気の熱輸送量なので，

北緯40°の方が大きい。　7　風向は，天気図の記号では風が吹いてくる向きに矢羽根を伸ばす。風力6までは羽を右側にかく。

高　校　理　科

【共通問題】

【1】1　a　まとまり　　b　対話的　　c　特質　　d　科学的　　e　困難さ　　f　組織的　　g　組み合わせる　　h　創意工夫　　2　全ての生徒に履修させる

〈解説〉山形県では，「第5節　理科」と「第11節　理数」の両方からの出題が目立つので，これらの示されている内容の違いを，学習指導要領および同解説でしっかり確認しておく必要がある。

【物理】

【1】1　$\sqrt{2gL}$　　2　T_{C1}…$3mg$　　T_{C2}…$4mg$　　3　$\frac{5}{2}mg$

4　最下点を基準とした点Eの高さは，$\frac{2L}{3}-\frac{2L}{3}\cos\theta=\frac{2L}{3}(1-\cos\theta)$

エネルギー保存則より点Eでの小球の速さv_Eは，

$mgL=mg\cdot\frac{2L}{3}(1-\cos\theta)+\frac{1}{2}mv_E{}^2$　$v_E=\sqrt{\frac{2}{3}gL(1+2\cos\theta)}$

点Eでは糸の張力が0になるので，円運動の運動方程式より

$$m\frac{v_E{}^2}{\frac{2L}{3}}=0-mg\cos\theta$$

v_Eを代入して$\cos\theta=-\frac{1}{3}$　　答え…$-\frac{1}{3}$　　5　$2\sqrt{\frac{gL}{3}}$

〈解説〉1　点Bと点Cで力学的エネルギー保存の法則より，$mgL=\frac{1}{2}mv_C{}^2$が成り立つので，$v_C=\sqrt{2gL}$となる。　2　点Cを通る直前は，小球は半径Lの円運動をするので運動方程式は，$m\frac{v_C{}^2}{L}=T_{C1}-mg$と表せる。$v_C=\sqrt{2gL}$なので，$T_{C1}=3mg$となる。また，点Cを通った直後は，

小球は半径$\frac{2L}{3}$の円運動をするので運動方程式は，$m\frac{v_C^2}{\frac{2L}{3}}=T_{C2}-mg$と表せる。よって，$T_{C2}=4mg$となる。　3　位置Dにおける小球の速さを$v_D$とすると，点Bと点Dで力学的エネルギー保存の法則より，$mgL=mg\times\frac{2L}{3}(1-\cos60^\circ)+\frac{1}{2}mv_D^2$が成り立つので，$v_D=2\sqrt{\frac{gL}{3}}$となる。また，点Dでの小球の運動方程式は$m\frac{v_D^2}{\frac{2L}{3}}=T_D-mg\cos60^\circ$と表せるので，$T_D=\frac{5}{2}mg$となる。　4　解答参照。　5　点Fでの速さを$v_F$，張力を$T$とすると，運動方程式は$m\frac{v_F^2}{\frac{2L}{3}}=T+mg$となる。$T=m\frac{v_F^2}{\frac{2L}{3}}-mg\geqq0$のとき，$v_F\geqq\sqrt{\frac{2gL}{3}}$となる。点Bを高さの基準として，力学的エネルギー保存の法則より，$\frac{1}{2}mv_0^2=mg\times\frac{L}{3}+\frac{1}{2}mv_F^2\geqq\frac{mgL}{3}+\frac{mgL}{3}=\frac{2mgL}{3}$なので，$v_0\geqq2\sqrt{\frac{gL}{3}}$となる。よって，初速の最小値は，$v_0=2\sqrt{\frac{gL}{3}}$となる。

【2】1　A　$\frac{p_0V_0}{R}$　　B　$\frac{4p_0V_0}{R}$　　C　$\frac{2p_0V_0}{R}$　　2　A→B…$\frac{3}{2}p_0V_0$　C→A…$-p_0V_0$　　3　A→B…$6p_0V_0$　　B→C…$-3p_0V_0$　　C→A…$-\frac{5}{2}p_0V_0$

4　A→Bの温度変化ΔT_{AB}は，$\Delta T_{AB}=\frac{4p_0V_0}{R}-\frac{p_0V_0}{R}=\frac{3p_0V_0}{R}$

3より，吸収した熱量は$Q_{AB}=6p_0V_0$なのでモル比熱は，

$\frac{Q_{AB}}{\Delta T_{AB}}=\frac{6p_0V_0}{\frac{3p_0V_0}{R}}=2R$　　答え…$2R$

5　熱機関が1サイクルの間に外部にした正味の仕事Wは，グラフで囲まれた面積に等しいので$W=\frac{1}{2}p_0V_0$　1サイクルで熱機関が熱を吸収したのは，A→Bの過程で$Q_{AB}=6p_0V_0$である。したがって熱効率eは$e=$

$$\frac{W}{Q_{AB}}=\frac{\frac{1}{2}p_0V_0}{6p_0V_0}=\frac{1}{12}$$　　答え…$\frac{1}{12}$

〈解説〉1　状態A，B，Cの絶対温度をそれぞれT_A，T_B，T_Cとすると，気体の状態方程式より，$p_0V_0=RT_A$，$2p_0\times2V_0=RT_B$，$p_0\times2V_0=RT_C$が成り立つので，$T_A=\frac{p_0V_0}{R}$，$T_B=\frac{4p_0V_0}{R}$，$T_C=\frac{2p_0V_0}{R}$となる。　2　$p-V$図で囲まれた面積が気体が外部にした仕事を表すので，A→Bでは$\frac{1}{2}(p_0+2p_0)(2V_0-V_0)=\frac{3}{2}p_0V_0$である。B→Cでは体積が変化していないので，仕事は0である。C→Aで気体が外部にした仕事は，$p_0(V_0-2V_0)=-p_0V_0$である。　3　A→Bの内部エネルギーの変化は$\frac{3}{2}R(T_B-T_A)=\frac{3}{2}R\times\frac{3p_0V_0}{R}=\frac{9}{2}p_0V_0$であり，A→Bで気体がした仕事は$\frac{3}{2}p_0V_0$なので，熱力学第一法則より，気体が吸収した熱量は，$\frac{9}{2}p_0V_0+\frac{3}{2}p_0V_0=6p_0V_0$となる。B→Cの内部エネルギーの変化は$\frac{3}{2}R(T_C-T_B)=\frac{3}{2}R\times\left(-\frac{2p_0V_0}{R}\right)=-3p_0V_0$であり，仕事は0なので，気体が吸収した熱量は$-3p_0V_0$となる。C→Aの内部エネルギーの変化は$\frac{3}{2}R(T_A-T_C)=\frac{3}{2}R\times\left(-\frac{p_0V_0}{R}\right)=-\frac{3}{2}p_0V_0$であり，C→Aで気体がした仕事は$-p_0V_0$なので，気体が吸収した熱量は$-\frac{3}{2}p_0V_0-p_0V_0=-\frac{5}{2}p_0V_0$となる。

4，5　解答参照。

【3】1　(1)　ア　　(2)　ウ　　2　$\frac{Bl^2\omega}{2}$〔V〕

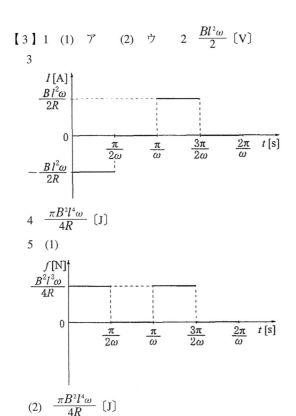

3

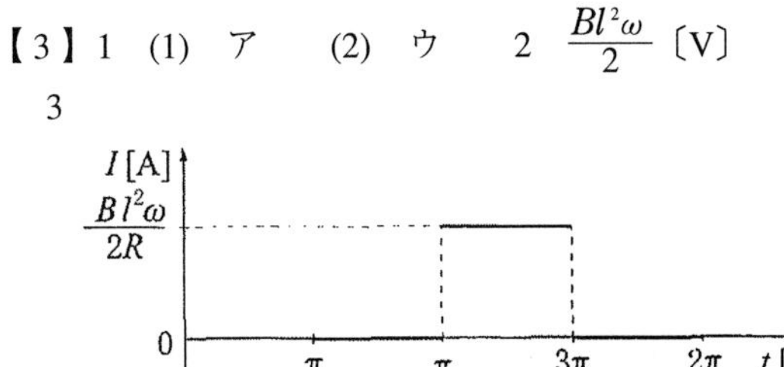

4　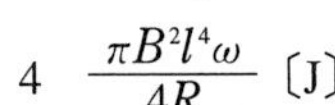 $\frac{\pi B^2l^4\omega}{4R}$〔J〕

5　(1)

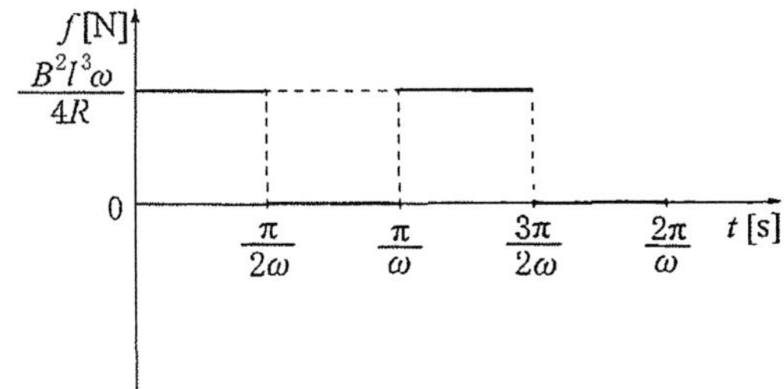

(2)　$\frac{\pi B^2l^4\omega}{4R}$〔J〕

〈解説〉1　(1)　辺OP内の自由電子は，棒の回転とともに，xy平面上で反時計回りに辺OPに垂直な方向に動く。電子は負電荷をもつので，磁場から受けるローレンツ力の向きはOからPへ向かう向きである。

(2)　$y<0$の領域には磁場が存在しないので，辺OP内の自由電子はローレンツ力を受けない。　2　扇形コイルのうち，$y>0$の部分の面積は単位時間当たり$\frac{l^2\omega}{2}$増加し，これを貫く磁束は$\frac{l^2\omega}{2}$×B増加する。誘導起電力の大きさは磁束の時間変化で与えられるので，$\frac{Bl^2\omega}{2}$〔V〕となる。　3　辺OPが第1象限にある$0\leqq t\leqq\frac{\pi}{2\omega}$の間，誘導起電力の大きさは$\frac{Bl^2\omega}{2}$〔V〕で一定なので，抵抗値$R$〔Ω〕の扇形コイルには，O→Q→P→Oの順(負の向き)に一定の大きさの電流$\frac{Bl^2\omega}{2R}$〔A〕が流れる。辺OPが第3象限にある$\frac{\pi}{\omega} \leqq t \leqq \frac{3\pi}{2\omega}$〔s〕の間は扇形コイルを貫く磁束が減少するので，第1象限にあるときと同じ大きさで逆向きの電流が流れる。辺OPが第2象限と第4象限にある間は，コイルを貫く磁束は変化しないので，誘導起電力は0〔V〕で，電流も0〔A〕である。

4　電流が流れるのは，辺OPが第1象限と第3象限にあるときであり，その時間は$\frac{\pi}{2\omega} \times 2 = \frac{\pi}{\omega}$〔s〕である。よって，求めるジュール熱は電圧と電流と時間の積で与えられるので，$\frac{Bl^2\omega}{2} \times \frac{Bl^2\omega}{2R} \times \frac{\pi}{\omega} = \frac{\pi B^2 l^4 \omega}{4R}$〔J〕となる。　5　(1)　辺OPが第2，4象限にあるときは，電流は磁場から力を受けない。辺OPが第1象限にあるとき，電流は磁場から回転方向と逆向き(時計回り)に力を受け，外力f〔N〕はこれとつり合うので，その向きは反時計回りである。一方，辺OPが第3象限にあるとき，辺OQは第2象限にあるので，電流は磁場から回転方向と逆向き(時計回り)に力を受け，外力の向きは反時計回りである。電流が磁場から受ける力は$B \times \frac{Bl^2\omega}{2R} \times l$〔N〕であり，これが辺OPの中点に加わっていると考える。原点Oを中心とする力のモーメントのつり合いより，$fl = B \times \frac{Bl^2\omega}{2R} \times l \times \frac{l}{2}$となり，$f = \frac{B^2 l^3 \omega}{4R}$〔N〕となる。　(2)　一回転の間に外力$f$が必要なのは，辺OPが第1象限と第3象限にあるとき，つまり半分の区間であり，点Pの移動距離は円周の半分なのでπlである。よって，求める仕事は$W = f \times \pi l = \frac{\pi B^2 l^4 \omega}{4R}$〔J〕となる。

【化学】

【1】1　水に溶けたときに電離する物質　2　オ　3　$2H_2O \rightarrow O_2 + 4H^+ + 4e^-$　4　2.32×10^4〔C〕　5　5.38×10^3〔mL〕

6　銅が7.62g析出したことから，電子は0.240mol流れ，水素イオンは0.240mol生成することがわかる。このとき，水素イオン濃度は$[H^+] = \dfrac{0.240}{\frac{500}{1000}} = 0.480$〔mol/L〕

水酸化ナトリウム水溶液の体積をv〔mL〕とすると

$0.480 \times \dfrac{20}{1000} = 0.10 \times 1 \times \dfrac{v}{1000}$　$v = 96$　答え…9.6×10〔mL〕

〈解説〉1　解答参照。　2　電解槽Bの陽極側では$2Cl^- + 2e^- \rightarrow Cl_2$の反応により塩素が発生し，$Cl^-$が減少する。陰極側では$2H_2O + 2e^- \rightarrow H_2 + 2OH^-$により$OH^-$が増加する。陽イオン交換膜は陽イオンを通過させるが，正の電荷をもつNa^+は陰極側へ移動する。　3　解答参照。

4　電解槽Aの陰極では$Cu^{2+} + 2e^- \rightarrow Cu$の変化が起こる。銅は$\dfrac{7.62}{63.5} = 0.120$〔mol〕析出したので，電子は$0.120 \times 2 = 0.240$〔mol〕流れ，その電気量は$(9.65 \times 10^4) \times 0.240 \fallingdotseq 2.32 \times 10^4$〔C〕である。　5　電解槽Bでは，0.240molの電子が流れると，H_2とCl_2が0.120molずつ発生する。理想気体は1mol当たりの体積が22.4×10^3〔mL〕なので，求める体積は$(22.4 \times 10^3) \times 0.120 \times 2 \fallingdotseq 5.38 \times 10^3$〔mL〕となる。　6　解答参照。

【2】1　a　酸　b　凝析　c　疎水　d　陰　2　$FeCl_3 + 3H_2O \rightarrow Fe(OH)_3 + 3HCl$　3　(1)　6.63×10^2〔Pa〕　(2)　13.4〔mL〕

(3)　デンプンのモル質量をM〔g/mol〕とすると，$\Pi V = nRT$から，

$6.627 \times 10^2 \times 13.4 \times 10^{-3} = \dfrac{1.34}{M} \times 8.3 \times 10^3 \times 300$

$M = 3.757 \times 10^5$　答え…3.76×10^5〔g/mol〕

4　イ

〈解説〉1　a　H^+が半透膜を通過するので，袋の外の水溶液は酸性になる。　b，c　疎水コロイドに少量の電解質を加えると凝析が起きる。

d　$Fe(OH)_3$は正電荷を帯びたコロイド粒子なので，電気泳動により陰極に移動する。　2　解答参照。　3　(1)　密度$1.00 g/cm^3$で高さ6.80cm

の液柱の圧力を，大気圧に等しい水銀柱76.0cmの圧力と比較すると，求める浸透圧は$(1.00\times10^5)\times\frac{1.00\times6.80}{13.5\times76.0}=6.627\cdots\times10^2\fallingdotseq6.63\times10^2$〔Pa〕となる。　(2)　液面の高さの差は6.80cmであるが，移動した純水による体積は半分の高さ3.40cm分であり，U字管の断面積は1.00cm^2なのでその体積は$1.00\times3.40=3.40$〔cm^3〕$=3.40$〔mL〕である。はじめに入れたデンプン水溶液が10.0mLなので，合計$3.40+10.0=13.4$〔mL〕となる。　(3)　希薄溶液の浸透圧Πについて，ファントホッフの法則が成り立つことを利用する。　4　$Fe(OH)_3$は正電荷を帯びたコロイド粒子なので，反対符号の電荷をもち価数の大きいSO_4^{2-}が最も少量で沈殿を生じさせる。

【3】1　a　オ　　b　イ　　c　ケ　　d　キ　　e　コ　　2　(1)　Cu_2O

(2)　$C_7H_8O_4$　　(3)　C　マレイン酸　　D　アセトン

(4)　B

```
HO－C－CHBr－CHBr－C－O－CBr－CH2Br
    ‖              ‖     |
    O              O     CH3
```

E

```
  H＼     ／H
    C＝C
   ／    ＼
O＝C      C＝O
   ＼    ／
     O
```

〈解説〉1　酸化銅(Ⅱ)は酸化剤として用いる。ソーダ石灰は水と二酸化炭素の両方を吸収するので，先に塩化カルシウムで水だけを吸収させる。　2　(1)　フェーリング液はCu^{2+}を含む錯イオンの溶液であり，還元されてCu^+になると，Cu_2Oの赤色沈殿を生じる。　(2)　有機化合物Aに含まれる炭素原子，水素原子，酸素原子の数の比は$\frac{53.8}{12}:\frac{5.1}{1.0}:\frac{100-(53.8+5.1)}{16}\fallingdotseq7:8:4$なので，組成式は$C_7H_8O_4$で式量は156である。分子式を$(C_7H_8O_4)_n$とすると，分子量は$130\leqq156n\leqq170$より，$n=1$，つまり分子式は$C_7H_8O_4$である。　(3)　有機化合物Cは加熱すると分子内脱水が起きるので，カルボキシ基を2つもち，分子量は116よりカルボキシ基以外の部分の原子数の和は$116-45\times2=26$より，マレイン酸

HOOC－CH＝CH－COOHと考えられる。有機化合物Dは金属ナトリウムと反応せず還元性をもたない中性の化合物なので，第二級アルコールが酸化したケトンであり，炭素原子の数はAが7個，Cが4個なので，Dは7－4＝3〔個〕より，CはアセトンCH_3COCH_3となる。

(4)　Aはエステルなので，加水分解するとカルボン酸とアルコールが生成する。Dがケトンなのは，生成したアルコールは二重結合を形成する炭素原子にヒドロキシ基が結合したエノール形の構造をもち不安定なので，安定なケト形の構造に変換したためと考えられる。このエノール形の化合物とマレイン酸がエステル化し，臭素が付加したものが化合物Bである。化合物Eは，マレイン酸が分子内脱水して生じた無水マレイン酸である。

【4】1　$CO_3^{2-}+H_2O \rightleftarrows HCO_3^-+OH^-$　　2　風解　　3　(1)　ウ

(2)　下方置換　　4　イ　　5　(1)　$2NaHCO_3 \rightarrow Na_2CO_3+H_2O+CO_2$

(2)　$CaO+H_2O \rightarrow Ca(OH)_2$　　6　$CO_2+2NH_3 \rightarrow (NH_2)_2CO+H_2O$

7　21.2kgの炭酸ナトリウムは200mol，このとき必要な塩化ナトリウムは400mol，つまり23400g　必要な体積をv〔L〕とすると

$\frac{23400}{1000v\times1.2}\times100=26.5$　$v=73.5\cdots\fallingdotseq74$　　答え…7.4×10〔L〕

〈解説〉1　炭酸ナトリウムが電離すると炭酸イオンが生じ，これが水と反応する。　2　解答参照。　3　(1)　$NaCl+H_2SO_4 \rightarrow NaHSO_4+HCl$と反応する。この反応では，揮発性の酸を含む塩に不揮発性の酸を加えると揮発性の酸が得られる。　(2)　塩化水素は水によく溶け，空気より密度が大きいので，下方置換で捕集する。　4　アンモニアソーダ法はソルベー法ともいう。　5，6　解答参照。　7　アンモニアソーダ法の反応過程を1つの化学反応式にまとめると，$2NaCl+CaCO_3 \rightarrow Na_2CO_3+CaCl_2$となる。つまり，塩化ナトリウム2molから炭酸ナトリウム1molが生成する。式量は$NaCl=58.5$，$Na_2CO_3=106$である。

【地学】

【1】1　(1)　5〔秒間〕　(2)　地殻とマントルで岩石の種類が異なるため。　(3)　120〔km〕　(4)　ア　2　(1)　A　S(波)　B　P(波)　C　P(波)　(2)　グーテンベルク不連続面　(3)　イ

〈解説〉1　(1)　走時とは，震源から発生したP波やS波が観測地点に達するまでに要する時間を示す。図1の走時が短いaがP波，走時が長いbがS波を示すと考えられるので，震央距離60kmの地点ではその差5秒間が初期微動継続時間である。　(2)　マントルは密度の大きなかんらん岩からなり，地震波が伝わる速度が大きいので，震源から遠い観測地点では，地殻中を直進した直接波よりもマントルを経由した屈折波の方が先に到着する。その結果，走時曲線は折れ曲がる。　(3)　走時曲線が折れ曲がる点では，直接波と屈折波が同時に到達する。　(4)　地殻が薄い場合は，より震央に近い地点で屈折波が直接波に追いつき，走時曲線が折れ曲がるので，アが該当する。　2　(1)　震央距離0°～103°では，走時の短いBがP波，走時が長いAがS波である。また，外核は液体であり横波であるS波は伝わらないので，震央距離143°以遠に現れるCはP波である。　(2)　マントルと外核の境界である。
(3)　P波が伝わらないシャドーゾーンは，震央距離103°～143°の範囲である。北緯を正の値とすると，－90°＋103°＝＋13°，－90°＋143°＝＋53°より，北緯13°～53°に該当する。

【2】1　A　イ　B　ウ　C　エ　2　最大値20.5″から0まで変化する。　3　9.5×10^{12}〔km〕　4　$d=\dfrac{3.26}{p}$　5　2〔等級〕

〈解説〉1　A　黄道上の恒星は，地球の公転軌道面の延長上にあるため，年周視差では直線の往復運動に見える。　B　黄道の極の恒星は，地球の公転軌道と垂直な方向にあり，円を描いて見える。　C　その他の恒星は楕円を描いて見える。　2　解答参照。　3　1年は60×60×24×365〔s〕なので，1光年は$(3.0\times10^5)\times(60\times60\times24\times365)\fallingdotseq9.5\times10^{12}$〔km〕である。　4　年周視差$p$〔″〕は恒星までの距離と反比例するので，恒星までの距離〔パーセク〕$=\dfrac{1}{p}$であり，1パーセクは3.26

光年なので，恒星までの距離〔光年〕$=\frac{3.26}{p}$である。 5 年周視差 $p=0.001$〔″〕より，$d=\frac{1}{0.001}=1000$〔パーセク〕である。よって，絶対等級は$12+5-5\log_{10}1000=2$〔等級〕となる。

【3】1 距離 2 直角右向き 3 低緯度ほど速くなる。

4

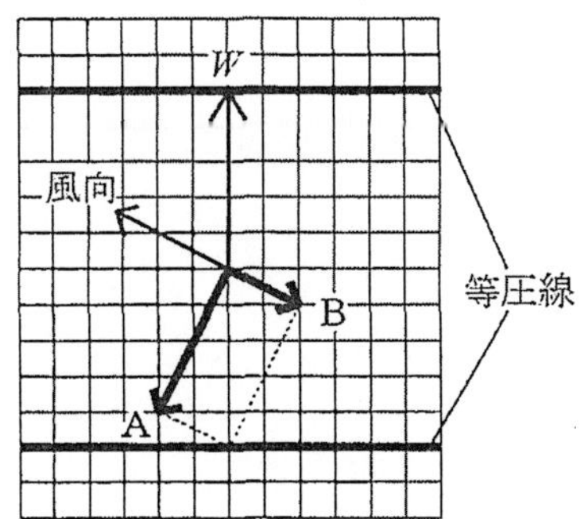

5 風速…小さくなる。 角…大きくなる。 6 (1) ウ

(2) 西岸強化

〈解説〉1 距離に対する気圧の変化が大きいほど，気圧傾度力は大きい。 2 北半球では物体が運動する向きに対し，転向力は直角右向きにはたらく。 3 地衡風が吹くとき，気圧傾度力と転向力Fがつり合っているので，気圧傾度力が同じならば，Fの大きさも同じである。緯度ϕが小さいほど$\sin\phi$も小さいので，風速νは大きくなると考えられる。 4 摩擦力の向きは風向と真逆であり，摩擦力と転向力の合力が，気圧傾度力とつり合うように矢印をかく。 5 摩擦力の向きは風向と真逆なので，摩擦力が大きくなると風速は小さくなる。また，風向と等圧線のなす角をθとすると，転向力Aと摩擦力Bの間には$\tan\theta=\frac{B}{A}$の関係が成り立つので，摩擦力Bが大きくなると風向と等圧線のなす角θは大きくなる。 6 (1) 圧力傾度力は海水面の高い方から低い方へはたらき，転向力はその反対方向へはたらく。転向力は海水の運動の向きの直角右向きにはたらくため，海水は海水面の高い方を右に

見ながら流れる。　(2)　転向力は高緯度であるほど大きくなる。

【4】1　ウ　　2　不整合　　3　イ　　4　①　　5　3番目…D　　5番目…G　　6　エ　　7　C，D，E，F，G

〈解説〉1　地層CとDの境界線と等高線の交点を結ぶと，走向はN30°Wとなる。クリノメーターの文字盤は，東西が通常の方位磁針と逆なので，ウが該当する。　2　地層Bは堆積岩からなる水平な地層で，地層Gは火成岩からなる不定形な地層なので，これらは傾斜不整合の関係にある。　3　地層CとDの境界線では，標高差100mごとの走向線が水平距離100m間隔に引けるので，地層の傾斜の大きさは45°である。また，例えば標高200mの等高線と地層Dの上面と下面の交点から走向線を引くと，約50mの幅がある。よって，地層Dの厚さは50sin45°≒35〔m〕となる。　4　ホルンフェルスは，砂岩や泥岩が火成岩体による接触変成作用を受けることで形成される。図より，火成岩体である地層Gと接触してる地点は①と⑤であるが，地層Eは泥岩，地層Fは石灰岩からなるので，①が該当する。　5　この地域の地層は概ね東北東の方角に傾斜しているので，地層C～FはF→E→D→Cの順に連続的に堆積した後，褶曲が起きたと考えられる。また，地層C～Eから産出した貨幣石は古第三紀，地層Bから産出したデスモスチルスは新第三紀に生息していたので，F→E→D→C→Bの順となる。地層Aからはシジミの化石が見つかり，堆積したとき河口付近だったことや標高からF→E→D→C→B→Aの順と考えられる。さらに，地層Gは地層EとFに貫入しており，地層Bとの境界で不整合面となっているので，F→E→D→C→G→B→Aの順に堆積したと考えられる。　6　地層Gの火成岩体は，古第三紀～新第三紀の間に形成されたので，エの5000万年前が該当する。　7　B層よりも下位の地層が侵食されてできた礫が，B層の最下部に取り込まれる可能性がある。

2023年度　実施問題

中高共通

【1】次の問いに答えなさい。

1　太陽風は，太陽から放出される高エネルギーの荷電粒子の流れで，地球の磁力線にそって極付近の上空に流れ込む。このとき，大気中の原子や分子に荷電粒子が衝突する際に起こる発光現象を何というか，書きなさい。

2　歯科治療や，自動車の排ガスをきれいにする触媒などに用いられる金属で，原子番号46の金属元素は何か，書きなさい。

3　バナナやリンゴなどの果実が一定の大きさになると，ある植物ホルモンが気体として放出され，果実の成熟が促進される。この植物ホルモンは何か，書きなさい。

4　石灰岩が接触変成作用を受けてできた岩石を何というか，漢字3字で書きなさい。

5　煙や粉塵のように，気体の分散媒と固体の分散質からなるコロイドを何というか，書きなさい。

(☆☆◎◎◎)

中学理科

【1】「中学校学習指導要領」(平成29年3月告示)「第2章　各教科　第4節　理科」に関して，次の問いに答えなさい。

1　次の文は，「第2　各分野の目標及び内容〔第1分野〕　2　内容(7)　科学技術と人間　ア　(ア)　エネルギーと物質」の㋑，㋒に記載されている内容である。文中の空欄(　a　)～(　c　)にあてはまる語句を，それぞれ書きなさい。

㋑　様々な物質とその利用 　物質に関する観察，実験などを通して，日常生活や社会では，様々な物質が(　a　)利用されていることを理解するとともに，物質の有効な利用が大切であることを認識すること。

㋒　科学技術の発展 　科学技術の発展の(　b　)を知るとともに，科学技術が人間の生活を豊かで(　c　)にしていることを認識すること。

2 「第2　各分野の目標及び内容〔第2分野〕　2　内容(7)　自然と人間」について，次の問いに答えなさい。

(1)　この内容は，「3　内容の取扱い」において，第何学年で取り扱うものとされているか，書きなさい。

(2)　「ア　(ア)　生物と環境　㋑　自然環境の調査と環境保全」の内容の取扱いにおいて，気候変動や何について触れることとされているか，書きなさい。

3 次の文章は，「第3　指導計画の作成と内容の取扱い」の2の(1)，(2)である。文中の空欄(　d　)～(　g　)にあてはまる語句を，それぞれ書きなさい。

(1)　観察，実験，野外観察を重視するとともに，地域の環境や学校の実態を生かし，自然の事物・現象についての基本的な(　d　)の形成及び(　e　)する力と態度の育成が(　f　)に無理なく行えるようにすること。 (2)　(　g　)を尊重し，自然環境の保全に寄与する態度を養うようにすること。

(☆☆◎◎◎)

【2】次の問いに答えなさい。

1　①原子の中心には原子核が存在し，原子核のまわりを取り巻くように負の電荷をもつ電子が存在している。原子核は，正の電荷をもつ(　a　)と，電荷をもたない(　b　)からできており，質量はともに約1.7×10^{-24}gである。原子内の電子は，電子殻とよばれるいくつかの層に分かれて存在し，一番外側の電子殻に存在する最外殻電子で，特に②原子がイオンになる，あるいは③他の原子と結合するときに重要な役割を果たす電子を価電子と呼ぶ。

(1)　文章中の空欄(　a　)，(　b　)にあてはまる最も適切な語句を，それぞれ書きなさい。

(2)　下線部①について，図1はある原子の電子配置を示している。この原子の元素名を書きなさい。

図1

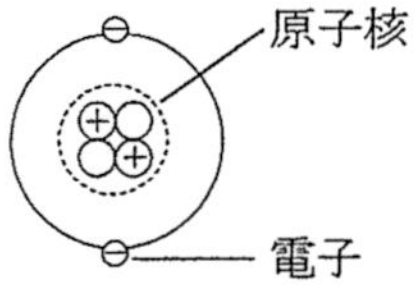

原子核

電子

(3)　下線部②について，硫酸銅(Ⅱ)水溶液の中に亜鉛板を入れると，亜鉛板の表面に赤い物質が付着する。この変化で電子を放出しイオンになる物質を，化学式で書きなさい。

(4)　下線部③について，18族の希ガス以外の非金属元素の原子どうしは，価電子を互いに共有することで分子を形成する。次のア～エの中から分子をすべて選び，記号で書きなさい。

ア　塩化カルシウム　　イ　塩化水素　　ウ　酸化ナトリウム

エ　二酸化炭素

2　ある質量のマグネシウムを測りとり，濃度未知の塩酸20mLを加えて，発生する水素の体積を標準状態で測定した。マグネシウムの質量を変えて同様の測定を繰り返し，測定値を図2のようにグラフに表した。なお，マグネシウムと塩酸の化学反応式は，次の式で表せる。

$Mg + 2HCl \rightarrow MgCl_2 + H_2$

次の問いに答えなさい。ただし，原子量はMg＝24とする。

図２

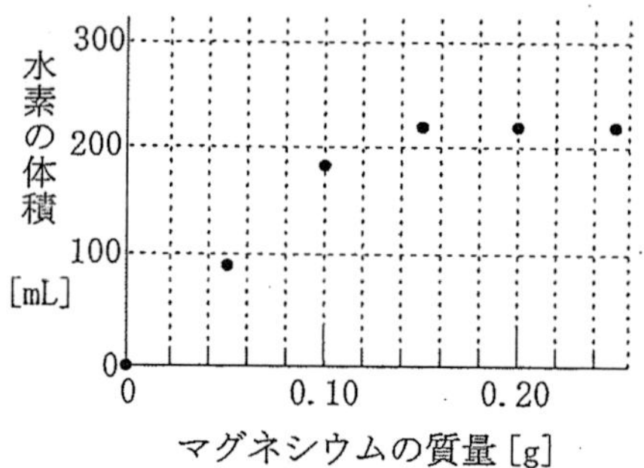

(1)　この実験で用いた塩酸と過不足なく反応したマグネシウムの質量は何gか，グラフより求めなさい。ただし，答えの数値は有効数字2桁とする。

(2)　この実験で用いた塩酸のモル濃度[mol/L]を求めなさい。ただし，答えの数値は有効数字2桁とし，求め方も書きなさい。

(☆☆☆◎◎◎)

【３】次の問いに答えなさい。

1　粒状の金属1.0kgを，質量の無視できる袋に詰めた。この袋を，高さ1.0mの位置からくり返し50回落下させたところ，金属の温度が1.4℃上昇した。ただし，空気抵抗は無視でき，重力加速度の大きさを$9.8m/s^2$とする。また，落下する際に重力がする仕事はすべて金属の温度上昇に使われたとする。

(1)　袋が1回落下する際に重力がする仕事は何Jか，求めなさい。ただし，答えの数値は有効数字2桁とする。

(2)　袋の中の金属の熱容量は何J/Kか，求めなさい。ただし，答えの数値は有効数字2桁とし，求め方も書きなさい。

(3) 袋の中の金属の比熱は何J/(g・K)か，求めなさい。ただし，答えの数値は有効数字2桁とし，求め方も書きなさい。

2 音を発しているものを音源といい，音を発しているとき，音源は振動している。大きな音では音源の振幅が大きく，高い音では音源の①振動数が大きい。ヒトが聞くことのできる音の振動数には範囲があり，ヒトが聞くことができない高い音を(a)という。②音は空気のような気体だけでなく，水などの液体の中も伝わる。

いま，風が吹いていない場所において，速さ20m/sで等速で走り続ける自動車の前方に山がある。自動車が警笛を鳴らしたら，前方の山で反射した音が4.0秒後に返ってきた。音が空気中を伝わる速さを340m/sとして，反射した音が返ってきたときの，自動車と山との間の距離を求めると(b)mになる。

(1) 下線部①について，振動数の単位を書きなさい。

(2) 空欄(a)にあてはまる最も適切な語句を書きなさい。

(3) 下線部②について，常温において音が伝わる速さは空気中と水中でどちらが速いか，次のア～ウの中から一つ選び，記号で答えなさい。

ア 空気中の方が速い　　イ 水中の方が速い

ウ どちらも同じ

(4) 空欄(b)にあてはまる数値を求めなさい。

(☆☆☆◎◎◎)

【4】次の文章を読んで，あとの問いに答えなさい。

1個の細胞が2個の細胞に分かれることを細胞分裂といい，多細胞生物の体細胞の数が増えるときに見られる細胞分裂をとくに体細胞分裂という。体細胞分裂の過程は，間期と分裂期に分けられる。さらに間期は，DNA合成の準備を行うG_1期，DNAの合成が行われるS期，分裂期に入る準備が行われるG_2期の三つの時期に分けられる。体細胞分裂における細胞周期は，G_1期，S期，G_2期，分裂期の順で繰り返される。また，細胞1個あたりのDNA量は，G_1期が終了してS期に入ると徐々に増え，S期が終了するともとの2倍となる。

体細胞分裂に関する次の【実験1】と【実験2】を行った。なお，これらの実験では細胞周期の各時期の細胞が一様に分布し，すべての細胞が一定の速さで増殖しているものとする。

【実験1】　細胞集団から一定数の細胞を取り出し，培養を開始した。培養を開始してから3日目および8日目に計測した全細胞数を表に示す。なお，3日目および8日目の計測は，同時刻に行った。

表

培養を開始してからの日数	3日目	8日目
全細胞数（個）	2.0×10^5	1.28×10^7

【実験2】　細胞集団から10000個の細胞を取り出し，各細胞に含まれる細胞1個あたりのDNA量と細胞数を調べた結果，図のようなグラフが得られた。

図

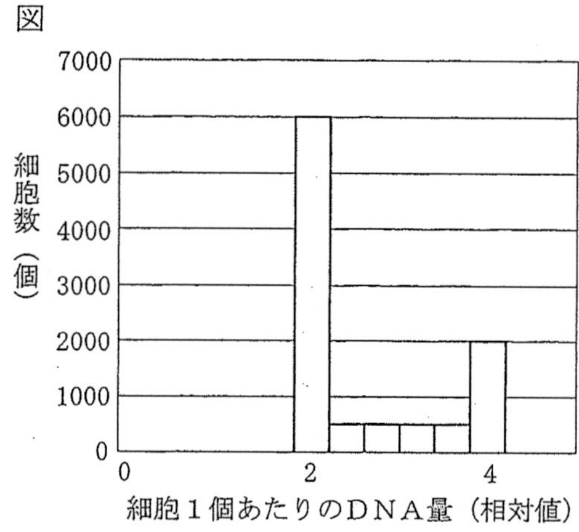

1　DNAについて，次の問いに答えなさい。

(1)　DNAのヌクレオチドの構成成分は，糖と塩基とあと一つは何か，書きなさい。

(2) 1953年にワトソンとクリックが提唱したDNAの構造名を書きなさい。

(3) DNAに含まれるグアニンの割合が15%であったとき，チミンの割合は何%になるか，最も適切なものを次のア～オから一つ選び，記号で答えなさい。

ア 10%　　イ 35%　　ウ 55%　　エ 70%　　オ 85%

2 分裂前の細胞を母細胞，分裂後の細胞を娘細胞とよぶ。同じ生物の体細胞において，娘細胞1個に含まれるDNA量は，母細胞1個に含まれるDNA量と比較してどうなるか，簡潔に書きなさい。ただし，どちらの細胞もG_1期であるものとする。

3 【実験1】で用いた細胞集団の細胞周期の長さは何時間か，計算して求めなさい。

4 【実験1】と【実験2】より，S期およびG_2期に要する時間を求めなさい。ただし，この培養細胞の分裂期に要する長さは1時間であるとする。

(☆☆☆◎◎◎)

【5】次の問いに答えなさい。

1 周囲より気圧が低い領域を低気圧という。温帯低気圧は，南北方向の気温の差が大きい温帯で発生する。暖かい空気と冷たい空気の境界である(a)を伴うことが多い。一方，熱帯で発生する低気圧は熱帯低気圧とよばれ，そのうち，北太平洋西部の海上または南シナ海で発生した最大風速が約(b)m/s以上に発達したものを<u>台風</u>とよぶ。

図は，台風の月別の主な進路を表している。台風は年間を通じて発生しており，(c)に流されて西へと進む。夏の初めは(d)高気圧が日本を広く覆っているため日本への台風の接近が少ないが，夏の後半に(d)高気圧が弱まると台風は北上する。これは，高気圧の中心から(e)回りに吹き出ている風によるものである。やがて中緯度に入ると偏西風に流されて進路を北東に変える。

図

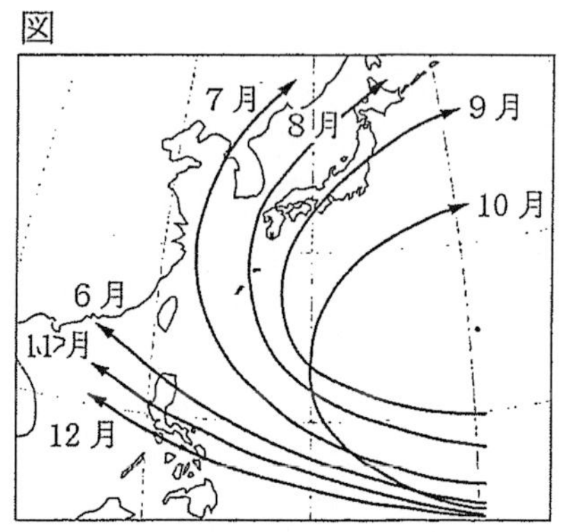

(1)　空欄(　a　)にあてはまる語を書きなさい。

(2)　空欄(　b　)にあてはまる数字として最も適切なものを，次のア～エの中から一つ選び，記号で答えなさい。

ア　17　　イ　27　　ウ　37　　エ　47

(3)　下線部について，台風は，水平方向に半径数百km，垂直方向に十数kmにも成長する。台風の大きさを，半径約250km，高さ約10kmとするとき，台風を半径2.5cmの円盤で表すと，その高さは何cmになるか，求めなさい。

(4)　空欄(　c　)～(　e　)にあてはまる語を書きなさい。

2　①月は地球の衛星で，常に同じ面を地球に向けている。満月から次の満月までは，約29.5日で，その間天球上では②星座の中を規則的に動いて見える。一方，惑星は星座の中を複雑に動いて見える。この動きは，地球と惑星がともに③公転しているために生じる④見かけの運動である。

(1)　下線部①から月の公転と自転についていえることは何か，公転と自転という二つの語を使って，簡潔に書きなさい。

(2)　下線部②について，同じ時刻に月を観察すると月の位置はどのように移動して見えるか，次のア～エの中から一つ選び，記号で答えなさい。

ア　1日につき約30°西から東へ移動する。

イ　1日につき約30°東から西へ移動する。

ウ　1日につき約12°西から東へ移動する。

エ　1日につき約12°東から西へ移動する。

(3)　下線部③について，地球の公転軌道の内側を公転している惑星を，すべて答えなさい。

(4)　図は，2005年8月から2006年3月までの地球と火星の位置を模式的に表したものである。下線部④について，火星が天球上を東から西に動いて見えたのは，何年何月から何年何月までか，図をもとに答えなさい。

図

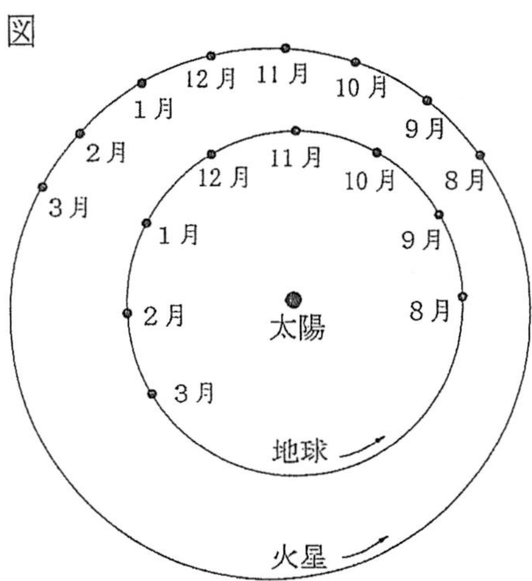

(☆☆☆◎◎◎)

高　校　理　科

【生物】

【1】「高等学校学習指導要領」(平成30年3月告示)に関して，次の問いに答えなさい。

1　以下の文章は，「第2章　第5節　理科　第3款　各科目にわたる指導計画の作成と内容の取扱い」の一部である。これについて，次の問いに答えなさい。

①　文中の空欄(　a　)~(　f　)にあてはまる語句を，それぞれ書きなさい。

(2)　生命を尊重し，(　a　)に寄与する(　b　)の育成を図ること。また，環境問題や科学技術の進歩と人間生活に関わる内容等については，持続可能な社会をつくることの重要性も踏まえながら，(　c　)から取り扱うこと。

(4)　観察，(　d　)，野外観察などの(　e　)な学習活動を充実させること。また，(　f　)に十分配慮すること。

②　(2)に記載されている生命の尊重について，生きている生物を教材とする場合の配慮にはどのようなことがあるか，書きなさい。

2　各学科に共通する教科の理数の「理数探究基礎」又は「理数探究」の履修をもって，総合的な探究の時間の履修の一部又は全部に替えることができるのはどのような場合か，書きなさい。

(☆☆◎◎◎)

【2】次の文章を読んで，あとの問いに答えなさい。

ヒトの眼に入った光は，角膜と水晶体で屈折した後，ゼリー状の(　a　)を通り，網膜上に像を結ぶ。眼には，物体までの距離に応じて水晶体の厚さを変え，焦点の位置を調節して網膜に像を結ばせる①遠近調節のしくみがある。

ヒトの網膜には2種類の視細胞がある。このうち，網膜の中心部の(b)とよばれる部分に集中している(c)細胞は，吸収する光の波長によって感度の異なる3種類の細胞があり，色の区別に関与する。一方，かん体細胞は，オプシンとレチナールから構成される(d)とよばれる感光物質を含み，(c)細胞に比べると非常に弱い光も吸収して反応するが，色の区別はできない。また，②網膜には盲斑とよばれる部分があり，この部分に光が当たっても受容されないため，ここに結ばれる像は見えない。

図は頭上から見たヒトの眼と視覚情報の伝達経路を模式的に表している。視細胞で生じた興奮は，視神経により大脳に伝えられるが，両眼の鼻側網膜から出た視神経だけが間脳の直前で交さする。そのため，両眼の網膜の右半分に写った像は大脳の右視覚野へ，左半分に写った像は大脳の左視覚野へと伝えられる。

図

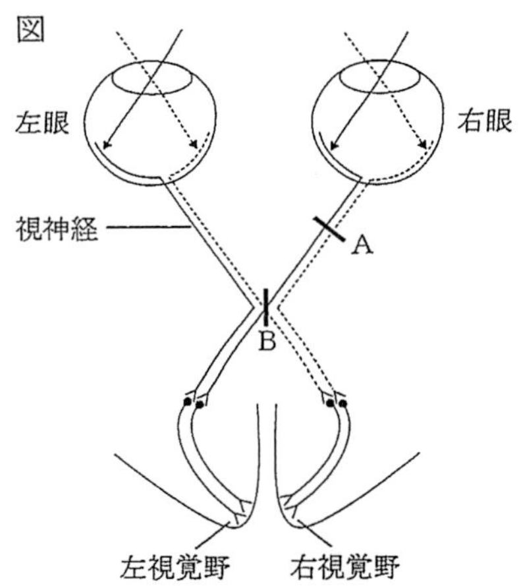

1 文中の空欄(a)~(d)にあてはまる最も適切な語句を，それぞれ書きなさい。

2 下線部①について，遠くを見るときはどのような調節が働くか，毛様筋，チン小帯，水晶体の3つの語を使って簡潔に説明しなさい。

3　下線部②について，盲斑で光を受容できない理由を，視神経と視細胞の2つの語を使って簡潔に説明しなさい。

4　図において，Aで視神経が切断された場合と，Bで視神経が切断された場合で，左右の眼の視野はどのようになるか。次のア～カの中から最も適切なものをそれぞれ一つずつ選び，記号で答えなさい。なお，ア～カの楕円は視野を示しており，黒い部分は視野が欠損していることを表す。ただし，視神経が切断されていない場合は，視野の欠損は左右の眼でないものとする。

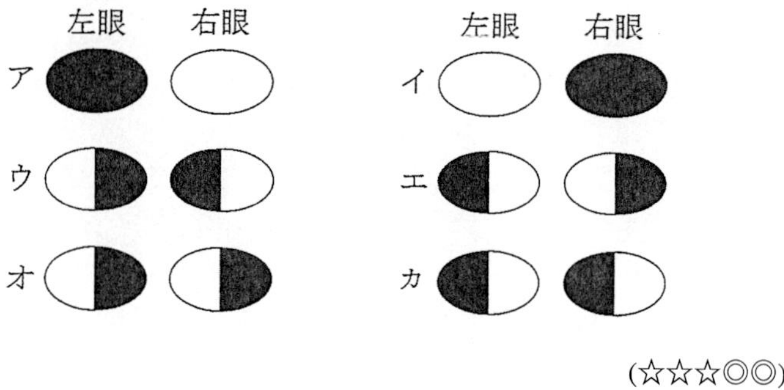

(☆☆☆◎◎)

【3】次の文章を読んで，あとの問いに答えなさい。

図1に示すプラスミドには，抗生物質アンピシリンの作用を抑えるアンピシリン耐性遺伝子と，炭水化物ラクトースを分解する酵素であるβガラクトシダーゼ遺伝子が含まれており，①<u>特定の塩基配列を認識して切断する酵素*Eco*RⅠ</u>が作用する部位が1つだけある。

このプラスミドに*Eco*RⅠを作用させてプラスミドを切断した。また，*Eco*RⅠを作用させてヒトの遺伝子Aを含むDNA断片を取り出した。切断されたプラスミドと遺伝子Aを含むDNA断片を混合し，②<u>両者を連結させる酵素</u>を作用させることにより，遺伝子Aをプラスミドの中に組み込ませる操作を行った。これをアンピシリン耐性遺伝子とβガラクトシダーゼ遺伝子をもたない大腸菌と混ぜ，アンピシリンとIPTGとX-galを含む寒天培地で一晩培養すると，図2に示すように青色や白色のコロニーの形成が観察された。なお，IPTGとは，βガラクトシダーゼ遺伝子の発現を誘導する物質であり，X-galとは，βガラクトシダーゼによって分解されると青色に発色する物質である。また，図2の寒天培地には大腸菌がプラスミドを入れやすくする溶液も加えている。

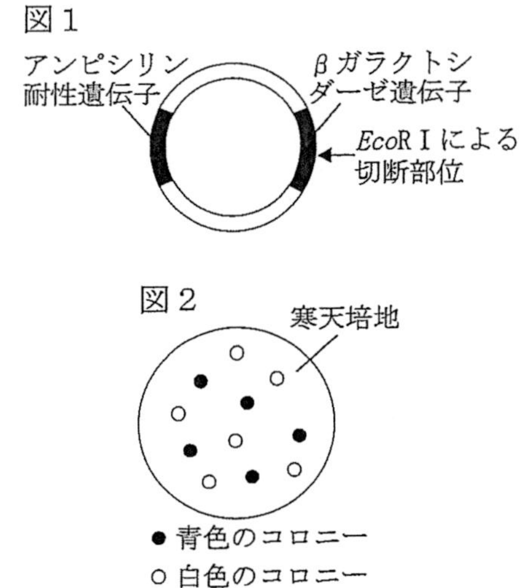

1　下線部①および下線部②の酵素を何とよぶか，それぞれ書きなさい。

2　下線部①の酵素で切断されるDNAの結合はどこか，最も適切なものを次のア～エから一つ選び，記号で答えなさい。

ア　糖と塩基の結合　　　イ　糖とリン酸の結合

ウ　塩基とリン酸の結合　　エ　リン酸とリン酸の結合

3　図2の白色のコロニーでは主にどのような大腸菌が増殖したと考えられるか、最も適切なものを次のア～ウから一つ選び，記号で答えなさい。

ア　遺伝子Aが組み込まれたプラスミドを受け取った大腸菌

イ　遺伝子Aが組み込まれなかったプラスミドを受け取った大腸菌

ウ　プラスミドを受け取っていない大腸菌

4　アンピシリンを含まない寒天培地で実験を行った場合，図2と比較してどのような結果が得られるか，最も適切なものを次のア～エから一つ選び，記号で答えなさい。ただし，他の実験条件は同じとする。

ア　図2と同様になる

イ　青色のコロニーだけが多くなる

ウ　白色のコロニーだけが多くなる

エ　青色と白色のコロニーの両方が多くなる

5　ヒトのインスリン遺伝子を大腸菌に組み込む場合，インスリン遺伝子のmRNAを逆転写させcDNAをつくり，これをプラスミドに組み込む操作が必要である。この理由を，スプライシングとイントロンという2つの語を使って説明しなさい。

(☆☆☆◎◎◎)

【4】次の文章を読んで，以下の問いに答えなさい。

現在，進化は同一の種からなる集団内の遺伝子構成の変化ととらえられている。ある生物集団がもつ遺伝子全体を遺伝子プールという。遺伝子プールは，その集団内の個体がもつすべての遺伝子座の対立遺伝子の集合であり，偶然によって集団内の遺伝子頻度は変化することがある。これを遺伝的浮動という。生物集団において，何らかの原因で①集団が小さくなると，遺伝的浮動の影響がより大きくなり，集団全体の遺伝子構成が変化する可能性が大きくなる。

生物集団において②ある条件を満たしているときは，遺伝子頻度は世代を重ねても変化することはない。これを，ハーディ・ワインベルグの法則といい，この法則が成立する集団では進化が起こらない。

1　下線部①の変化を表す最も適切な語句を，次のア～オから一つ選び，記号で答えなさい。

ア　びん首効果　　イ　適者生存　　ウ　分子時計

エ　適応放散　　オ　中立進化

2　下線部②について，ハーディ・ワインベルグの法則が成立するには，一般的に5つの条件が考えられている。次の(i)～(iii)以外の条件を2つ書きなさい。

(i)　自然選択がはたらいていない　　(ii)　突然変異が起こらない
(iii)　個体数が十分に多い

3　自然選択がはたらき，ハーディ・ワインベルグの法則が成り立たないときの遺伝子頻度の変化について，次の文章を読んで，文中の空欄(　a　)～(　d　)に適する数値を書きなさい。ただし，(　d　)の数値は小数第3位を四捨五入し，小数第2位まで求めなさい。

ある集団内に対立遺伝子A，aがある。第n世代の遺伝子Aの頻度をp_n，遺伝子aの頻度をq_nとする。ただし，$p_n+q_n=1$である。ハーディ・ワインベルグの法則が成り立っている集団において，環境が変化して遺伝子Aやaの現す形質に自然選択がはたらくようになったと仮定する。遺伝子型AAやAaの個体はこれまでと同じように次世代を残すことができるが，遺伝子型aaの個体は，生殖可能前に一定の割合で死亡するものとする。その死亡する割合をsとし，$0<s\leqq1$であるとすると，第n世代の自然選択後の遺伝子型の頻度は，AAはp_n^2，Aaは$2p_nq_n$，aaは$q_n^2(1-s)$と表すことができる。

第1世代の出生時の遺伝子型aaの割合が64％であるとき，第1世代における遺伝子Aの頻度p_1は(　a　)，遺伝子aの頻度q_1は(　b　)となる。また，第1世代における遺伝子型Aaの個体の割合は(　c　)％である。

aaの個体が生殖可能になる前に7割が死亡する場合，つまり$s=0.7$のとき，遺伝子頻度の変化を見ると，第2世代における遺伝子aの頻度q_2は(　d　)となる。q_nの値は世代を重ねるたびに減少していき，aaの個体はやがてほとんど見られなくなっていく。このように，自然選択がはたらいたとき，集団内の遺伝子頻度に変化が生じる。

(☆☆☆☆◎◎)

【5】図は，被子植物の精細胞と卵細胞ができる過程の模式図である。これについて，以下の問いに答えなさい。

図

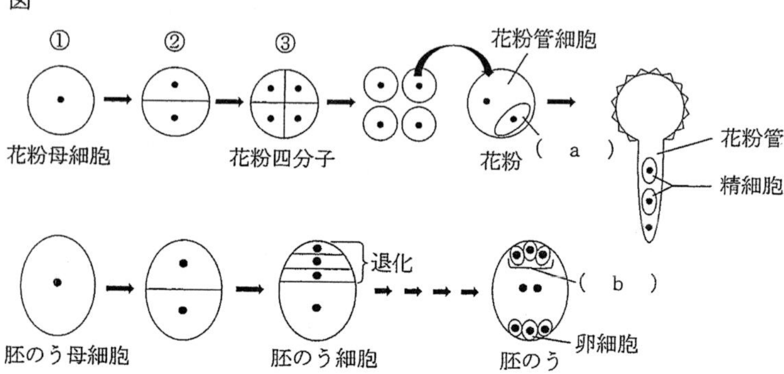

1　図中の空欄(a), (b)にあてはまる，最も適切な細胞名をそれぞれ書きなさい。

2　この植物の体細胞の染色体構成が$2n=4$であった場合について，図の①と②の間の第一分裂中期，および②と③の間の第二分裂後期でみられる染色体の様子を表した最も適切な図を，次のア～カからそれぞれ一つずつ選び，記号で答えなさい。なお，ア～カはそれぞれ1個の細胞を表している。

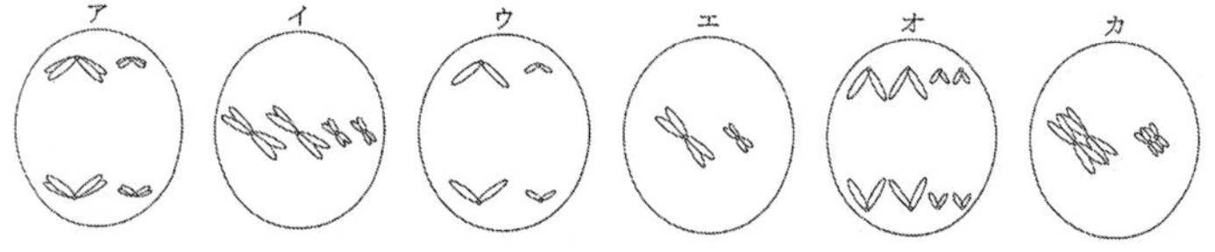

3　図の胚のう母細胞から胚のうが形成されるまでの間に何回の核分裂をしたか，書きなさい。

4　マメ科やアブラナ科などの植物は，種子形成の過程で胚乳が退化する無胚乳種子をつくる。無胚乳種子では栄養分がどこに貯蔵されるか，書きなさい。

5　イネの種子には，ウルチ性とモチ性とがあり，これは胚乳に含まれるデンプンの性質の違いによる。この性質を決める対立遺伝子は

Mとmであり，ウルチ性を決める遺伝子Mは，モチ性を決める遺伝子mに対して顕性(優性)である。イネの品種Ⅰ，Ⅱがそれぞれ純系であるとして，次の問いに答えなさい。

(1) 遺伝子型mmのモチ性品種Ⅰの雌しべに，遺伝子型MMのウルチ性品種Ⅱの花粉を受粉させたとき，受精した種子の胚乳の遺伝子型を，書きなさい。

(2) 種子を包むもみ殻の一部を着色する対立遺伝子はTとtである。着色の遺伝子Tが非着色の遺伝子tに対して顕性(優性)であり，胚乳に含まれるデンプンの性質を決める遺伝子と連鎖し，組換え価が20％であったとする。遺伝子型mmTTのモチ性品種Ⅰと，遺伝子型MMttのウルチ性品種Ⅱとの交雑で得られた雑種第一代における配偶子の遺伝子型とその分離比を，書きなさい。

(3) (2)の雑種第一代の自家受精によって得られた雑種第二代の表現型の分離比について，空欄(i)～(iv)に最も適切な数字を，書きなさい。

	(ウルチ性・着色)	：	(ウルチ性・非着色)	：	(モチ性・着色)	：	(モチ性・非着色)
＝	(i)	：	(ii)	：	(iii)	：	(iv)

(☆☆◎◎◎)

解答・解説

中 高 共 通

【1】1 オーロラ　2 パラジウム　3 エチレン　4 大理石　5 エアロゾル

〈解説〉1 オーロラは，熱圏で見られる現象であり，荷電粒子が大気中の酸素や窒素を発光させることで生じる。 2 歯科治療に用いられるのは金銀パラジウム合金，自動車の排気ガスをきれいにする触媒として用いられるのは，白金・パラジウム・ロジウムなどである。これらのうち，原子番号46の金属元素なのはパラジウムである。　3　果実の成熟を促進する植物ホルモンは，エチレンである。　4　大理石は結晶質石灰岩ともいうが，漢字3字と指定されているので不適である。　5　コロイドは，分散媒と分散質の物質の状態の組合せにより分類される。エアロゾルは，大気の分散媒に液体や固体の粒子が分散質として存在するもので，粉塵・煙・ミスト・霧・かすみ・スモッグなどがある。

中　学　理　科

【1】1　a　幅広く　　b　過程　　c　便利　　2　(1)　第3学年　(2)　外来生物　　3　d　概念　　e　科学的に探究　　f　段階的　g　生命

〈解説〉1　エネルギーと物質では，日常生活や社会と関連付けて，具体的な事例，技術の発展過程などエネルギーや物質の理解を深め，有効に利用することが重要であると認識させることが主なねらいである。　2　解答参照。　3　(1)は「科学的に探究する力や態度の育成」，(2)は「生命の尊重と自然環境の保全」に関する内容である。

【2】1　(1)　a　陽子　　b　中性子　　(2)　ヘリウム　　(3)　Zn　(4)　イ，エ　　2　(1)　0.12〔g〕　　(2)　求め方…過不足なく反応したマグネシウムの物質量は$\frac{0.12}{24}$〔mol〕＝5.0×10^{-3}〔mol〕であり，このマグネシウムと反応した塩化水素は1.0×10^{-2}〔mol〕となる。よってモル濃度は$\frac{1.0\times10^{-2}}{\frac{20}{1000}}$＝0.50〔mol/L〕　　答え…0.50〔mol/L〕

〈解説〉1　(1)　原子核は，正の電荷をもつ陽子と電荷をもたない中性子から構成される。これらの質量はほとんど同じである。　(2)　図1より，陽子・中性子・電子が2個ずつ存在するが，陽子数と原子番号は等しいので，この原子は原子番号2のヘリウムである。 (3) 硫酸銅(Ⅱ)は溶液中で$CuSO_4 \rightarrow Cu + SO_4^{2-}$と電離している。イオン化傾向は$Zn > Cu$より，硫酸銅(Ⅱ)水溶液に亜鉛板を入れると，亜鉛板は$Zn \rightarrow Zn^{2+} + 2e^-$，銅(Ⅱ)イオンは$Cu^{2+} + 2e^- \rightarrow Cu$と反応するので，亜鉛板は溶け，亜鉛板の表面に銅が析出する。 (4) 一般的に，非金属元素どうしで共有結合を形成したものが分子なので，イとエが該当する。アとウは金属元素と非金属元素がイオン結合を形成したものなので，イオン結晶である。 2 (1) 十分な量の塩酸があれば，発生した水素の体積はマグネシウムの質量に比例して増加する。マグネシウムの質量が0～0.10gのときの点を結んだ直線を延長したものと，発生した水素の体積が一定になったとき，つまりマグネシウムの質量が0.15～0.25gのときの点を結んだ直線との交点が，マグネシウムと塩酸が過不足なく反応しているときである。 (2) 塩酸とは塩化水素が水に溶けた混合物なので，マグネシウムと塩化水素の化学反応式は$Mg + 2HCl \rightarrow MgCl_2 + H_2$となる。

【3】1 (1) 9.8〔J〕 (2) 求め方…50回の落下で重力がする仕事は$9.8 \times 50 = 4.9 \times 10^2$〔J〕 これと同じ熱量を金属は受け取るので，熱容量をC〔J/K〕とすると，$C \times 1.4 = 4.9 \times 10^2$

$C = 3.5 \times 10^2$ 答え…3.5×10^2〔J/K〕

(3) 求め方…1.0〔kg〕$= 1.0 \times 10^3$〔g〕となる。

$\frac{3.5 \times 10^2}{1.0 \times 10^3} = 3.5 \times 10^{-1}$〔J/(g・K)〕 答え…$3.5 \times 10^{-1}$〔J/(g・K)〕

2 (1) ヘルツ (2) 超音波 (3) イ (4) 640〔m〕

〈解説〉1 (1) 袋が1回落下する際に重力がする仕事をW〔J〕とすると，$W = 1.0 \times 1.0 \times 9.8 = 9.8$〔J〕 (2)(3) (熱容量)＝(質量)×(比熱)の関係がある。 2 (1)(2) 一般的に，ヒトの音の可聴域は20～20000Hzであり，超音波はこれより振動数が高い音波である。 (3) 音速は媒質の密度が大きいほど速くなるので，固体＞液体＞気体の順に音速は速い。 (4) 反射した音が返ってきたときの自動車と山の間の距離をx

〔m〕とすると，自動車が警笛を鳴らしたときの自動車と山の間の距離は$x+20\times4.0=x+80$〔m〕より，4.0秒間で音が進んだ距離は$(x+80)+x=2x+80$〔m〕である。したがって，$2x+80=4.0\times340$より，$x=640$〔m〕

【4】1　①　リン酸　②　二重らせん構造　③　イ　2　娘細胞に含まれるDNA量は母細胞と変わらない。　3　20〔時間〕
4　S期…4〔時間〕　G_2期…3〔時間〕

〈解説〉1　(1)　ヌクレオチドは，五単糖と塩基が結合したヌクレオシドに，リン酸が結合した構造である。　(2)　DNAの構造は，一方の鎖の塩基と他方の鎖の塩基が，それぞれアデニン(A)とチミン(T)，グアニン(G)とシトシン(C)の間で相補的に結合したものである。　(3)　シャルガフの規則より，DNAを構成する塩基について，AとT，GとCの量は等しい。したがって，G＝C＝15〔％〕より，A＋T＝100－(15＋15)＝70〔％〕，A＝Tより，T＝70÷2＝35〔％〕　2　体細胞分裂では，1回の分裂で1個の母細胞から2個の娘細胞ができるが，同じ時期で比較しているのでこれらのDNA量は等しい。　3　表より，3日目から8日目までの5日間で全細胞数は，$(1.28\times10^7)\div(2.0\times10^5)=64$〔倍〕に増えていることがわかる。体細胞分裂が1回起きると全細胞数は2倍に増え，$64=2^6$より，5日間で体細胞分裂は6回起きたことがわかる。よって，細胞周期の長さは，$5\times24\div6=20$〔時間〕　4　細胞周期に占める各期の時間の長さの割合は，全細胞数に占める各期の細胞数の割合と比例する。表の細胞1個あたりのDNA量(相対値)が2と4の間はDNA量が増える時期，つまりS期である。(S期の細胞数)＝500＋500＋500＋500＝2000，(全細胞数)＝6000＋500＋500＋500＋500＋2000＝10000より，S期に要する時間をx〔時間〕とおくと，$20:x=10000:2000$より，$x=4000\div10000=4$〔時間〕　一方，細胞1個あたりのDNA量(相対値)が4のときはS期終了直後から分裂期が終了するまでの時期，つまりG_2期が始まり分裂期が終了するまでの間である。この時間をy〔時間〕とおくと，$20:y=10000:2000$より，$y=4$〔時間〕となる。よって，分

裂期に要する時間は1時間なので，G_2期に要する時間は4－1＝3〔時間〕

【5】1 (1) a 前線 (2) b ア (3) 0.1〔cm〕 (4) c 貿易風 d 太平洋 e 時計 2 (1) 地球のまわりを1公転する間に1自転している。 (2) ウ (3) 水星，金星 (4) 2005年10月から2005年12月まで

〈解説〉1 (1) 性質が異なる空気が接する境界が前線面，前線面と地表が接するところが前線なので，厳密には前線面とするのが適当である。 (2) 台風とは，北西太平洋または南シナ海に存在する熱帯低気圧のうち，低気圧域内の最大風速がおよそ34ノット(約17.2m/s)以上のものである。 (3) 求める高さをh〔cm〕とすると，250：10＝2.5：hより，h＝0.1〔cm〕 (4) 赤道付近で発生した台風は，貿易風による東風や，太平洋高気圧から時計回りに吹き出る風の影響を受け，西へ進む。その後，転向力や偏西風の影響を受けるため，東向きに進むようになる。 2 (1) 解答参照。 (2) 月は，約30日で地球のまわりを1周するので，1日あたり360÷30＝12〔°〕程移動する。月の公転の向きは地球の公転の向きと同じで北極から見ると反時計回りであるが，月の方が速いので，同じ時刻に観察すると月は天球上を西から東へ移動して見える。 (3) 地球の公転軌道の内側を公転している内惑星は，水星と金星である。 (4) 外惑星が天球上を東から西へ動いて見える逆行が起きるのは，衝(太陽に対して反対側にある)の位置となる11月の前後である。

高校理科

【生物】

【1】1 ① a 自然環境の保全 b 態度 c 科学的な見地 d 実験 e 体験的 f 環境整備 ② 生徒の心情に配慮する。 2 総合的な探究の時間の履修と同様の成果が期待できる場合

〈解説〉1　①　(2)は「生命の尊重と自然環境の保全」，(4)は「体験的な学習活動の充実」に関する内容である。　②　解答例の他，生物や自然に与える影響を必要最小限にとどめることが挙げられる。　2　新学習指導要領の第1章　総則　第2款　教育課程の編成　3　教育課程の編成における共通的事項　(3)　各教科・科目等の授業時数等　を参照。“総則において，「理数探究基礎」又は「理数探究」の履修をもって総合的な探究の時間の履修の一部又は全部に替えることができる”と示している。

【2】1　a　ガラス体　　b　黄斑　　c　錐体　　d　ロドプシン
2　毛様筋が弛緩し，チン小帯が引っ張られて，水晶体が薄くなり，焦点距離が長くなる。　　3　視神経が網膜を貫いており，視細胞が分布していないから。　4　Aで切断…イ　　Bで切断…エ
〈解説〉1　a　ガラス体は水晶体と網膜の間にあり，眼球の形の維持などの役割がある。　b～d　錐体細胞にはフォトプシン，かん体細胞にはロドプシンという視物質が含まれている。　2　近くを見るときは焦点距離を短くするため真逆のことが起こる。つまり，毛様筋が収縮し，チン小体が緩み，水晶体が厚くなる。　3　視細胞からの刺激を脳へ伝える視神経の繊維があるところでは，視細胞は存在しない。　4　Aで切断されると，右眼からの刺激は脳に全く伝わらないが，左眼からの刺激はすべて脳へ伝わる。　Bで切断されると，視神経が交差する部分が切断されるので，左眼の網膜の鼻側と右目の網膜の鼻側で受容された刺激が脳に伝わらない。左眼の網膜の鼻側には体の左側から入ってくる光，右眼の網膜の鼻側には体の右側から入ってくる光が受容されるので，左眼の左側，右眼の右側の視野が欠けることになる。

【3】1　①　制限酵素　　②　DNAリガーゼ　　2　イ　　3　ア
4　ウ　　5　大腸菌にはスプライシングのしくみがなく，ヒトのインスリン遺伝子をそのまま大腸菌に組み込むと，イントロンの部分まで翻訳されてしまい，目的とするタンパク質が得られないから。

〈解説〉1　①　細菌は制限酵素をもっており，自身の細胞内に侵入してきたウイルスなどのDNAを切断し排除している。遺伝子工学では，このようなはたらきをもつ制限酵素を利用する。　②　DNAリガーゼは，細胞分裂時にDNAが複製される際に，ラギング鎖で生じる短いヌクレオチド鎖どうしをつなぐために用いられている。　2　デオキシリボースの5番の炭素はヌクレオチド内のリン酸と，3番の炭素は隣のヌクレオチドのリン酸と結合しているので，糖とリン酸の結合を切るとヌクレオチド鎖が切れることになる。　3　白色のコロニーを形成するのは，βガラクトシダーゼを発現できない大腸菌である。図1のように，βガラクトシダーゼ遺伝子の間に遺伝子Aを組み込ませたプラスミドを受け取った大腸菌は，βガラクトシダーゼを発現することはできない。一方，遺伝子Aが組み込まれなかったプラスミドを受け取った場合，その大腸菌はβガラクトシダーゼを発現することができるので，青色のコロニーを形成する。なお，プラスミドを受け取っていない大腸菌は，アンピシリン耐性遺伝子をもっていないためこの培地では増殖できない。　4　アンピシリンを含まない培地では，プラスミドを受け取っていない大腸菌も増殖できる。この大腸菌はβガラクトシダーゼ遺伝子をもっていないので，白色のコロニーを形成する。一方，プラスミドを受け取った大腸菌が形成するコロニーは変わらないので，白色のコロニーだけが多くなると考えられる。　5　真核生物のDNAの塩基配列には，転写後に翻訳される部分(エキソン)と取り除かれる部分(イントロン)があり，転写後にイントロンが取り除かれてmRNAが合成されることをスプライシングという。大腸菌はこのようなしくみをもっていないため，インスリンを合成する際に不要なイントロンまで翻訳してしまう。一方，インスリンのmRNAは既にイントロンが取り除かれているので，これを逆転写させて合成したcDNAにはイントロンが含まれない。

【4】1　ア　　2　・他の集団との間で，個体の移入や移出が起こらない
・自由な交配で有性生殖をする　　3　a　0.2　　b　0.8　　c　32

d　0.64

〈解説〉1　びん首効果が生じると，その生物集団の遺伝的多様性が減少する。　2　解答参照。　3　a，b　第1世代の出生時では遺伝子型aaの個体も生存しているので，集団内での遺伝子型aaの頻度は$q_1^2=0.64$より，$q_1=0.8$　よって，$p_1+q_1=1$より，$p_1=1-0.8=0.2$　c　遺伝子型Aaの個体の割合は$2p_1q_1=2\times0.2\times0.8=0.32$，つまり32〔%〕　d　生殖可能になる遺伝子型aaの個体の割合は$q_1^2(1-s)=0.8^2\times(1-0.7)=0.192$となる。遺伝子型AAの個体の割合は$p_1^2=0.2^2=0.04$，遺伝子型Aaの個体の割合は$2p_1q_1=0.32$より，この集団におけるそれぞれの遺伝子型の比は，AA：Aa：aa＝0.04：0.32：0.192となる。よって，第2世代における遺伝子aの頻度q_2は，$q_2=\frac{0.32+0.192\times2}{(0.04+0.32+0.192)\times2}=\frac{0.704}{1.104}\fallingdotseq0.64$

【5】1　a　雄原細胞　　b　反足細胞　　2　①と②の間の第一分裂中期…カ　　②と③の間の第二分裂後期…ウ　　3　5〔回〕　　4　子葉　5　(1)　Mmm　　(2)　MT：Mt：mT：mt＝1：4：4：1　　(3)　i　3　ii　0　　iii　1　　iv　0

〈解説〉1　a　花粉管細胞の中には，花粉管核と雄原細胞がある。雄原細胞はのちに分裂して2つの精細胞になる。　b　卵細胞と反対側の極にある3つの細胞は反足細胞である。　2　減数分裂の第一分裂中期では，相同染色体どうしが対合した価染色体が赤道面に並ぶのでカが該当する。一方，第二分裂後期では，はじめの染色体数の半分が両極に分かれるのでウが該当する。　3　胚のう母細胞から胚のう細胞ができるまでに減数分裂が起きるので，核分裂は2回起きている。また，胚のう細胞の1つの核から胚のう内の8つの核ができるまでに核分裂が3回起きる。よって，合計5回核分裂する。　4　一般に，被子植物は重複受精により胚乳をつくり栄養分を蓄える有胚乳種子をつくる。一方，胚乳が退化した無胚乳種子をつくる被子植物は，子葉に栄養分を蓄える。　5　(1)　モチ性品種Ⅰの雌しべ内にある遺伝子型mmの中央細胞とウルチ性品種Ⅱの花粉内にある遺伝子型Mの雄原細胞が重複受精すると遺伝子型Mmmの胚乳となる。　(2)　モチ性品種Ⅰがつくる配偶子の遺伝子型はすべてmT，ウルチ性品種Ⅱがつくる配偶子の遺伝子型はすべてMtなので，雑種第一代の遺伝子型はMmTtである。また，組換え価が20％なので，雑種第一代がつくる配偶子の遺伝子型とその分離比は，MT：Mt：mT：mt＝20：80：80：20＝1：4：4：1となる。
(3)　雑種第二代のもみ殻の表現型を決めるのは，雑種第一代の体細胞の遺伝子型MmTtなので，もみ殻の表現型はすべて着色である。一方，雑種第二代のデンプンの性質の表現型は，雑種第一代のつくる配偶子とその組み合わせで決まり，(2)で求めた分離比をデンプンの性質の遺伝子Mとmに着目して整理すると，M：m＝1：1となる。したがって，雑種第二代のデンプンの性質の遺伝子型とその分離比は，MM：Mm：mm＝1：2：1であり，表現型とその分離比は，(ウルチ性)：(モチ性)＝3：1となる。よって，(ウルチ性・着色)：(ウルチ性・非着色)：(モチ性・着色)：(モチ性・非着色)＝3：0：1：0となる。

2022年度　実施問題

中　高　理　科

【1】次の問いに答えなさい。

1　燃料を用いて発電する際に出る排熱を給湯や暖房などに利用して，全体のエネルギー効率を上げるシステムを何というか，書きなさい。

2　理化学研究所が企業と共同で製作した，「京」の後継機である，処理速度が世界最速(2020年11月時点)のスーパーコンピュータの名称を何というか，書きなさい。

3　2020年に，CRISPR-Cas9とよばれる手法の開発で海外の研究者2人がノーベル化学賞を受賞した。この手法に代表される，生物の遺伝情報を自在に書き換えることができる技術を何というか，書きなさい。

4　木星の大気に見られる，大きさが数万kmに達する巨大な渦の名称を何というか，書きなさい。

5　2020年に山形県飯豊町に，肥育牛の排せつ物から発生させたガスを利用するバイオガス発電所が完成した。牛の排せつ物から発生し，この発電所で利用されるガスは何か，書きなさい。

(☆☆◎◎◎)

中　学　理　科

【1】「中学校学習指導要領」(平成29年3月告示)[理科]に関して，次の問いに答えなさい。

1　次の文は，「第3　指導計画の作成と内容の取扱い　1(3)」に記載されている内容である。空欄(　a　)～(　d　)にあてはまる語句を，それぞれ書きなさい。

> (3)　学校や生徒の実態に応じ，十分な観察や実験の時間，(a)のために探究する時間などを設けるようにすること。その際，問題を見いだし観察，実験を(b)する学習活動，観察，実験の結果を(c)し解釈する学習活動，科学的な概念を使用して考えたり(d)したりする学習活動などが充実するようにすること。

2 「第2　各分野の目標及び内容〔第1分野〕 2内容　(5)　運動とエネルギー」について，次の問いに答えなさい。

(1)　次の文は，「(ア)　力のつり合いと合成・分解」の内容である。空欄(e)，(f)にあてはまる語句を，それぞれ書きなさい。

> ㋐　水中の物体に働く力
> 　水圧についての実験を行い，その結果を(e)と関連付けて理解すること。また，水中にある物体には浮力が働くことを知ること。
> ㋑　力の合成・分解
> 　力の合成と分解についての実験を行い，合力や分力の(f)を理解すること。

(2)　「3　内容の取扱い」において，第1分野「(5)　運動とエネルギー」を取り扱うものとされている学年を書きなさい。

3　次の文は，「第2　各分野の目標及び内容〔第2分野〕 2内容　(4)　気象とその変化　(エ)自然の恵みと気象災害」の内容である。空欄(g)，(h)にあてはまる語句を，それぞれ書きなさい。

> ㋐　自然の恵みと気象災害
> 　気象現象がもたらす恵みと気象災害について調べ，これらを(g)や(h)と関連付けて理解すること。

(☆☆◎◎◎)

【2】次の問いに答えなさい。

1　次の文章を読んで，空欄(　a　)~(　d　)にあてはまる語句を，それぞれ書きなさい。

物質が，さまざまな温度と圧力のもとでどのような状態をとるかを示す図を状態図といい，図1は水の状態図である。水と水蒸気を区切る曲線を(　a　)曲線といい，水と氷を区切る曲線を(　b　)曲線という。また，図1中の点Aから点Bへの変化では，氷が直接水蒸気になる。この状態変化を(　c　)という。(　b　)曲線が左に傾いていることから，0℃，1.013×10^5Paの状態にある氷におもりを乗せると(　b　)することがわかる。この左への傾きは，氷がとけると水分子の配列がくずれ，すき間の少ない構造となり，体積が(　d　)することに関係している。

図1

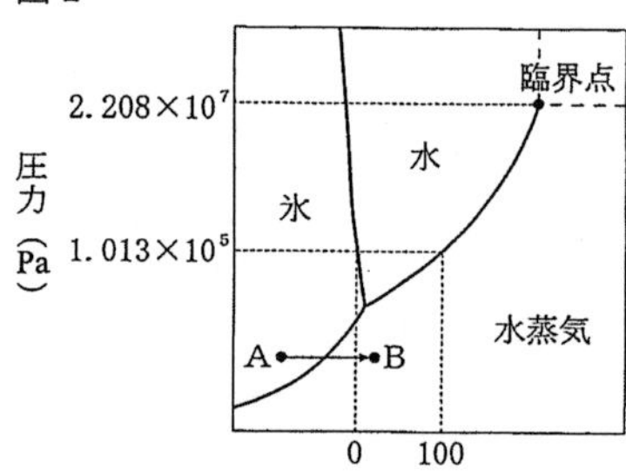

2　図2は，ある物質0.10molに1.013×10^5Paのもとで1時間あたり5.0kJの熱を加え，固体から気体になるまで変化させたときの加熱時間と物質の温度の関係を示している。以下の問いに答えなさい。

図2

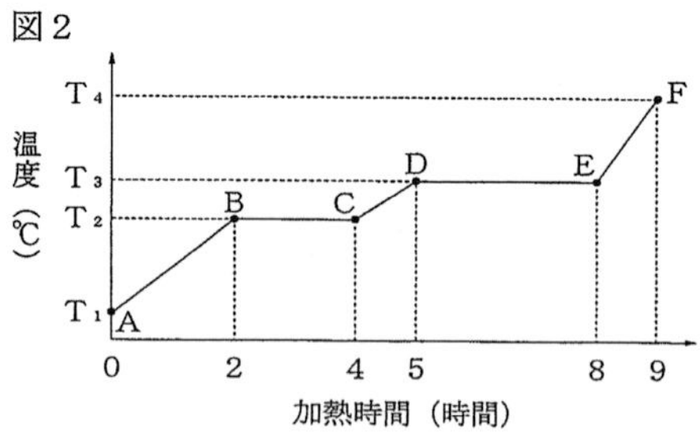

(1)　この物質の融点を，図2中のT_1～T_4の中から一つ選び，記号で答えなさい。

(2)　液体のみが存在する領域を，例にならって示しなさい。
　例　GH間

(3)　この物質1molあたりの蒸発熱は何kJ/molか，求めなさい。

(4)　BC間やDE間では，加熱しているのに温度が上昇しないのはなぜか，理由を簡潔に書きなさい。

(5)　1.013×10^5Paのもとで，20℃の水9.0gをすべて110℃の水蒸気にするために必要な熱量は何kJか，求めなさい。ただし，水の分子量を18，水の比熱を4.2J/(g・℃)，水蒸気の比熱を2.1J/(g・℃)，100℃での水の蒸発熱を40.7kJ/molとし，答えの数値は小数第2位を四捨五入して小数第1位まで書き，求め方も書くこと。

(☆☆☆◎◎◎◎)

【3】次の問いに答えなさい。

1　図1のように，質量0.20kgで密度が一様な，高さ0.20mの円柱形のおもりを軽いばねにつるしたところ，ばねは自然長より0.20mだけ伸びて静止した。次に，図2のように，水の中に入れたところ，ばねの伸びは0.15mになり，おもりの上面は水面から0.10mだけ上の位置で静止した。以下の問いに答えなさい。ただし，水の密度を1.0×10^3kg/m^3，重力加速度の大きさを9.8m/s^{2}とする。

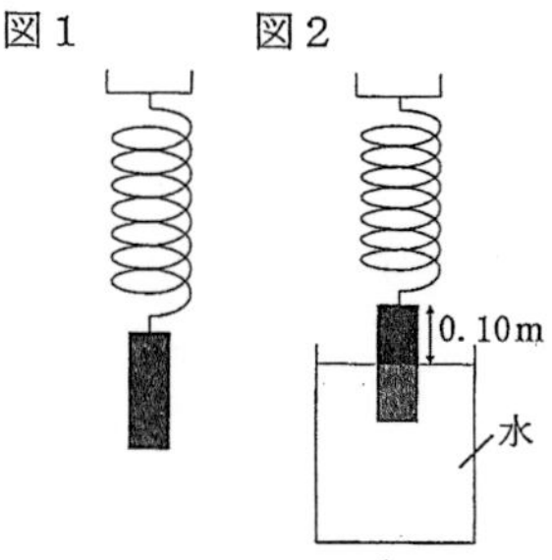

(1)　ばねの弾性力の大きさは，自然長からの伸びまたは縮みに比例する。この法則を何というか，書きなさい。

(2)　このばねのばね定数は何N/mか，求めなさい。ただし，答えの数値は有効数字2桁とする。

(3)　図2の状態でおもりにはたらく浮力の大きさは何Nか，求めなさい。ただし，答えの数値は有効数字2桁で書くこと。

(4)　このおもりの底面積の大きさは何m^2か，求めなさい。ただし，答えの数値は有効数字2桁とし，求め方も書くこと。

2　太さが一様な2本の金属棒X，Yがある。X，Yの材質は同じだが，Xの断面積はYの3倍，Xの長さはYの$\frac{1}{3}$である。金属棒Xの抵抗値は1.0Ωである。図3のように，XとYを並列に接続したものを，抵抗値が1.6Ωの抵抗と起電力が4.5Vで内部抵抗が無視できる電池に接続したところ，電流計に電流が流れた。以下の問いに答えなさい。ただし，電流計にかかる電圧は無視できるものとする。

図３

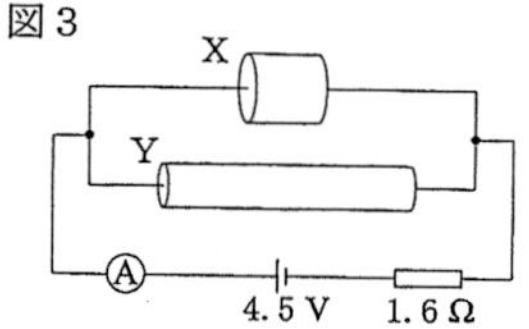

(1)　金属棒Yの抵抗値は何Ωか，求めなさい。ただし，答えの数値は有効数字2桁とする。

(2)　電流計に流れた電流の大きさは何Aか，求めなさい。ただし，答えの数値は有効数字2桁とし，求め方も書くこと。

(☆☆☆◎◎◎)

【4】次の文章を読んで，以下の問いに答えなさい。

植物は，生産者として①光合成により太陽からの光エネルギーを利用することができる。植物は，光エネルギーを(　a　)エネルギーに変えて有機物中に蓄える。こうして植物によりつくられた有機物は，(　b　)を通して，さまざまな生物に行き渡る。有機物に含まれる(　a　)エネルギーは，各生物の生命活動に使われるたびに一部は熱エネルギーとなる。生物は，熱エネルギーを(　a　)エネルギーに変換して再利用することができない。そのため，エネルギーは，②炭素や

③窒素とは異なり生態系のなかを循環しない。

生産者を第一段階とした(b)の各段階を栄養段階という。栄養段階を一段階進むごとに，移行する物質とエネルギーの量は急激に減少するため，栄養段階の数はふつう4～5を超えることはない。栄養段階を積み上げてこの関係を表したものを(c)という。(c)は，各栄養段階に属する生物の個体数や生体質量などで表現される。

1 空欄(a)～(c)にあてはまる最も適切な語句を，それぞれ書きなさい。

2 下線部①における反応を，次の反応式で示すとき，( )にあてはまる係数を書き，反応式を完成させなさい。ただし，係数が1になる場合は1と記入すること。

$$(\quad)CO_2 + 12H_2O \rightarrow C_6H_{12}O_6 + (\quad)O_2 + (\quad)H_2O$$

3 下線部②について，炭素の中には，地中で石油や石炭になったり，海水中でサンゴの骨格になったりするものがある。サンゴは，海水中の何から炭素を得て骨格をつくるか，物質名を書きなさい。

4 下線部③について，一部の生物が行う，大気中の窒素ガスをアンモニウム塩にする反応を何というか，書きなさい。

5 図は，各栄養段階における物質収支を模式的に示したものである。図を参考にして，表中の空欄(ア)～(エ)にあてはまる数値を，それぞれ求めなさい。ただし，不消化排出量は無視できるものとする。

図

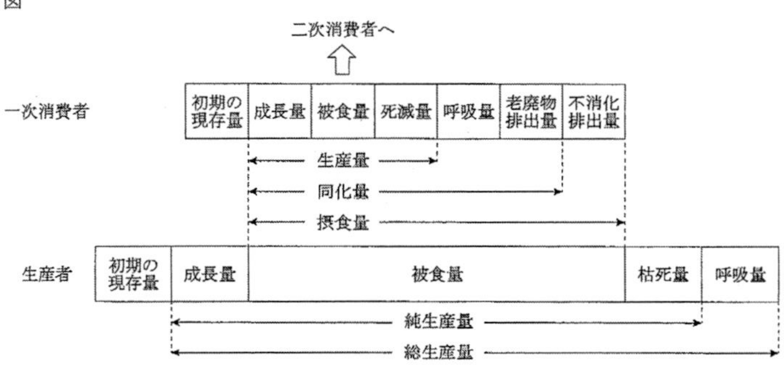

表

栄養段階	総生産量・同化量	純生産量・生産量	呼吸量・老廃物排出量	被食量	枯死量死滅量	成長量
生産者	100	79	21	13	3	（ ア ）
一次消費者	（ イ ）	（ ウ ）	4	（ エ ）	0.3	6

注）表中の数値は、生産者の総生産量を100としたときの相対値を示している。

(☆☆☆◎◎◎)

【5】次の文章を読んで，あとの問いに答えなさい。

日本列島は，図のように，4つの①プレートの境界が集まる場に位置しており，東日本のほとんどは北アメリカプレート，西日本は(a)プレートに属している。日本列島の太平洋側には，太平洋プレートとフィリピン海プレートがある。東北日本を東西方向の断面で見ると，②太平洋プレートが北アメリカプレートに沈み込んでいる。

図

プレートが沈み込むとマグマが発生するため，日本は世界有数の火山国となっており，2017年6月の時点で111の活火山がある。活火山とは，およそ過去$1.0\times10^{(b)}$年以内に噴火した火山及び現在活発な噴気活動のある火山のことをいう。地下の高圧な状態では，マグマには多量のガス成分が溶けこんでいるが，マグマだまりの圧力が下がると③発泡する。粘性の低いマグマでは，発泡が容易に起こり比較的穏や

かな噴火になる。一方，粘性の高いマグマでは発泡が起こりにくいが，いったん発泡するとそれが急速に伝播して大量の気体を一気に放出する。④マグマの粘性の違いは，噴火の様子の違いだけでなく，火山の形や大きさにも影響する。

プレート境界では，岩盤に歪みが集中し，地震が発生する。地震の程度を表す尺度にはマグニチュードと震度があり，マグニチュードは地震の規模の大小を表すものである。⑤マグニチュードが1大きくなると地震のエネルギーは約32倍に，マグニチュードが2大きくなると地震のエネルギーは約1,000倍に増える。地震は，大地の揺れによる建造物の倒壊だけでなく，地盤の液状化や⑥津波など，様々な形で被害をもたらす。

1　空欄(　a　)にあてはまる語句と，空欄(　b　)にあてはまる整数を，それぞれ書きなさい。

2　下線部①について，プレート境界などに見られる「トラフ」とはどのような地形か，最も適切なものを次のア～エの中から一つ選び，記号で答えなさい。

ア　海嶺よりも低い海底の山　　イ　海溝よりも浅い海底の谷

ウ　海嶺よりも高い海底の山　　エ　海溝よりも深い海底の谷

3　下線部②について，太平洋プレートが北アメリカプレートに沈み込むのはなぜか，理由を簡潔に書きなさい。

4　下線部③に関連して，一般に，火山ガスの主成分は何か，書きなさい。

5　下線部④について，マグマの粘性の違いによってできる火山の形として，成層火山，盾状火山，溶岩ドームとよばれるものがある。この3つを，水平方向への広がりが大きい順に並べたとき，最も適切なものを次のア～カの中から一つ選び，記号で答えなさい。

ア　成層火山＞盾状火山＞溶岩ドーム

イ　成層火山＞溶岩ドーム＞盾状火山

ウ　盾状火山＞成層火山＞溶岩ドーム

エ　盾状火山＞溶岩ドーム＞成層火山

オ　溶岩ドーム＞成層火山＞盾状火山

カ　溶岩ドーム＞盾状火山＞成層火山

6　下線部⑤に関連して，ある地震のマグニチュードが8であったとき，この地震によって放出されるエネルギーは，マグニチュード4の地震の約何回分に相当するか，最も適切なものを，次のア～エの中から一つ選び，記号で答えなさい。

ア　約2000回分　　イ　約32000回分　　ウ　約640000回分

エ　約1000000回分

7　下線部⑥について，津波と通常の波との違いを，海面という語を用いて簡潔に書きなさい。ただし，発生の仕組みを含めて書きなさい。

(☆☆☆◎◎◎)

高　校　理　科

【共通問題】

【1】「高等学校学習指導要領」(平成30年3月告示)に関して，次の問いに答えなさい。

1「第2章　各学科に共通する各教科」の「第5節　理科」及び「第11節　理数」について，次の問いに答えなさい。

(1)　次の文は「第1款　目標」に記載されている内容である。空欄(a)～(d)にあてはまる語句を，それぞれ書きなさい。

【第5節　理科】

(3)　自然の事物・現象に(a)に関わり，科学的に探究しようとする態度を養う。

【第11節　理数】

> (3) 様々な事象や課題に向き合い，粘り強く考え行動し，課題の解決や新たな価値の(　b　)に向けて積極的に(　c　)しようとする態度，探究の過程を振り返って評価・改善しようとする態度及び(　d　)な態度を養う。

(2) 「第3款　各科目にわたる指導計画の作成と内容の取扱い」において，環境問題や科学技術の進歩と人間生活に関わる内容等について取り扱うとき，何をつくることの重要性を踏まえながら，科学的な見地から取り扱うこととされているか，書きなさい。

2 表は，ある全日制普通科の高等学校において編成途中の令和4年度入学生の理科の履修計画である。学習指導要領に基づいておらず，適切でない履修となる選択肢を，ア～オの中から二つ選び，記号で答えなさい。また，適切でない理由を，それぞれについて簡潔に書きなさい。なお，表中に学校設定科目は含まれていないものとする。

表

	第1学年	第2学年	第3学年
ア	生物基礎［2単位］	科学と人間生活［2単位］	理科の履修なし
イ	生物基礎［2単位］と地学基礎［2単位］	化学基礎［2単位］	物理［4単位］と化学［4単位］
ウ	科学と人間生活［2単位］	化学基礎［2単位］	理科課題研究［2単位］
エ	化学基礎［2単位］	生物基礎［2単位］	地学基礎［2単位］
オ	化学基礎［2単位］	物理基礎［2単位］と生物基礎［2単位］	化学［4単位］と生物［4単位］

(☆☆◎◎◎)

【物理】

【1】次の文章を読んで，あとの問いに答えなさい。

図のように，水平な床の上に置かれている質量M，厚さlの木材に質量mの弾丸を打ち込む。ただし，空気抵抗と，弾丸の運動に対する重力の影響は無視できるものとする。また，弾丸は木材の表面に対して垂直に打ち込み，木材から受ける抵抗力は弾丸の速さによらず常に一定であり，弾丸の大きさは無視できるものとする。

図

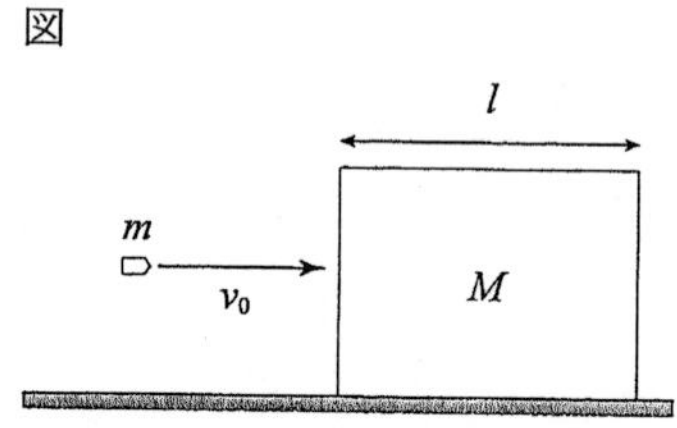

1　木材を床に固定し，弾丸を速さv_0で打ち込むと，深さdまで入り込んで止まった。次の問いに答えなさい。

(1)　木材に衝突する直前の，弾丸の運動エネルギーと運動量の大きさを，それぞれm，v_0を用いて表しなさい。

(2)　弾丸が木材から受ける抵抗力の大きさを，m，v_0，dを用いて表しなさい。

(3)　弾丸が木材を貫くには，弾丸のはじめの速さはいくら以上でなければならないか，v_0，l，dを用いて表しなさい。ただし，求め方も書くこと。

2　木材を，滑らかな床の上に固定せずに置く。弾丸を速さv_0で打ち込むと，弾丸は木材に入り込み，木材は回転することなく弾丸と一体となって，木片に入り込む前の弾丸と同じ向きに，一定の速さVで動いた。次の問いに答えなさい。

(1)　速さVをm，M，v_0を用いて表しなさい。

(2)　弾丸が木材に入り込んだ深さを，m，M，dを用いて表しなさい。ただし，求め方も書くこと。

(☆☆☆◎◎◎)

【2】次の文章を読んで，あとの問いに答えなさい。

図のように，点A，Bに置いた2つの小さなスピーカーから，振動数の等しい，同位相の音を出す。マイクを，点Pから直線ABに平行に図の上向きに移動していくと音はしだいに小さくなってから大きくなり，点Qで極大になった。ただし，音の速さを3.4×10^2m/sとする。

図

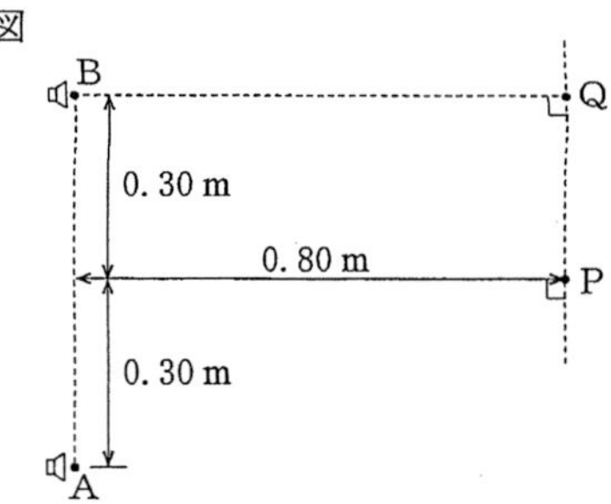

1　波が重なって振動を強めあったり弱めあったりする現象を何というか，書きなさい。

2　マイクで観測する音が極大になるのは，どのような条件が成り立つときか，波長という語を用いて説明しなさい。

3　2つのスピーカーから出る音の振動数は何Hzか，求めなさい。ただし，答えの数値は有効数字2桁で書くこと。

4　マイクを点Pから点Qを通り過ぎてさらに移動させると，音が極大になる位置は点P，Q以外にいくつあるか，求めなさい。ただし，答えの数値は整数とし，求め方も書くこと。

5　2つのスピーカーから出る音の振動数を，同位相の状態のままで徐々に大きくすると，点Qで聞こえる音はしだいに小さくなってから大きくなる。点Qでの音が再び極大になるときの振動数は何Hzか，求めなさい。ただし，答えの数値は有効数字2桁とし，求め方も書くこと。

(☆☆☆◎◎◎)

【3】次の文章を読んで，あとの問いに答えなさい。

図のように抵抗R_1，R_2，R_3，コンデンサーC_1，C_2，スイッチS_1，S_2及び電池Eからなる回路がある。R_1，R_2，R_3の抵抗値はそれぞれ2.0Ω，4.0Ω，6.0Ωであり，C_1，C_2の電気容量はともに4.0μF，Eは起電力が12Vで内部抵抗が無視できる電池である。はじめS_1は開いており，S_2は閉じている。

図

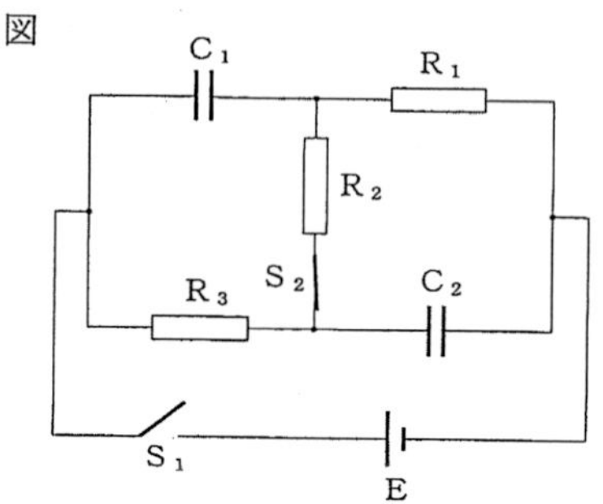

1　S_1を閉じた瞬間にR_1，R_2，R_3を流れる電流は何Aか，それぞれ求めなさい。ただし，答えの数値は有効数字2桁で書くこと。

2　S_1を閉じて十分に時間がたったとき，R_1，R_2，R_3を流れる電流は何Aか，それぞれ求めなさい。ただし，答えの数値は有効数字2桁で書くこと。

3　S_1を閉じて十分に時間がたったとき，C_1とC_2に蓄えられた電荷は何Cか，それぞれ求めなさい。ただし，答えの数値は有効数字2桁で書くこと。

4　S_1を閉じて十分に時間がたったあと，S_1とS_2を同時に開き，十分に時間がたったとき，C_1に加わる電圧は何Vか，求めなさい。ただし，有効数字は2桁とし，求め方も書くこと。

5　S_1を閉じて十分に時間がたったあと，S_1とS_2を同時に開いてから，十分に時間がたつまでの間に，R_1で発生する熱量は何Jか，求めなさい。ただし，有効数字は2桁とし，求め方も書くこと。

(☆☆☆◎◎◎)

【化学】

【1】次の文章を読んで，あとの問いに答えなさい。

鉄は，周期表の(　a　)族に属する金属元素であり，多くの岩石に酸化物や硫化物として含まれている。単体の鉄は，Fe_2O_3を主成分とする(　b　)などの鉄鉱石を還元して得る。図は，鉄の製錬に用いられる溶鉱炉の模式図である。鉄鉱石をコークスと(　c　)とともに上部から炉に入れる。下部から熱風を吹き込むと，コークスの燃焼で生じた物質が高温の炭素に触れ，一酸化炭素が生じる。この一酸化炭素と鉄鉱石が接触することで鉄鉱石が段階的に還元され，銑鉄が得られる。鉄鉱石中の不純物は(　c　)と反応して，(　d　)とよばれるガラス状の物質となり，銑鉄の上に浮かぶ。取り出された(　d　)は，セメントの原料などに用いられる。

図

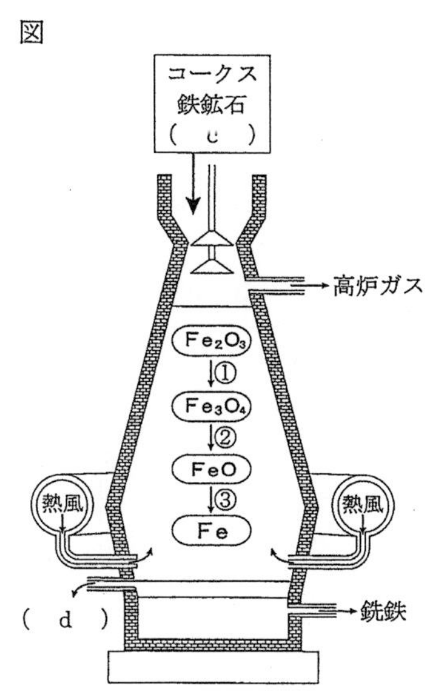

1　空欄(　a　)～(　d　)にあてはまる最も適切な数字や語句を，それぞれ書きなさい。

2　下線部の反応を，化学反応式で示しなさい。

3　図中の①～③の過程でそれぞれ起こる，一酸化炭素による還元反応の化学反応式を一つにまとめ，Fe_2O_3からFeが生じる反応を，化学反応式で表しなさい。

4　鉄の結晶が，体心立方格子で，単位格子の一辺の長さがXcmであるとき，次の問いに答えなさい。

(1)　鉄原子の半径は何cmか，Xを用いて表しなさい。ただし，単位格子において，最近接の原子は互いに接しているものとする。

(2)　鉄の原子量をM，アボガドロ定数をN_A〔/mol〕とするとき，結晶の密度は何g/cm^{3}か，M，N_A，Xを用いて表しなさい。

5　鉄の表面にスズをめっきしたものをブリキという。ブリキの切片を3.0×10^{-3}mol/Lの希塩酸300mL中に入れたところ，金属は完全に溶解して2価のイオンになった。このブリキの切片に含まれる鉄が3.9×10^{-4}mo1，スズが3.0×10^{-5}molであった場合，反応後における溶液のpHを求めなさい。ただし，$\log_{10}2=0.30$，答えの数値は有効数字2桁とし，求め方も書きなさい。なお，反応の前後で溶液の体積は変化しないものとし，塩化水素は溶液から外に出ないものとする。

(☆☆☆◎◎◎)

【2】次の文章を読んで，あとの問いに答えなさい。

図は，炭酸ナトリウム水溶液を塩酸で滴定したときの，滴定曲線を表している。pHが急激に変化する部分が2か所みられ，第1中和点までの塩酸の滴下量をV_1〔mL〕，第2中和点までの塩酸の滴下量をV_2〔mL〕とすると，V_1とV_2の関係を表す式は(　a　)となる。

図

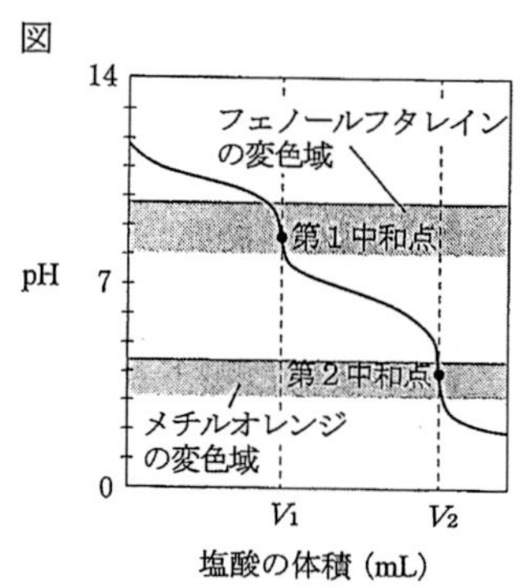

水酸化ナトリウム水溶液を放置しておくと，空気中の二酸化炭素を吸収して，炭酸ナトリウムを生じ，水酸化ナトリウムと炭酸ナトリウムの混合水溶液になる。この混合水溶液に塩酸を滴下していくと，第1中和点までに次の2つの反応が起こる。

$NaOH + HCl \rightarrow NaCl + H_2O$

(X)

次に，第1中和点から第2中和点までに次の反応が起こる。

(Y)

このときの滴定曲線でもpHが急激に変化する部分が2か所みられ，第1中和点までの塩酸の滴下量をV_1〔mL〕，第2中和点までの塩酸の滴下量をV_2〔mL〕とすると，V_1とV_2の関係を表す式は(b)となる。

1 空欄(a)，(b)にあてはまる式として最も適切なものを，次のア～カの中からそれぞれ一つずつ選び，記号で答えなさい。

ア $V_1=2V_2$　イ $V_1=V_2$　ウ $2V_1=V_2$　エ $V_1>2V_2$

オ $2V_1>V_2$　カ $2V_1<V_2$

2 下線部の反応を，化学反応式で表しなさい。

3 空欄(X)，(Y)にあてはまる適切な反応を，化学反応式で表しなさい。

4 炭酸ナトリウムと水酸化ナトリウムの混合物を水に溶かし100mLの水溶液とした。この水溶液20.0mLずつを別々の容器にとり，一方にはメチルオレンジを指示薬として加え，1.00mol/Lの塩酸で滴定したところ，溶液が変色するまで18.2mLを要した。また，他方には，白色沈殿が生じなくなるまで塩化バリウム水溶液を十分に加えたのち，フェノールフタレインを指示薬として加え，1.00mo1/Lの塩酸で滴定したところ，溶液が変色するまで12.2mLを要した。最初の結晶中の水酸化ナトリウム及び炭酸ナトリウムの質量はそれぞれ何gか，求めなさい。ただし，答えの数値は有効数字3桁とし，求め方も書くこと。なお，式量は，$NaOH=40$，$Na_2CO_3=106$とする。

(☆☆☆◎◎◎◎)

【3】次の文章を読んで，あとの問いに答えなさい。

燃料と酸素を外部から供給し，燃焼による熱エネルギーを得るかわりに，電気エネルギーを取り出す装置を燃料電池という。図は，触媒をつけた2枚の多孔質電極を用いた燃料電池を模式的に表したものである。この燃料電池では，電極で仕切られた容器に電解質が入っていて，A極側から水素が，B極側から酸素が供給される。電解質にリン酸を用いた燃料電池では，A極で①水素の酸化反応が起こり，B極で②酸素の還元反応が起こる。その結果，抵抗では(　a　)に向かって電流が流れ，A極は(　b　)極，B極は(　c　)極となる。また，(　d　)極側の排出物に水が含まれる。

図

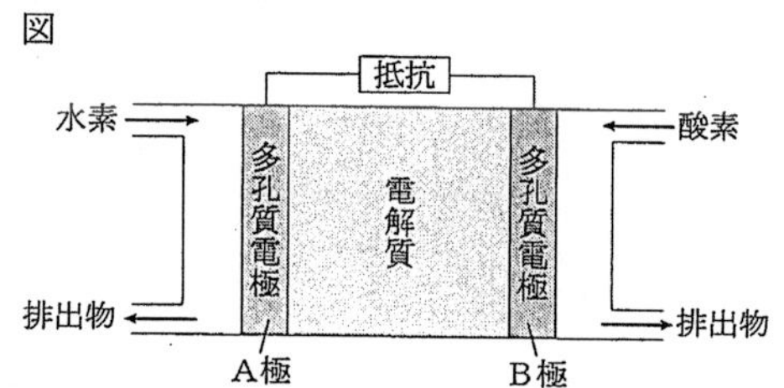

1　空欄(　a　)～(　d　)にあてはまる語句の組み合わせとして適切なものを，次のア～クの中から一つ選び，記号で答えなさい。

ア	a	A極からB極	b	正	c	負	d	正
イ	a	B極からA極	b	正	c	負	d	正
ウ	a	A極からB極	b	正	c	負	d	負
エ	a	B極からA極	b	正	c	負	d	負
オ	a	A極からB極	b	負	c	正	d	正
カ	a	B極からA極	b	負	c	正	d	正
キ	a	A極からB極	b	負	c	正	d	負
ク	a	B極からA極	b	負	c	正	d	負

2　下線部①，②の反応を，それぞれ電子を含むイオン反応式で表しなさい。

3　電解質にリン酸を用いた燃料電池を1時間運転したところ，起電力が1.00Vで排出物から18.0kgの水が得られた。次の問いに答えなさい。ただし，原子量H＝1.00，O＝16.0，ファラデー定数F＝9.65×10^4C/mol，1J＝1C・Vとする。

(1)　流れた電気量は何Cか，求めなさい。ただし，答えの数値は有効数字3桁で書くこと。

(2) 水素の燃焼反応を熱化学方程式で表すと，次のようになる。

$$H_2(気) + \frac{1}{2}O_2(気) = H_2O(液) + 286kJ$$

この燃料電池の化学反応によって理論的に生じるエネルギーのうち，電気エネルギーに変換された割合は何％か，求めなさい。ただし，答えの数値は有効数字3桁とし，求め方も書くこと。

4 電解質に水酸化カリウムを用いた燃料電池では，水が生じる反応が，リン酸を用いた燃料電池のときの反対側の電極で起こる。それはなぜか，電子を含むイオン反応式に触れながら，理由を簡潔に書きなさい。

(☆☆☆☆◎◎◎)

【4】次の文章を読んで，以下の問いに答えなさい。

さまざまな合成高分子化合物が，合成繊維や合成樹脂(プラスチック)として，その特性を活かしながら用いられている。

合成繊維の一つに，日本で開発されたビニロンがある。ビニロンは，①<u>高分子化合物X</u>を水酸化ナトリウム水溶液で加水分解してポリビニルアルコールにしたあと，凝固させ，紡糸して，(a)で②<u>アセタール化</u>を行うことで得られる。

合成樹脂(プラスチック)のうち，ポリエチレンやポリプロピレンのように，加熱すると軟化し，冷却すると再び硬化する性質をもつものを(b)樹脂という。一方，加熱すると硬化する合成樹脂(プラスチック)もある。この樹脂の一つにフェノール樹脂がある。フェノール樹脂は，フェノールと(a)を酸触媒のもとで反応させてできる(c)や，塩基触媒のもとで反応させてできるレゾールとよばれる中間生成物を経て合成される。

1 空欄(a)～(c)にあてはまる最も適切な語句を，それぞれ書きなさい。

2 下線部①について，高分子化合物Xの構造式を，例にならってかきなさい。

例

$$\left[\begin{array}{c} CH_3\ \ H \\ |\quad\ \ | \\ -C-C- \\ |\quad\ \ | \\ CH_3\ \ COOH \end{array} \right]_n$$

3　下線部②について，アセタール化を行う理由を簡潔に説明しなさい。

4　44gのポリビニルアルコールがある。アセタール化を行ったところ，ポリビニルアルコールのヒドロキシ基のうち35%がアセタール化された。このとき得られるビニロンの質量は何gか，求めなさい。ただし，原子量はH＝1.0，C＝12，O＝16とし，答えの数値は有効数字2桁で書きなさい。

5　合成樹脂(プラスチック)のリサイクルには，製品をそのまま再利用する「製品リサイクル」のほかに，「マテリアルリサイクル」や「ケミカルリサイクル」などの方法がある。「マテリアルリサイクル」と「ケミカルリサイクル」はどのようなリサイクル方法か，それぞれ簡潔に説明しなさい。

(☆☆☆◎◎◎)

【生物】

【1】次の文章を読んで，以下の問いに答えなさい。

DNAの複製は，複製起点とよばれる特定の場所から開始される。複製起点から，DNA(　a　)という酵素によって相補的塩基対の水素結合が切れ，部分的に1本ずつのヌクレオチド鎖にわかれる。1本鎖となったヌクレオチド鎖は，それぞれが複製の鋳型となる。鋳型と相補的な塩基をもつヌクレオシド三リン酸が相補的に結合し，その後，隣り合ったヌクレオシド三リン酸どうしはDNA(　b　)の働きによって，次々と連結されていく。

新たなヌクレオチド鎖がつくられるとき，DNA(　b　)は，5′末端→3′末端の方向にしかヌクレオチド鎖を合成することができない。そのため，一方のヌクレオチド鎖では新たなヌクレオチド鎖が連続的に合成されるが，もう一方のヌクレオチド鎖では，新たな鎖を合成する際に，DNA(　b　)は5′末端→3′末端方向に短いヌクレオチド鎖の断片を追加する。この短い断片を(　c　)という。(　c　)は，最終的にはDNA(　d　)とよばれる酵素でつながれ，1本のヌクレオチド鎖となる。このように合成されたヌクレオチド鎖を(　e　)という。

複製されたDNAでは，鋳型となった一方の鎖がそのまま受け継がれる。このような複製方法を<u>半保存的複製</u>という。

1　空欄(　a　)～(　e　)にあてはまる最も適切な語句を，それぞれ書きなさい。

2　下線部について，これを証明することとなったメセルソンとスタールの実験に関する次の文章を読み，以下の問いに答えなさい。

^{15}Nのみを窒素源として含む培地(^{15}N培地)で何世代も培養した大腸菌を，^{14}Nのみを窒素源として含む培地(^{14}N培地)に移して増殖させた。分裂のたびに大腸菌からDNAを抽出，密度勾配遠心法でその比重を調べた。その結果，^{14}N培地で1回目の分裂を終えた大腸菌のDNAは，^{15}N培地で何世代も培養した大腸菌がもつ重いDNAと，^{14}N培地で何世代も培養した大腸菌がもつ軽いDNAの中間の重さを示した。さらに，2回目の分裂を終えた大腸菌では，中間の重さのものと軽いものとが同量ずつであった。

(1)　大腸菌が3回分裂した後の，重いDNAと中間の重さのDNAと軽いDNAの割合を，最も簡単な整数比で表しなさい。

(2)　大腸菌がn回分裂した後の，重いDNAと中間の重さのDNAと軽いDNAの割合を，nを用いて表しなさい。

3　1本の環状DNA分子からなる460万塩基対のゲノムをもつ大腸菌のDNA複製が30分間で完了する場合，DNA鎖の合成速度(塩基対/秒)を求めなさい。ただし，答えの数値は小数点以下は四捨五入するものとする。

(☆☆☆◎◎◎◎)

【2】次の文章を読んで，あとの問いに答えなさい。

図の装置を用いて，コムギ，トウゴマの発芽種子の呼吸商を測定する実験を行った。フラスコ内の試験管には，KOH水溶液または蒸留水を入れ，一定時間後に，メスピペット内の着色液の動きから気体の減少量を測定した。表は，フラスコ内の気体の減少量(mm^3)を示している。なお，装置内には酸素が十分にあるものとする。

図

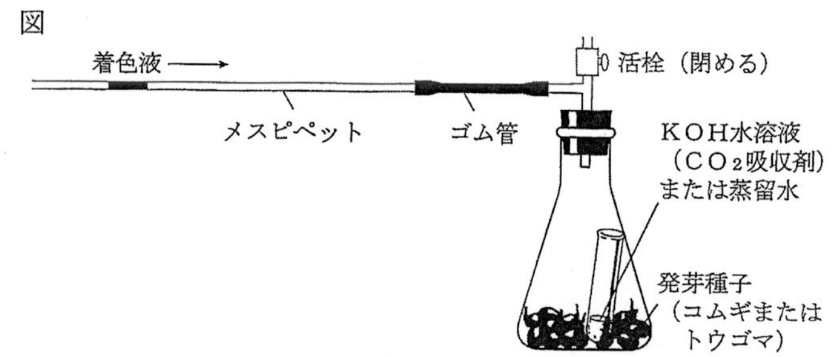

1　フラスコ内の試験管に，KOH水溶液を入れた場合と，蒸留水を入れた場合のそれぞれについて，測定した気体の減少量は何を示しているか。最も適切なものを，次のア～エの中からそれぞれ一つずつ選び，記号で答えなさい。

ア　発芽種子が放出した二酸化炭素の体積

イ　発芽種子が吸収した酸素の体積

ウ　発芽種子が吸収した酸素の体積から，放出された二酸化炭素の体積を引いたもの

エ　発芽種子が吸収した二酸化炭素の体積から，放出された酸素の体積を引いたもの

2　表より，コムギ，トウゴマについて，それぞれの呼吸商を求めなさい。ただし，答えの数値は有効数字2桁で書くこと。

表

条件	コムギ	トウゴマ
KOH水溶液	982	1124
蒸留水	20	326

3　コムギ，トウゴマはそれぞれ何を主な呼吸基質として用いている

と考えられるか，次のア～カの中からそれぞれ一つずつ選び，記号で答えなさい。

ア　炭水化物　　イ　タンパク質　　ウ　脂肪　　エ　核酸

オ　酸素　　　　カ　二酸化炭素

4　呼吸基質としてパルミチン酸($C_{16}H_{32}O_2$)とグルコース($C_6H_{12}O_6$)を3対7の物質量比で用いている種子があるとき，この種子の呼吸商を求めなさい。ただし，答えの数値は有効数字2桁とし，求め方も書くこと。

(☆☆☆◎◎◎)

【3】次の文章を読んで，以下の問いに答えなさい。

ヒトの成人の場合，血液の重さの約55％を血しょうが占める。血しょうにはタンパク質，無機塩類，グルコースなどが含まれている。血しょう中のタンパク質で最も量が多いのは(　A　)である。(　A　)は水に非常に溶けやすい性質をもっていて，血管内に水分を保持するうえで重要な役割を担っている。血液の重さの残り45％は，①赤血球，白血球，血小板などの有形成分が占めている。

哺乳類の赤血球は，酸素を運ぶ細胞として特殊化した細胞で，核やミトコンドリアをもたない②扁平な形をしている。また，赤血球の内部にはヘモグロビンとよばれる鉄を含んだタンパク質が大量に含まれる。③ヘモグロビンは酸素と結合したり，逆に解離したりする性質をもつので，肺からほかの体内の組織へ酸素を運搬し供給するうえで，大切な役割をしている。

1　空欄(　A　)にあてはまる最も適切な語句を，書きなさい。

2　下線部①について，表はヒトの血液の有形成分についてまとめたものである。表中(　a　)～(　f　)に入る最も適切なものを，以下のア～クの中からそれぞれ一つずつ選び，記号で答えなさい。

表

名　称	核	直　径	1 mm^3 中の個数
赤血球	無	（ a ）μm	4.5×10^6 ～ 5.0×10^6 個
血小板	（ b ）	（ c ）μm	（ d ）個
白血球	（ e ）	5～20 μm	（ f ）個

ア　無　　イ　有　　ウ　2～5

エ　7～8　　オ　80～120　　カ　4.0×10^3～8.0×10^3

キ　1.0×10^5～4.0×10^5　　ク　40×10^7～8.0×10^7

3　下線部②について，扁平な形は，気体の移動において，どのような利点があるか，理由も含めて簡潔に書きなさい。

4　下線部③について，図1は，ヘモグロビンのうちの酸素ヘモグロビンの割合と血液中の酸素濃度との関係を表した酸素解離曲線である。また，図2は，胎児と母体の酸素解離曲線の違いを示したものである。以下の問いに答えなさい。

図1

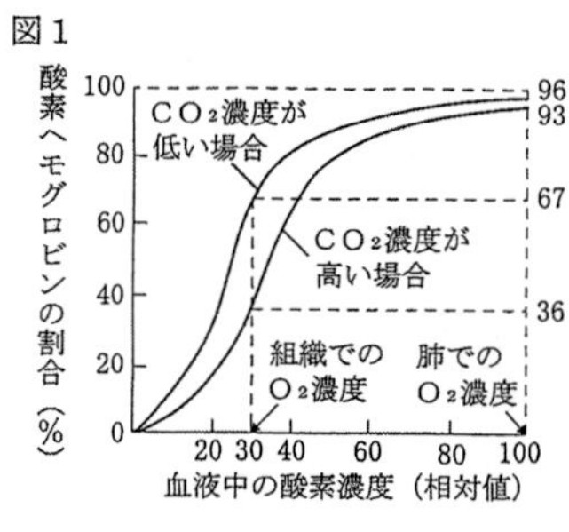

図2

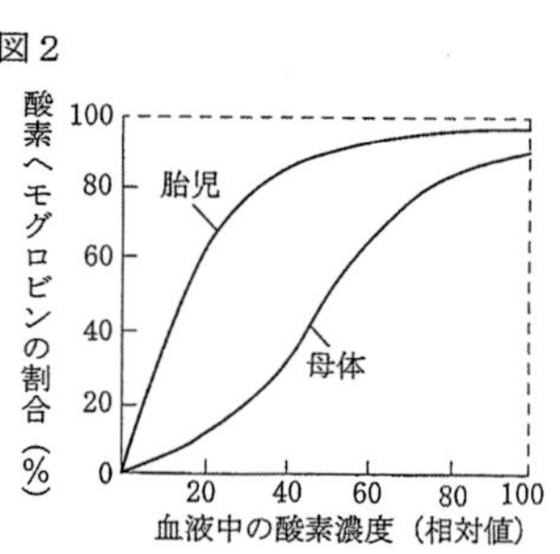

(1)　図1において，肺での酸素ヘモグロビンのうち，組織で酸素を放出する酸素ヘモグロビンの割合は何%か，求めなさい。ただし，答えの数値は有効数字3桁で書くこと。

(2)　図2において，胎児と母体の酸素解離曲線の違いが胎児にとって有利なのはなぜか，その理由を簡潔に書きなさい。

(☆☆☆◎◎◎)

【4】次の問いに答えなさい。

1　ある池で投網を使ってフナを100個体捕獲し，それぞれに標識をつけてその場で放流した。3日後，投網を使って120個体のフナを捕獲したところ，15個体に標識が認められた。次の問いに答えなさい。

(1)　個体数を推定するこの方法を何というか，書きなさい。

(2)　この池のフナの総個体数を推定し，書きなさい。ただし，標識された個体が個体群に完全に混じり合い，再調査されるまでの間に個体が出生，死亡，移入，移出しないものとする。

2　次の文章を読んで，あとの問いに答えなさい。

図1は，個体群の成長曲線を表している。個体群を構成する個体は，食物や生活空間のような生存と繁殖に必要な資源に制限がなければ，図1のAのように，際限なくふえていく。これを指数関数的成長モデルという。個体数をN，時間をt，ある時間の瞬間において個体数が増加する率を$\frac{dN}{dt}$，時間の瞬間ごとに生じる個体数の1個体あたりの変化をrとした場合，このときの指数関数的成長の式は，$\frac{dN}{dt}=rN$と表される。

図1

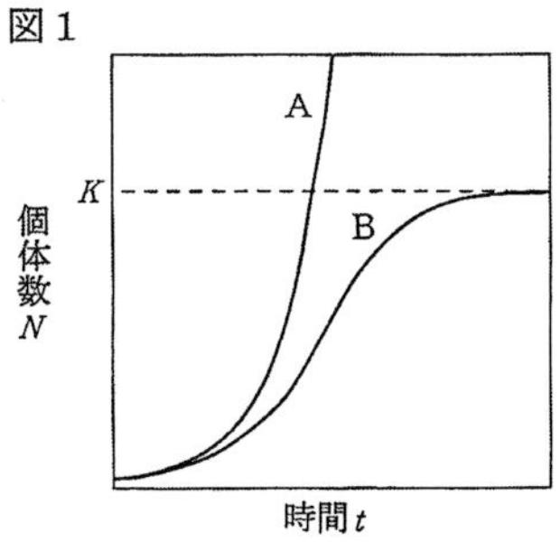

しかし，資源には限りがあることが多く，維持できる個体数には上限があり，図1のBのようになる。これをロジスティック個体群成長モデルという。このとき，維持できる最大の個体数は(　a　)とよばれ，記号Kで表す。この場合，個体群の1個体あたりの増加率は，個体数がKに近づくとゼロになる。

ロジスティック個体群成長モデルにおいて，(b)は，その環境でまだ支えられる個体数を表す。そして，(c)は個体群成長に利用可能なKの割合を表す。個体群の指数関数的成長rNに(c)をかけることで，Nの増加にともなう個体数の変化を表すことができる。

(1) 空欄(a)にあてはまる最も適切な語句を，書きなさい。

(2) 空欄(b)，(c)にあてはまる最も適切な数式を，記号K, Nを用いて，それぞれ書きなさい。

(3) $K=1500$，$r=1.0$のロジスティック個体群成長モデルにしたがって成長している仮想の個体群について，個体数が増加する率が最大となる個体数Nを次のア～エの中から一つ選び，記号で答えなさい。

ア 250　　イ 500　　ウ 750　　エ 1000

3　図2は，ある動物がつくる群れの大きさと，各個体の捕食者に対する警戒に要する時間および食物をめぐる争いに要する時間の配分率の関係を表した曲線である。以下の問いに答えなさい。

図2

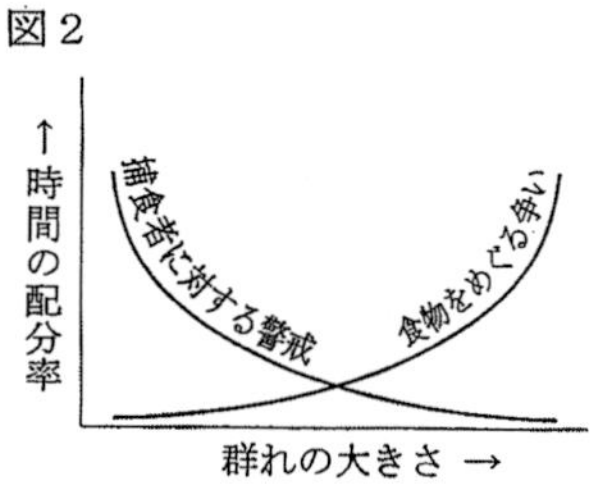

(1) この動物の日中の総活動時間のうち，各個体の採食に費やす時間と群れの大きさとの関係を図2にかき加えるとどのようになるか，最も適切なものを次のア～エの中から一つ選び，記号で答えなさい。ただし，各個体の捕食者に対する警戒に要する時間および食物をめぐる争いに要する時間以外はすべて採食に使えるものとする。

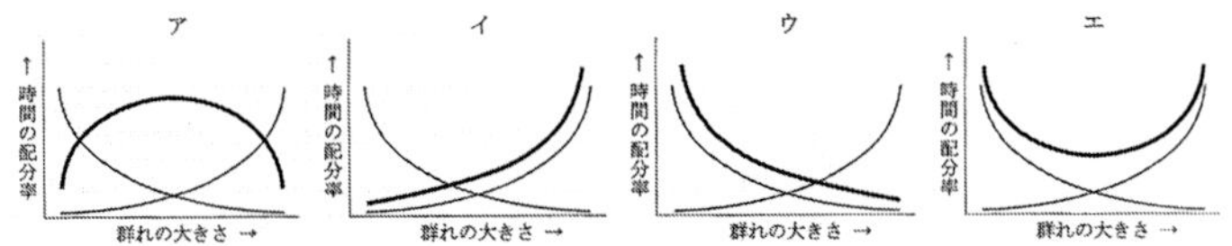

(2)　この動物の群れにおいて，捕食者が増加した場合，各個体の捕食者に対する警戒に要する時間の曲線はどのようになり，採食を行ううえでの最適な群れの大きさはどのようになるか，次のア～オの中から一つ選び，記号で答えなさい。なお，食物をめぐる争いに要する時間は変化しないものとする。

ア　各個体の捕食者に対する警戒に要する時間の曲線は右上方向へ移動し，最適な群れの大きさは小さくなる。

イ　各個体の捕食者に対する警戒に要する時間の曲線は右上方向へ移動し，最適な群れの大きさは大きくなる。

ウ　各個体の捕食者に対する警戒に要する時間の曲線は左下方向へ移動し，最適な群れの大きさは小さくなる。

エ　各個体の捕食者に対する警戒に要する時間の曲線は左下方向へ移動し，最適な群れの大きさは大きくなる。

オ　各個体の捕食者に対する警戒に要する時間の曲線は移動せず，最適な群れの大きさは変わらない。

(☆☆☆☆◎◎◎◎)

解答・解説

中高理科

【1】1　コージェネレーション　2　富岳　3　ゲノム編集　4　大赤斑　5　メタンガス

〈解説〉1　各種の産業施設などからの排熱を有効利用する様々なシステ

ムの総称を，排熱利用システムという。その中の1つとして，燃料を用いて発電し，その排熱を利用することでエネルギー効率を高めるものをコージェネレーションシステムという。　2　スーパーコンピュータ富岳は，京の約100倍の性能を持つといわれている。　3　ゲノム編集は，遺伝子を目的の領域に組み込むためにその場所を認識するRNAを用いる点などで，従来の遺伝子組み換えとは異なる手法である。　4　木星の大気は東西に流れており，これらがすれ違うところでは巨大な渦が見られる。大赤斑は地球の直径の3倍ほどの大きさの渦である。　5　山形県のながめやまバイオガス発電所では，米沢牛の排せつ物を発酵させる過程で発生するメタンガスを用いた発電システムがつくられた。

中学理科

【1】1　a　課題解決　　b　計画　　c　分析　　d　説明

2　(1)　e　水の重さ　　f　規則性　　(2)　第3学年　　3　g　天気の変化　　h　日本の気象

〈解説〉1　各教科では，学習の基盤となる資質・能力として言語能力を育成する目的で言語活動の充実が図られており，理科においては観察や実験，課題解決のための探究の時間の中で計画する，分析する，解釈する，考察する，説明するなどの学習活動を充実させることを配慮する必要がある。　2　解答参照。　3　解答参照。

【2】1　a　蒸気圧　　b　融解　　c　昇華　　d　減少　　2　(1)　T_2

(2)　CD間　　(3)　1.5×10^2〔kJ/mol〕　　(4)　加えた熱が状態変化のために使われているから。　　(5)　求め方…$4.2 \times 9.0 \times (100-20) \times 10^{-3} + 40.7 \times \frac{9.0}{18} + 2.1 \times 9.0 \times (110-100) \times 10^{-3} = 3.024 + 20.35 + 0.189 = 23.563$　　答え…23.6〔kJ〕

〈解説〉1　解答参照。　2　(1)　融点では加えられた熱は状態変化に使われるため，温度が変化しなくなる。　(2)　AB間は固体のみが存在し，BC間は固体と液体が共存し，CD間は液体のみが存在し，DE間は液体と気体が共存し，EF間は気体のみが存在する。 (3) 液体が蒸発して気体になる過程はDE間なので，0.10molの液体を1時間あたり5.0kJの熱を加えて8－5＝3〔時間〕加熱するとすべて蒸発したので，求める蒸発熱は$\frac{5.0\times3}{0.10}$＝1.5×10^2〔kJ/mol〕となる。 (4) 解答参照。

(5) 9.0gの水について，20℃から100℃にするには$4.2\times9.0\times(100-20)\times10^{-3}$＝3.024〔kJ〕，100℃の水を水蒸気にするには$40.7\times\frac{9.0}{18}$＝20.35〔kJ〕，水蒸気を100℃から110℃にするには$2.1\times9.0\times(110-100)\times10^{-3}$＝0.189〔kJ〕の熱量を要する。よって，求める熱量は，3.024＋20.35＋0.189≒23.6〔kJ〕となる。

【3】1 (1) フックの法則 (2) 9.8〔N/m〕 (3) 0.49〔N〕

(4) 求め方…底面積の大きさをS〔m²〕とすると，$F=\rho Vg$より(F：浮力，ρ：水の密度，V：水中の物体の体積，g：重力加速度)，$0.49=1.0\times10^3\times(S\times0.10)\times9.8$ $S=5.0\times10^{-4}$ 答え…5.0×10^{-4}〔m²〕

2 (1) 9.0〔Ω〕 (2) 求め方…X，Yの合成抵抗をr〔Ω〕とすると，$\frac{1}{r}=\frac{1}{1.0}+\frac{1}{9.0}$ $r=0.90$〔Ω〕 電流計に流れる電流値I〔A〕は，オームの法則より，$I=\frac{4.5}{0.90+1.6}=1.8$〔A〕 答え…1.8〔A〕

〈解説〉1 (1) 解答参照。 (2) 求めるばね定数をkとすると，図1の状態における弾性力の大きさは$k\cdot0.20$〔N〕である。おもりの重さは$0.20\cdot9.8$〔N〕なので，力のつり合いより$k\cdot0.20=0.20\cdot9.8$となり，$k=9.8$〔N/m〕となる。 (3) 図1と比べてばねの伸びは$0.20-0.15=0.05$〔m〕減少したので，その分だけ浮力が重力と逆向きにはたらいたことになる。よって，求める浮力の大きさは，$k\cdot0.05=9.8\cdot0.05=0.49$〔N〕となる。 (別解) ばねの弾性力の大きさは鉛直上向きに$k\cdot0.15=9.8\cdot0.15=1.47$〔N〕であり，おもりにはたらく重力の大きさは鉛直下向きに$0.20\cdot9.8=1.96$〔N〕である。求める浮力は鉛直上向きにはたらくので，力のつり合いより$1.96-1.47=0.49$〔N〕となる。

(4)　円柱の水に浸っている体積は$S \cdot 0.10$〔m^3〕と表せるので，円柱に押し退けられた水の質量は$(1.0\times10^3)\cdot(S\cdot0.10)$〔kg〕，その重さは$(1.0\times10^3)\cdot(S\cdot0.10)\cdot9.8$〔N〕となる。アルキメデスの原理より，これが(3)の浮力の大きさに等しいので，$(1.0\times10^3)\cdot(S\cdot0.10)\cdot9.8=0.49$となり，$S=5.0\times10^{-4}$〔$m^2$〕となる。　2　(1)　同じ材質でできた金属棒の抵抗値は，長さに比例し断面積に反比例する。金属棒Yの抵抗値をr_Yとおくと，金属棒Xは金属棒Yに比べ断面積が3倍，長さが$\frac{1}{3}$倍なので，金属棒Xの抵抗値は$\frac{\frac{1}{3}}{3}r_Y=1.0$〔Ω〕と表せるため，$r_Y=9\cdot1.0=9.0$〔Ω〕となる。　(2)　金属棒X，Yの合成抵抗と抵抗値1.6Ωの抵抗は，直列に接続されている。

【4】1　a　化学　　b　食物連鎖　　c　生態ピラミッド　　2　$6CO_2+12H_2O\rightarrow C_6H_{12}O_6+6O_2+6H_2O$　　3　二酸化炭素　　4　窒素固定　　5　ア　63　　イ　13　　ウ　9　　エ　2.7

〈解説〉1　生態系内では，太陽から放出される光エネルギーが植物により化学エネルギーに変換され，最終的には熱エネルギーとして生態系外へ放散される。つまり，エネルギーは生態系内の中を循環しない。　2　解答参照。　3　サンゴは海水に溶けている二酸化炭素とカルシウムから，石灰質の骨格をつくる。　4　窒素固定は，窒素固定細菌が行っている。　5　ア　生産者において，(成長量)＝(純生産量)－{(被食量)＋(枯死量)}＝79－(13＋3)＝63となる。　イ　生産者の被食量は，一次消費者の同化量と等しいので，13となる。　ウ　一次消費者において，(純生産量)＝(同化量)－(呼吸量)＝13－4＝9となる。　エ　一次消費者において，(成長量)＝(同化量)－{(呼吸量)＋(被食量)＋(死滅量)}より，(被食量)＝(同化量)－{(呼吸量)＋(死滅量)}－(成長量)＝13－(4＋0.3)－6＝2.7となる。

【5】1　a　ユーラシア　　b　4　　2　イ　　3　北アメリカプレートと比べると太平洋プレートの密度が大きいから。　　4　水蒸気

5　ウ　　6　エ　　7　通常の波は風によって海面付近の海水が動いているが，津波は海底の地盤が隆起や沈降することによって海面から海底まで海水が動く。

〈解説〉1　a　日本列島は，ユーラシアプレートと北アメリカプレートという2つの大陸プレートの上に位置する。　b　活火山とは，過去1万年以内に噴火した火山及び現在活発な噴気活動のある火山のことである。　2　海溝とトラフはいずれもプレートの沈み込みでできた海底の細長い溝状の地形のことで，深さが6000m以上のものが海溝，これより浅いものがトラフである。　3　海洋プレートの方が大陸プレートより密度が大きいので，海洋プレートが大陸プレートの下に沈み込む。　4　火山ガスの90％以上は水蒸気であり，その他には二酸化炭素，二酸化硫黄，硫化水素などが含まれている。　5　粘性の小さなマグマでできた火山ほど，水平方向への広がりが大きい。粘性の小さな順に，玄武岩質マグマ＞安山岩質マグマ＞流紋岩質マグマであり，それぞれ盾状火山，成層火山，溶岩ドーム(溶岩円頂丘)をつくっている。　6　地震のエネルギーは，マグニチュードが2大きくなると約1000倍になると見積もられている。よって，マグニチュードが4大きくなると，地震のエネルギーはおよそ1000×1000＝1000000〔倍〕となる。　7　風の力を直接受けて発生する波を風浪といい，風浪が発生域から遠い場所に伝播した波をうねりという。一方，津波は大規模な海底の急変の発生により，海底から海面までの海水全体が動いてできる巨大な波である。

高校理科

【共通問題】

【1】1　(1)　a　主体的　　b　創造　　c　挑戦　　d　倫理的
(2)　持続可能な社会をつくること　　2　記号…イ　　理由…物理は物理基礎を履修した後に履修することになっているため。

記号…ウ　　理由…理科課題研究は令和4年度入学者用の学習指導要領では存在しない科目であるため。

〈解説〉1　(1)　新学習指導要領では，各教科における目標が「知識及び技能」，「思考力，判断力，表現力等」，「学びに向かう力，人間性等」の三つの柱で整理された。目標(3)は育成する資質・能力のうち「学びに向かう力，人間性等」について示している。　(2)　持続可能な社会をつくることとは，SDGs : Sustainable Development Goals のSustainableに相応し，新学習指導要領における基本的事項として生徒が持続可能な社会の創り手となることができるようにすることが求められている。　2「令和4年度入学生」の理科の履修計画なので，平成31年4月から施行されている「高等学校学習指導要領」(平成30年3月告示)に従う必要がある。同解説には「理科課題研究」が廃止されたことが記されている。また，すべての生徒が履修すべき科目数については，「科学と人間生活」，「物理基礎」，「化学基礎」，「生物基礎」，「地学基礎」のうち，「科学と人間生活」を含む2科目，または，「物理基礎」，「化学基礎」，「生物基礎」，「地学基礎」のうちから3科目とすることが記されている。「物理」，「化学」，「生物」，「地学」については，原則として，それぞれに対応する基礎を付した科目を履修した後に履修させるものとすることが記されている。

【物理】

【1】1　(1)　運動エネルギー…$\frac{1}{2}mv_0^2$　　運動量…mv_0　　(2)　$\frac{mv_0^2}{2d}$

(3)　求め方…木材を貫くために必要な，弾丸の最小の速さをv，木材からの抵抗力の大きさをFとする。厚さlの木材を貫いた直後に運動エネルギーが0となり，運動エネルギーの変化量はその間にされた仕事に等しいので，$0-\frac{1}{2}mv^2=-Fl$　　(2)で求めたFを代入して解くと，

$v=v_0\sqrt{\frac{l}{d}}$　　答え…$v_0\sqrt{\frac{l}{d}}$　　2　(1)　$V=\frac{m}{m+M}v_0$

(2)　求め方…弾丸が入り込んだ深さをd'とし，木材が一体となるまで

に動いた距離をxとする。弾丸は一体となるまでに$x+d'$だけ動いているので，抵抗力の大きさをFとして，運動エネルギーと仕事の関係より

[弾丸]　$\frac{1}{2}mV^2-\frac{1}{2}mv_0^2=-F(x+d')$　　[木材]　$\frac{1}{2}MV^2-0=Fx$

1(2)で求めたFと，2(1)で求めたVを代入して$d'=\frac{M}{m+M}d$

答え…$\frac{M}{m+M}d$

〈解説〉1　(1)　運動エネルギー，および運動量の公式通りである。

(2)　求める抵抗力をFとすると，衝突前後での運動エネルギーの変化量が抵抗力による仕事に一致するので，$0-\frac{1}{2}mv_0^2=-Fd$より$F=\frac{mv_0^2}{2d}$となる。　(3)　弾丸が木材を貫いた瞬間に弾丸は静止する場合を仮定する。　2　(1)　弾丸と木材が互いに及ぼしあう内力(抵抗力とその反作用力)により運動形態が変化し，外力による力積がないので運動量保存則が成り立つ。よって，$mv_0+0=(m+M)V$より　$V=\frac{m}{m+M}v_0$となる。　(2)　(別解)　弾丸と木材を一体として考えると，弾丸を打ち込んだ直後は質量$\mu(=m+M)$，運動量$p(=mv_0)$となり，このときの運動エネルギーは$\frac{p^2}{2\mu}\left(=\frac{(mv_0)^2}{2(m+M)}\right)$と表せる。求める深さを$d'$とすると，抵抗力による仕事は$-\frac{mv_0^2}{2d}\cdot d'$であり，この非保存力による仕事が力学的エネルギーの損失となるので，$\frac{(mv_0)^2}{2(m+M)}-\frac{1}{2}mv_0^2=-\frac{mv_0^2}{2d}\cdot d'$より　$d'=\frac{M}{m+M}d$となる。

【2】1　波の干渉　　2　A，Bからマイクまでの距離の差が，波長の整数倍に等しいとき。　　3　1.7×10^3〔Hz〕　　4　求め方…A，Bからマイクまでの距離の差は，AB間の距離(0.60m)以上になることはない。問3より，波長は0.20mなので，AとBからの距離の差が0m，0.20m，0.40mで極大となる。したがって，PとQ以外では1つ。　　答え…1つ

5　求め方…振動数を大きくすると波長は短くなるので，A，Bからマイクまでの距離の差が2波長分に等しくなって極大となる。このとき

の波長をλ'とすると，$2\lambda'=0.20$〔m〕　よって，$\lambda'=0.10$〔m〕　求める振動数をf'とすると，$f'=\dfrac{3.4\times10^2}{0.10}=3.4\times10^3$　答え　3.4×10^3〔Hz〕

〈解説〉1　解答参照。　2　マイクの位置を点M，音波の波長をλ，整数m($m=0$，1，2，…)とすると，振動が同位相の2つの波源からの波の干渉条件は，$|\overline{\mathrm{AM}}-\overline{\mathrm{BM}}|=\begin{cases} m\lambda\ (\text{強めあう}) \\ m\lambda+\dfrac{\lambda}{2}\ (\text{弱めあう}) \end{cases}$と表せる。これらのうち，強めあう条件について説明すればよい。　3　$\overline{\mathrm{AP}}=\overline{\mathrm{BP}}$より，点Pは波の干渉条件における$m=0$における強めあいの点である。点Qは点Pの次に音が極大となる点なので，$m=1$における強めあいの点となる。したがって，点Qにおける干渉条件より，$|\overline{\mathrm{AQ}}-\overline{\mathrm{BQ}}|=1\cdot\lambda$となり，$\lambda=\overline{\mathrm{AQ}}-\overline{\mathrm{BQ}}=\sqrt{0.80^2+0.60^2}-0.80=1.0-0.80=0.20$〔m〕となる。波の基本式より，求める振動数は$\dfrac{3.4\times10^2}{0.20}=1.7\times10^3$〔Hz〕となる。　4　解答参照。　5　振動数が大きくなると波長は短くなるので$m=1$となる点はQより短くなり，次に強めあいが生じるのは$m=2$となる場合である。

【3】1　R_1…6.0〔A〕　R_2…3.0〔A〕　R_3…2.0〔A〕　2　R_1…1.0〔A〕　R_2…1.0〔A〕　R_3…1.0〔A〕　3　C_1…4.0×10^{-5}〔C〕　C_2…2.4×10^{-5}〔C〕

4　求め方…十分に時間がたった後にC_1とC_2に蓄えられる電気量をQ_1'，Q_2'とおく。

電気量保存より，$(+Q_1')+(+Q_2')=+6.4\times10^{-5}$

C_1とC_2の電位差は等しくなるので，$\dfrac{Q_1'}{4.0\times10^{-6}}=\dfrac{Q_2'}{4.0\times10^{-6}}$

2式より，$Q_1'=Q_2'=3.2\times10^{-5}$〔C〕

求める電圧は，$V=\dfrac{3.2\times10^{-5}}{4.0\times10^{-6}}=8.0$　答え…8.0〔V〕

5　求め方…電荷が移動する前後で，コンデンサーに蓄えられるエネルギーは，

[移動前]　$\dfrac{(4.0\times10^{-5})^2}{2\times4.0\times10^{-6}}+\dfrac{(2.4\times10^{-5})^2}{2\times4.0\times10^{-6}}=2.72\times10^{-4}$〔J〕

[移動後]　$\dfrac{(3.2\times10^{-5})^2}{2\times4.0\times10^{-6}}\times2=2.56\times10^{-4}$〔J〕

エネルギーの減少量1.6×10^{-5}〔J〕が2つの抵抗R_1，R_3で発生するジュール熱となる。R_1で発生する熱量は，$1.6\times10^{-5}\times\dfrac{2.0}{2.0+6.0}=4.0\times10^{-6}$

答え…4.0×10^{-6}〔J〕

〈解説〉1　S_1を閉じた瞬間に各抵抗を流れる電流は図1のように仮定できる。S_1を閉じた瞬間のC_1，C_2の電圧は0であるから，E，C_1，R_2，C_2を通る1周についてキルヒホッフの第2法則を考えると，R_2の電圧は12Vである。オームの法則より，$I_2=\dfrac{12}{4.0}=3.0$〔A〕となる。また，C_1，C_2の電圧は0であるからR_1，R_2，R_3にかかる電圧は等しいはずなので，$2.0I_1=4.0I_2=6.0I_3$が成り立つ。したがって，$I_1=2I_2=3I_3$より，$I_1=2I_2=6.0$〔A〕，$I_3=\dfrac{2}{3}I_2=2.0$〔A〕となる。

図 1

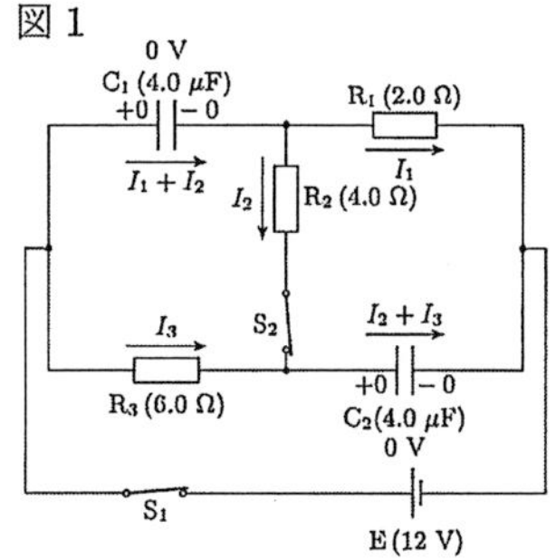

2　S_1を閉じて十分に時間がたつと，C_1およびC_2の充電が完了し，電流が0となる。このため図2のように，R_1，R_2，R_3の電流が等しくなる。この電流をIとして，R_1，R_2，R_3，Eを通る1周についてキルヒホッフの

第2法則を考えると，$12=6.0I+4.0I+2.0I$が成り立つので，$I=\frac{12}{12.0}=1.0$〔A〕となる。

図2

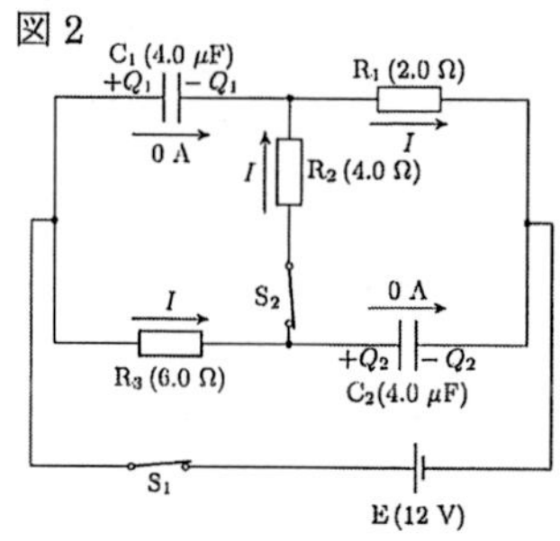

3　C_1にかかる電圧はR_2，R_3にかかる電圧の和に等しいので，$4.0I+6.0I=10I=10$〔V〕となる。したがって，C_1に蓄えられた電荷は$Q_1=4.0\cdot10=40$〔μC〕$=4.0\times10^{-5}$〔C〕となる。一方，C_2にかかる電圧はR_1，R_2にかかる電圧の和に等しいので$2.0I+4.0I=6I=6.0$〔V〕となる。よって，C_2に蓄えられた電荷は$Q_2=4.0\cdot6.0=24$〔μC〕$=2.4\times10^{-5}$〔C〕となる。　4　(別解)　S_1，S_2を同時に開いて十分に時間がたった後にC_1，C_2に蓄えられる電荷をそれぞれQ_1'，Q_2'とおく。電気量保存の法則より，$Q_1'+Q_2'=Q_1+Q_2=40+24=64$〔$\mu$C〕となる。また，キルヒホッフの第2法則より，$\frac{Q_1'}{4.0}-\frac{Q_2'}{4.0}=0$が成り立つので，$Q_1'=Q_2'=\frac{64}{2}=32$〔$\mu$C〕となる。よって，$C_1$について，コンデンサーの基本式より，求める電圧は，$\frac{32}{4.0}=8.0$〔V〕となる。　5　解答参照。

【化学】

【1】1　a　8　　b　赤鉄鉱　　c　石灰石　　d　スラグ　　2　$CO_2+C\rightarrow2CO$　　3　$Fe_2O_3+3CO\rightarrow2Fe+3CO_2$　　4　(1)　$\frac{\sqrt{3}}{4}X$〔cm〕

(2)　$\frac{2M}{X^3N_A}$〔g/cm³〕

5　求め方…$[H^+]=\frac{3.0\times10^{-3}\times0.30-(3.9\times10^{-4}+3.0\times10^{-5})\times2}{0.30}=2.0\times10^{-4}$　　$pH=-\log_{10}[H^+]=-\log_{10}(2.0\times10^{-4})=4-\log_{10}2=3.7$　　答

え…3.7

〈解説〉1　解答参照。　2　コークス(C)の燃焼により生じた二酸化炭素(CO_2)が炭素により還元されると，一酸化炭素(CO)になる。　3　①では$3Fe_2O_3+CO \rightarrow 2Fe_3O_4+CO_2$，②では$Fe_3O_4+CO \rightarrow 3FeO+CO_2$，③では$FeO+CO \rightarrow Fe+CO_2$という反応が起きる。(①＋②×2＋③×6)×$\frac{1}{3}$より，$Fe_2O_3+3CO \rightarrow 2Fe+3CO_2$となる。　4　(1)　体心立方格子では，体対角線方向に原子が接しており，体対角線の長さは原子半径の4倍となる。したがって，求める原子半径をrとすると，$\sqrt{(\sqrt{2}X)^2+X^2}=4r$が成り立つので，$r=\frac{\sqrt{3}}{4}X$〔cm〕と表せる。　(2)　体心立方格子の単位格子中には，原子が$\frac{1}{8}\times 8+1=2$〔個〕含まれており，体積はX^3〔cm³〕，原子1個あたりの質量は$\frac{M}{N_A}$〔g〕なので，結晶の密度は$\frac{\frac{M}{N_A}\times 2}{X^3}=\frac{2M}{X^3N_A}$〔g/cm³〕と表せる。　5　この希塩酸に含まれる水素イオンの物質量は，$3.0\times 10^{-3}\times\frac{300}{1000}=9.0\times 10^{-4}$〔mol〕であり，ブリキに含まれる鉄と反応する希塩酸は$(3.9\times 10^{-4})\times 2=7.8\times 10^{-4}$〔mol〕，スズと反応する希塩酸は$(3.0\times 10^{-5})\times 2=6.0\times 10^{-5}$〔mol〕なので，反応後の水素イオンは$(9.0\times 10^{-4})-(7.8\times 10^{-4}+6.0\times 10^{-5})=6.0\times 10^{-5}$〔mol〕となる。この水溶液の体積は300mLで変わらないので，$[H^+]=\frac{6.0\times 10^{-5}}{\frac{300}{1000}}=2.0\times 10^{-4}$〔mol/L〕より，$pH=-\log_{10}[H^+]=-\log_{10}(2.0\times 10^{-4})=4-\log_{10}2=3.7$となる。

【2】1　a　ウ　　b　オ　　2　$2NaOH+CO_2 \rightarrow Na_2CO_3+H_2O$
3　X　$Na_2CO_3+HCl \rightarrow NaHCO_3+NaCl$　　Y　$NaHCO_3+HCl \rightarrow NaCl+H_2O+CO_2$　　4　求め方…結晶中のNaOHの物質量をx〔mol〕，Na_2CO_3の物質量をy〔mol〕とする。

$(x+2y)\times\frac{20}{100}=1.00\times\frac{18.2}{1000}$　…①　　$x\times\frac{20}{100}=1.00\times\frac{12.2}{1000}$　…②

①，②より　$x=6.10\times10^{-2}$，$y=1.50\times10^{-2}$

NaOHは$6.10\times10^{-2}\times40=2.44$〔g〕，$Na_2CO_3$は$1.50\times10^{-2}\times106=1.59$〔g〕

答え…　NaOH：2.44〔g〕　　Na_2CO_3：1.59〔g〕

〈解説〉1　a　炭酸ナトリウムNa_2CO_3を塩酸HClで滴定すると，第1中和点までは$Na_2CO_3+HCl\rightarrow NaHCO_3+NaCl$，第2中和点までは$NaHCO_3+HCl\rightarrow NaCl+H_2O+CO_2$という反応が生じる。第1中和点までに必要な塩酸の量をV_1〔mL〕，第2中和点までに必要な塩酸の量をV_2〔mL〕とすると，反応式よりこれらの反応に必要な塩酸の量は等しいので，$V_1=V_2-V_1$が成り立ち，$2V_1=V_2$となる。　b　この混合水溶液を塩酸で滴定すると，第1中和点までは$NaOH+HCl\rightarrow NaCl+H_2O$　…(i)と$Na_2CO_3+HCl\rightarrow NaHCO_3+NaCl$　…(ii)，第2中和点で$NaHCO_3+HCl\rightarrow NaCl+H_2O+CO_2$　…(iii)という反応が生じる。(i)～(iii)の反応に必要な塩酸の量を，それぞれx〔mL〕，y〔mL〕，y〔mL〕とする。また，第1中和点までに必要な塩酸の量をV_1〔mL〕，第2中和点までに必要な塩酸の量をV_2〔mL〕とすると，$V_1=(x+y)$〔mL〕，$V_2=(x+2y)$〔mL〕となる。よって，$2V_1=(2x+2y)$〔mL〕より，$2V_1>V_2$となる。　2　解答参照。　3　1の解説を参照。　4　この混合物に含まれる水酸化ナトリウムの物質量をx〔mol〕，炭酸ナトリウムの物質量をy〔mol〕とする。指示薬をメチルオレンジとして塩酸で滴定した場合は，$NaOH+HCl\rightarrow NaCl+H_2O$，$Na_2CO_3+2HCl\rightarrow 2NaCl+H_2O+CO_2$という反応が起こり中和しているので，$(x+2y)\times\frac{20.0}{1000}=1.00\times\frac{18.2}{1000}$　…①が成り立つ。また，塩化バリウム水溶液を用いる場合は，$Na_2CO_3+BaCl_2\rightarrow 2NaCl+BaCO_3$という反応が生じ，炭酸バリウムの白色沈殿が生じるが，水酸化ナトリウムは反応しない。その後，残った水酸化ナトリウムをフェノールフタレインを指示薬として塩酸で滴定すると，$x\times\frac{20.0}{1000}=1.00\times\frac{12.2}{1000}$…②が成り立つ。①，②より，$x=6.10\times10^{-2}$〔mol〕，$y=1.50\times10^{-2}$〔mol〕となる。よって，水酸化ナトリウム(式量40)の質量は40×

$(6.10\times10^{-2})=2.44$〔g〕，炭酸ナトリウム(式量106)の質量は$106\times(1.50\times10^{-2})=1.59$〔g〕となる。

【3】1　カ　　2　①　$H_2\rightarrow2H^{+}+2e^{-}$　　②　$O_2+4H^{+}+4e^{-}\rightarrow2H_2O$

3　(1)　1.93×10^{8}〔C〕　　(2)　求め方…$\frac{1.93\times10^{8}\times1.00}{286\times10^{3}\times1.0\times10^{3}}\times100\fallingdotseq67.48$　答え…67.5〔%〕　　4　$H_2+2OH^{-}\rightarrow2H_2O+2e^{-}$となり，A極で起こる水素の反応で水が生じるから。

〈解説〉1　A極では$H_2\rightarrow2H^{+}+2e^{-}$，B極では$O_2+4H^{+}+4e^{-}\rightarrow2H_2O$という反応が生じ，電子$e^{-}$はA極からB極へ流れる。よって，電流はB極からA極に流れるので，B極が正極，A極が負極となる。　2　解答参照。

3　(1)　酸素の還元反応より，電子が4mol流れると水が2mol生じるので，18.0kgの水(分子量18)が生じるために必要な電子の物質量は，$\frac{18.0\times10^{3}}{18}\times2$〔mol〕となる。このとき流れた電気量は，$(9.65\times10^{4})\times\frac{18.0\times10^{3}}{18}\times2=1.93\times10^{8}$〔C〕となる。　(2)　水素の燃焼反応の熱化学方程式より，水の生成によるエネルギーは$(286\times10^{3})\times\frac{18.0\times10^{3}}{18}=2.86\times10^{8}$〔J〕となる。また，変換された電気エネルギーは，(電気量)×(電圧)$=(1.93\times10^{8})\times1.00=1.93\times10^{8}$〔J〕より，その割合は，$\frac{1.93\times10^{8}}{2.86\times10^{8}}\times100\fallingdotseq67.5$〔%〕となる。　4　水酸化カリウムは$KOH\rightarrow K^{+}+OH^{-}$と電離して水酸化物イオンを生じ，水素と水酸化物イオンが反応して水と電子を生じる。すなわち，A極(負極)では水素との反応により水が生じる。

【4】1　a　ホルムアルデヒド　　b　熱可塑性　　c　ノボラック

2

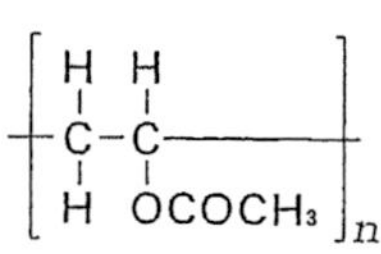

3　ポリビニルアルコールは，親水性のヒドロキシ基が多くて水に溶

けやすいため，ヒドロキシ基の一部にエーテル結合を形成させることで，水に溶けにくくするため。　4　46〔g〕　5　マテリアルリサイクル…融解して形成し直し，再利用する。　ケミカルリサイクル…小さい分子になるまで分解し，原料として再利用する。

〈解説〉1　a　酢酸ビニル$CH_2=CH-OCOCH_3$を付加重合させてポリ酢酸ビニル$(-CH_2CHOCOCH_3-)_n$とし，これをけん化させてポリビニルアルコール$(-CH_2-CH(OH)-)_n$にしたあと，ホルムアルデヒドHCHOでアセタール化するとビニロンが得られる。　b　鎖状構造をもつ合成樹脂は，加熱すると軟らかくなり，冷却すると再び硬くなる熱可塑性をもつ。付加重合により生成したものが多く，ポリエチレン，ポリ塩化ビニル，ポリプロピレンなどがある。　c　立体網目構造をもつ合成樹脂は，加熱すると硬くなる熱硬化性をもち，縮合重合により生成するものが多い。代表的な熱硬化性樹脂であるフェノール樹脂は，フェノールC_6H_5OHとホルムアルデヒドを縮合重合させると得られる。その際，酸を触媒とするとノボラック，塩基を触媒とするとレゾールの中間生成物を生じる。　2　1aの解説を参照。　3　解答参照。

4　ポリビニルアルコールの基本単位は$-CH_2-CH(OH)-$(式量44)であり，ビニロン(式量100)は，

```
－CH2－CH－CH2－CH－
        |        |
        O－CH2－O
```

である。つまり，ポリビニルアルコールの基本単位2つからヒドロキシ基2個とホルムアルデヒド1分子が反応し，炭素が1つ増えた構造になる。したがって，基本単位2つのポリビニルアルコール88gからビニロン100gが生成する。44gのポリビニルアルコールのうち35%がアセタール化されるので，アセタール化された部分の反応後の質量は，$44\times\frac{100}{88}\times\frac{35}{100}=17.5$〔g〕となる。一方，アセタール化されなかった部分の質量は$44\times\frac{100-35}{100}=28.6$〔g〕となる。よって，得られるビニロンの質量は，$28.6+17.5\fallingdotseq46$〔g〕となる。　5　マテリアルリサ

イクルとは，製品の生産中に出た不要物や廃棄物を回収して融解し，再び成形する手法である。一方，ケミカルリサイクルとは，廃棄物の高分子を化学的に処理し低分子などに分解することで，原料として再生させる手法である。

【生物】

【1】1　a　ヘリカーゼ　b　ポリメラーゼ　c　岡崎フラグメント　d　リガーゼ　e　ラギング鎖　2　(1)　重いDNA：中間の重さのDNA：軽いDNA＝0：1：3　(2)　重いDNA：中間の重さのDNA：軽いDNA＝0：1：$2^{n-1}-1$　3　1278〔塩基対/秒〕

〈解説〉1　岡崎フラグメントと呼ばれる短いDNA断片がつながって合成されるヌクレオチド鎖をラギング鎖という。一方で5′→3′方向に連続的に合成される新生鎖をリーディング鎖という。　2　(1)　問題文より，1回目は，^{15}N・^{15}Nをもつ大腸菌(重いDNA)が，培地の^{14}Nを利用してDNA複製するため，すべて^{15}N・^{14}N(中間の重さのDNA)をもつ大腸菌となる。よって，(重いDNA)：(中間の重さのDNA)：(軽いDNA)＝0：1：0となる。次に，2回目は，^{15}N・^{14}Nがそれぞれ鋳型となり培地の^{14}Nを利用してDNAを複製するので，^{15}N・^{14}Nと^{14}N・^{14}N(軽いDNA)が生じる。よって，(重いDNA)：(中間の重さのDNA)：(軽いDNA)＝0：1：1となる。同様に，3回目は，(重いDNA)：(中間の重さのDNA)：(軽いDNA)＝0：1：3となる。　(2)　解答参照。　3　原核細胞がもつ環状DNAの複製の際は，一つの複製起点から双方向にDNA鎖が合成されていく。よって，単位時間当たりの合成数を求めるには全ゲノム数の半分を考えればよいので，求める合成速度は，$\dfrac{\dfrac{460万〔塩基対〕}{2}}{30\times60〔秒〕}$ ≒1278〔塩基対/秒〕となる。

【2】1　KOH水溶液…イ　蒸留水…ウ　2　コムギ…0.98　トウゴマ…0.71　3　コムギ…ア　トウゴマ…ウ

4　求め方…パルミチン酸：$C_{16}H_{32}O_2+23O_2\rightarrow16CO_2+16H_2O$

グルコース：$C_6H_{12}O_6 + 6H_2O + 6O_2 \rightarrow 6CO_2 + 12H_2O$

パルミチン酸3molとグルコース7molを呼吸基質とした場合，

呼吸する酸素量は，3×23＋7×6＝111〔mol〕

放出する二酸化炭素量は，3×16＋7×6＝90〔mol〕

よって呼吸商は，$\frac{CO_2}{O_2} = \frac{90}{111} = 0.810 \cdots \fallingdotseq 0.81$　　答え…0.81

〈解説〉1　KOH水溶液は二酸化炭素を吸収するため，これを用いた場合は酸素の変化量がわかる。一方，蒸留水は二酸化炭素も酸素も吸収しないので，種子による酸素の吸収量と二酸化炭素の放出量の両方を含んだものとなる。なお，本実験では，酸素の吸収量が二酸化炭素の放出量を上回る条件で行っていると考えられる。　2　(呼吸商)＝$\frac{(\text{放出された}CO_2\text{の体積})}{(\text{吸収された}O_2\text{の体積})}$より，コムギの呼吸商は，$\frac{982-20}{982} \fallingdotseq 0.98$となる。また，トウゴマの呼吸商は，$\frac{1124-326}{1124} \fallingdotseq 0.71$となる。　3　呼吸商は呼吸基質の種類により一定の値を示す。炭水化物では約1.0，タンパク質では約0.8，脂質では約0.7である。　4　解答参照。

【3】1　アルブミン　　2 a　エ　　b　ア　　c　ウ　　d　キ　　e　イ　　f　カ　　3　表面積が大きくなるため，細胞内外への酸素の移動が起こりやすい。　　4　(1)　62.5〔%〕　　(2)　同じ酸素濃度では母体より胎児のほうが酸素ヘモグロビンになりやすく，母体の血液に含まれる酸素が胎児のヘモグロビンに渡されるため。

〈解説〉1　血しょうのタンパク質には，水溶性のアルブミンや非水溶性のグロブリン，血液凝固因子のフィブリノーゲンなどがある。

2　人の血液の有形成分の中で核を有するのは白血球のみである。

3　表面積を大きくするために工夫された構造となっているものとして，他にも小腸の柔毛や植物がもつ根毛などがある。　4　(1)　図1には2本の曲線があるが，CO_2濃度が低い場合は肺，CO_2濃度が高い場合は組織での環境を示している。したがって，肺でのO_2濃度は96%であるが，組織では36%となる。よって，肺での酸素ヘモグロビンに対して，組織で酸素を放出したヘモグロビンの割合は，$\frac{96-36}{96}\times100=$62.5〔%〕となる。 (2) 母体と胎児は胎盤を通して血液が流れているが，胎児のヘモグロビンのほうが酸素と結合しやすいため，母体のヘモグロビンが放出した酸素を利用することができる。

【4】1 (1) 標識再捕法 (2) 800〔個体〕 2 (1) 環境収容力 (2) b $K-N$ c $\frac{K-N}{K}$ (3) ウ 3 (1) ア (2) イ

〈解説〉1 標識再補法では，ランダムに個体を選ぶため，捕獲した全個体数に対する標識のある個体数の割合は，そこに生息する総個体数に対する標識のある全個体数の割合に等しいと考えられる。したがって，(再捕獲した全個体数)：(再捕獲した標識がある個体数)＝(総個体数)：(標識をつけた全個体数)が成り立ち，120：15＝(総個体数)：100より，(総個体数)＝$\frac{120\times100}{15}$＝800〔個体〕となる。 2 (1) 個体数が増加するほど食物不足や排出物の増加などが生じ，生活環境が悪化する。生活環境の悪化がある程度に達すると生物は生活できないため，個体数はそれ以上増加できない。このとき維持できる最大の個体数を環境収容力という。 (2) b その環境でまだ支えられる個体数は，限界値Kと実際の個体数Nの差によって表せる。 c 問題文より，Kに対する$K-N$の割合となる。 (3) 問題文より，(Nの増加に伴う個体数の変化dN)$=rN\cdot\frac{K-N}{K}=rN\left(1-\frac{N}{K}\right)$が成り立つ。$K=1500$，$r=1.0$より，$dN=N\left(1-\frac{N}{1500}\right)=-\frac{1}{1500}N^2+N=-\frac{1}{1500}\left(N-\frac{1500}{2}\right)^2+\frac{1500}{4}$となる。よって，最大となり得る個体数は，$\frac{1500}{2}=750$〔個体〕となる。

3 (1) 捕食者に対する警戒，および食物をめぐる争いの時間の和が大きいほど，採食に使える時間は小さくなる。したがって，捕食者に対する警戒，および食物をめぐる争いの時間の和が最も小さな群れの大きさが最適な群れの大きさとなる。 (2) 捕食者が増えれば，それだけ警戒する時間が増えるので，曲線は右上へ移動する。すると，(1)より，最適な群れの大きさも右側へ移動するため大きくなる。

2021年度　実施問題

中　高　理　科

【1】次の問いに答えなさい。

1　単振り子の振れが小さいとき，単振り子の周期は，単振り子の長さと重力加速度の大きさだけで決まる性質を何というか，書きなさい。

2　リチウムイオン電池の開発で，2019年にノーベル化学賞を受賞した日本人は誰か，その人の名前を書きなさい。

3　令和元年度，日本の高校生グループが山中の様々な場所から空気を採取し，そこに浮遊するあるもののDNAを解析することで，マツタケの生育地点の特定につながる探究活動を行った。この空気中に浮遊していたあるものとは何か，書きなさい。

4　2020年1月に国際地質科学連合の理事会で承認された，日本の地名に由来した地質時代の名称を何というか，書きなさい。

5　小惑星「リュウグウ」の観測を2019年に終了し，地球に向けて航行している小惑星探査機の名称を何というか，書きなさい。

(☆☆☆◎◎◎)

中　学　理　科

【1】「中学校学習指導要領」(平成29年3月告示)[理科]に関して，次の問いに答えなさい。

1　第1分野の内容「(7)　科学技術と人間」について，次の問いに答えなさい。

(1)　次の文は，「(ア)　エネルギーと物質」の内容である。空欄

(a), (b)にあてはまる語句を，それぞれ書きなさい。

> ㋐ エネルギーとエネルギー資源
> 様々なエネルギーとその変換に関する観察，実験などを通して，(a)や社会では様々なエネルギーの変換を利用していることを見いだして理解すること。また，人間は，水力，火力，(b)，太陽光などからエネルギーを得ていることを知るとともに，エネルギー資源の有効な利用が大切であることを認識すること。

(2) 内容の取扱いにおいて，「エネルギーの変換」については，その総量が保存されることと何を扱うこととされているか，書きなさい。

(3) 内容の取扱いにおいて，「様々な物質」については，何の性質について触れることとされているか，書きなさい。

2 第2分野の内容「(5) 生命の連続性」について，次の問いに答えなさい。

(1) 次の文は，「(ウ) 生物の種類の多様性と進化」の内容である。空欄(c)，(d)にあてはまる語句を，それぞれ書きなさい。

> ㋐ 生物の種類の多様性と進化
> 現存の生物及び(c)の比較などを通して，現存の多様な生物は過去の生物が長い時間の経過の中で変化して生じてきたものであることを(d)と関連付けて理解すること。

(2) 内容の取扱いにおいて，「生物の殖え方」については，有性生殖の仕組みを何と関連付けて扱うこととされているか，書きなさい。

3 次の文は，「第3 指導計画の作成と内容の取扱い」に記載されている指導計画の作成に当たって配慮する事項である。空欄(e)，(f)にあてはまる語句を，それぞれ書きなさい。

(1)　単元など内容や時間のまとまりを見通して，その中で育む資質・能力の育成に向けて，生徒の主体的・対話的で(　e　)の実現を図るようにすること．その際，理科の学習過程の特質を踏まえ，理科の見方・考え方を働かせ，見通しをもって観察，実験を行うことなどの(　f　)学習活動の充実を図ること。

(☆☆◎◎◎)

【2】次の文章を読んで，下の問いに答えなさい。原子量はH＝1.0，C＝12，O＝16，Ca＝40とする。

不純物を含んだ石灰石(主成分は炭酸カルシウム)2.8gに，ある濃度の塩酸を加えると，塩化カルシウムと①水が生じ，②二酸化炭素が発生した。このとき，加えた塩酸の体積(mL)と発生した二酸化炭素の質量(g)の関係を調べたところ，表の結果が得られた。

表

加えた塩酸の体積（mL）	20	40	60	80	100
発生した二酸化炭素の質量（g）	0.44	0.88	1.10	1.10	1.10

1　下線部①について，水素の同位体が^{1}H，^{2}Hからなり，酸素の同位体が^{16}O，^{18}Oからなるものとするとき，同位体の種類にもとづいて分類すると，何種類の水分子が存在するか，書きなさい。

2　下線部②について，次の文章を読んで，下の問いに答えなさい。

二酸化炭素分子では，炭素原子と酸素原子がそれぞれの間で不対電子を(　a　)個ずつ出し合い，(　b　)組の共有電子対をつくって結合している。

(1)　空欄(　a　)，(　b　)にあてはまる数字を，それぞれ書きなさい。

(2)　二酸化炭素の構造式をかきなさい。

3　炭酸カルシウムと塩酸の反応を，化学反応式で表しなさい。

4　加えた塩酸の体積(mL)と発生した二酸化炭素の物質量(mol)との関

係を表すグラフとして最も適切なものを，次のア～エの中から一つ選び，記号で答えなさい。

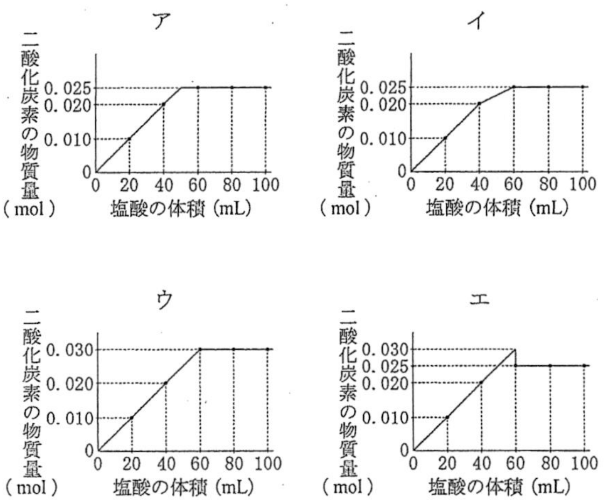

5　石灰石中に含まれる炭酸カルシウムの割合(純度)は何％か，求めなさい。ただし，不純物は塩酸とは反応しないものとする。また，答えの数値は有効数字2桁とし，求め方も書きなさい。

(☆☆☆◎◎◎◎)

【3】次の文章を読んで，あとの問いに答えなさい。

太鼓をたたくと，膜が振動し，この振動がまわりの空気に伝わり，空気は圧縮と膨張をくり返し，空気に圧力の高い部分と低い部分ができる。この振動が①縦波となって空気中を伝わる。媒質を伝わるこのような縦波を音波という。同じ振動数の音が聞こえているとき，(　a　)が大きくなるほど音は大きくなる。また，振動数が大きい音ほど高く聞こえるが，同じ高さの音でもフルートとピアノでは違った印象の音に聞こえるのは，(　b　)が違うためである。また，救急車のサイレンの音は，近づくときは高く，遠ざかるときは低く聞こえる。このように，音源や観測者が動くことによって，もとの振動数と異なった振動数が観測される現象を②ドップラー効果という。

図1のように速度v_s〔m/s〕動く音源から出た振動数f〔Hz〕の音を，速度v_0〔m/s〕で動く観測者が聞くときの振動数f_1〔Hz〕は，$f_1=\frac{V-v_0}{V-v_s}f$となる。ただし，音源から観測者へ向かう向きを速度の正の向き，音の速さをV〔m/s〕とする。

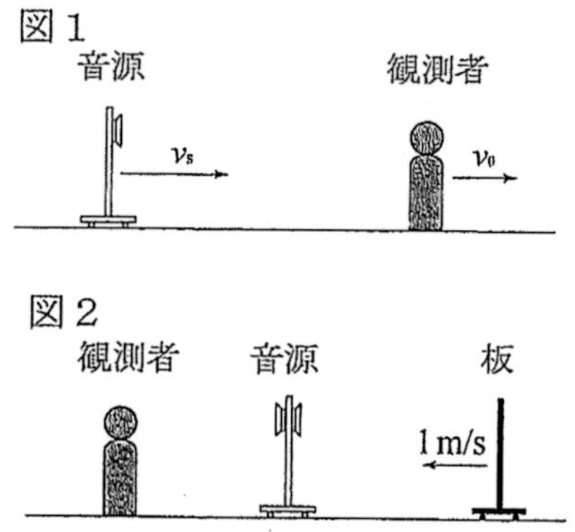

1　空欄(　a　)，(　b　)にあてはまる最も適切な語を，それぞれ書きなさい。

2　下線部①はどのような波か，振動の方向に注目して，簡潔に書きなさい。

3　1気圧，t〔℃〕の空気中の音の速さV〔m/s〕は$=331.5+0.6t$と表されるとする。温度が18℃，1気圧の空気中を伝わる音の速さは何m/sか，求めなさい。ただし，答えの数値は小数第1位を四捨五入し，整数で書くこと。

4　音の速さを340m/sとすると，振動数が1.7×10^3Hzの音波の波長は何mか，求めなさい。ただし，答えの数値は有効数字2桁で書くこと。

5　下線部②について，図2のように，観測者，音源，板が一直線上に並び，板は1 m/s の速さで音源に近づいている。音源の振動数を680Hz，音の速さを340m/sとする。次の問いに答えなさい。ただし，観測者，音源，板の並びは変わらないものとする。また，答えの数値は小数第1位を四捨五入し，整数で答え，求め方もそれぞれ書くこと。

(1)　板を，動く観測者と考えて，板の受け取る音波の振動数は何Hzか，求めなさい。

(2)　音源から直接伝わる音と板で反射した音によって，観測者が聞く1秒間のうなりの回数を求めなさい。

(☆☆☆◎◎◎)

【4】次の文章を読んで，下の問いに答えなさい。

19世紀半ば，牧師であったグレゴール・メンデルは，修道院の庭で①エンドウの交配実験を繰り返すことで，後の遺伝学の礎となる②三つの遺伝の法則を発見した。メンデルが交配実験にエンドウを用いた理由として，対立形質が明瞭であること，③純系を得やすいことなどがあげられる。

20世紀に入ると，遺伝物質としてDNAが研究されるようになってきた。例えば，イギリスの医師フレデリック・グリフィスやアメリカの研究者オズワルド・エイブリーらによる④肺炎双球菌を用いた実験は，DNAが遺伝物質の本体であることを示唆するものだった。

1　下線部①について，エンドウの種子の形には「丸形」と「しわ形」があり，この遺伝子について「丸形」は「しわ形」に対して優性である。種子の形が「丸形」の純系と「しわ形」の純系とを交配し，雑種第一代(F_1)を得た。このF_1を自家受精させ，種子が入ったエンドウのさやを収穫した。1つのさやの中に4個の種子が入っていた場合，「丸形」の種子の数はどのように存在するか，可能性として考えられるものを次のア～オからすべて選び，記号で答えなさい。

ア　0個　　イ　1個　　ウ　2個　　エ　3個　　オ　4個

2　下線部②について，三つの遺伝の法則をすべて書きなさい。

3　下線部③は，エンドウの花の構造と関係がある。エンドウは受精する時期に花弁が閉じているため，自然条件下では基本的に自家受精のみを行う植物だからである。自家受精を繰り返すことで純系個体が増えていくことは，雑種第n代(F_n)のときの遺伝子型の比率でシミュレーションできる。F_nのときの遺伝子型の比率を答えなさい。

必要ならば，$n(n \geqq 1)$を用いて表しなさい。ただし，「丸形」の遺伝子をA，「しわ形」の遺伝子をaで表し，F_1の遺伝子型の比率をAA：Aa：aa＝0：1：0とする。

4　下線部④について，グリフィスが行った実験とその結果を表1に，グリフィスの実験結果を受けてエイブリーらが行った追試とその結果を表2にまとめた。これらの結果をふまえ，下の問いに答えなさい。

表1

実験番号	ネズミに注射した菌	発病の有無とネズミの生死
1	S型菌だけ	発病して、ネズミは死亡
2	R型菌だけ	発病せず、ネズミは生存
3	加熱して殺したS型菌だけ	発病せず、ネズミは生存
4	R型菌と加熱して殺したS型菌	発病して、ネズミは死亡

表2

実験番号	培地に播種した菌	培地に生じたコロニー数と型
5	約10^6個のR型菌だけ	S型1個とR型約10^6個
6	約10^6個の加熱して殺したS型菌	なし
7	約10^6個のR型菌と 約10^6個の加熱して殺したS型菌	S型約10^4個とR型約10^6個

(1)　グリフィスは，病原性のあるS型菌を寒天培地で何世代も継代培養した。その結果，病原性のないR型菌と呼ばれる肺炎双球菌が出現した。この現象は何とよばれるか，書きなさい。

(2)　実験1～実験7のうち，(1)と同じ現象を示した実験はどれか，最も適切なものを実験番号で答えなさい。

(3)　(1)と同じ現象を除き，R型菌からS型菌が出現する現象は何とよばれるか，書きなさい。

(4)　グリフィスは肺炎双球菌の実験をネズミを用いて行ったが，エイブリーらはネズミの代わりに適当な培地を用いて行った。動物実験における倫理的配慮の側面を除き，エイブリーらがこれらの実験において培地を用いた利点を，三つ書きなさい。

(☆☆☆☆☆◎◎◎◎)

【5】次の文章を読んで，下の問いに答えなさい。

地球は空気の層に包まれている。この空気全体を大気といい，大気のある範囲を大気圏または気圏という。地球の大気は，窒素と酸素のほか，アルゴンや①二酸化炭素などからなる。これらの気体の割合は高度約80kmまで一定で，大気はよく混ざり合っている。

図1は，大気圏内における気温の平均的な鉛直分布を表したものだが，気圧は高度とともに低くなるのに対して，②気温は高度とともに下降したり上昇したりする。

③雲ができたり雨が降が降ったりする天気の変化は，対流圏でおこっている。これは，地球を直径13cmの球と考えると，その表面から(a)cmの高さまでの範囲となる。雲を高度や形態から10種類に分類したものを十種雲形といい，そのうち降水をもたらす雲は(b)と積乱雲の2種類である。(b)は，低気圧が近づいてきたときに，空を覆うように発生する。積乱雲は垂直に発生する雲であるが，④雲頂は対流圏界面を超えて成長することはほとんどなく，図2のように，崩れて平らに広がることがある。

図1

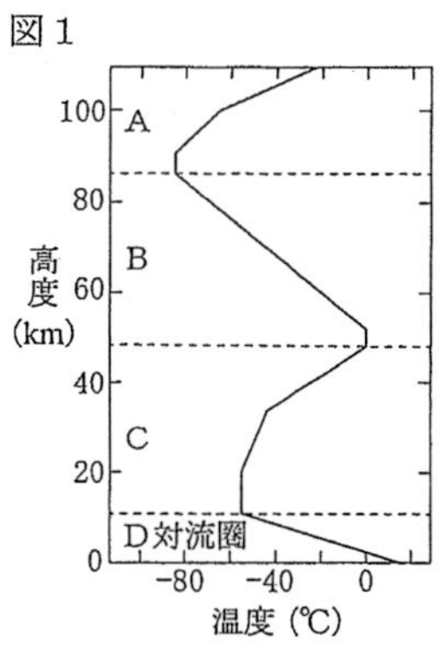

図2

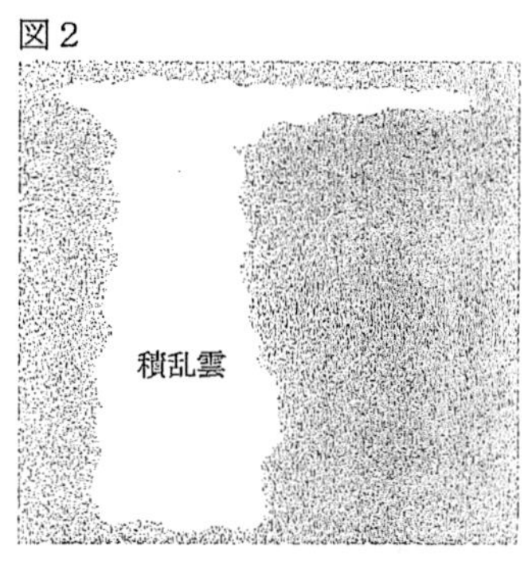

1 空欄(a)にあてはまる数字と，空欄(b)にあてはまる語を，それぞれ書きなさい。ただし，対流圏の範囲は地表から高度10kmまでとし，地球は直径13000kmの球とする。

2 下線部①について，現在の地球の大気における二酸化炭素の体積比として最も適切なものを，次のア～エの中から一つ選び，記号で答えなさい。

ア　約0.004%　　イ　約0.04%　　ウ　約0.4%　　エ　約4%

3　図1に関連して，次のア，イについて最も適切な領域を，図1のA～Dの中からそれぞれ一つずつ選び，記号で答えなさい。

ア　オーロラが生じる領域

イ　ラジオゾンデによる測定範囲の上限を含む領域

4　下線部②について，図1のCの領域において上層ほど気温が上昇しているのはなぜか。理由を簡潔に書きなさい。

5　下線部③について，雲や雨に関することとして適切でないものを，次のア～エの中から一つ選び，記号で答えなさい。

ア　雲粒は直径約0.01mm程度なので，直径約1mm程度の雨粒をつくるには雲粒が約100万個必要である。

イ　雲の中の氷晶が水蒸気を取りこむことで雨滴にまで成長して降る雨を，冷たい雨と呼ぶ。

ウ　上空でできた雲が下降気流によって地上付近まで降りてきたものを，霧と呼ぶ。

エ　積乱雲では，正に帯電した氷晶と負に帯電した氷晶がそれぞれ集まり，放電することがある。

6　下線部④について，理由を簡潔に書きなさい。

(☆☆◎◎◎)

高　校　理　科

【共通問題】

【1】「高等学校学習指導要領」(平成30年3月告示)第2章「第5節　理科」及び「第11節　理数」に関して，次の問いに答えなさい。

1　「第5節　理科」について，次の問いに答えなさい。

(1)　次の文は，「第2　物理基礎」，「第6　生物基礎」及び「第8　地学基礎」における,「1　目標」の(3)に記載されている内容である。文中の空欄(　a　)～(　d　)にあてはまる語句を，それぞれ書きなさい。

【物理基礎】	物体の運動と(　a　)に主体的に関わり，科学的に探究しようとする態度を養う。
【生物基礎】	生物や(　b　)に主体的に関わり，科学的に探究しようとする態度と，生命を尊重し，自然環境の(　c　)に寄与する態度を養う。
【地学基礎】	地球や(　d　)に主体的に関わり，科学的に探究しようとする態度と，自然環境の(　c　)に寄与する態度を養う。

(2)　次の文は,「第3款　各科目にわたる指導計画の作成と内容の取扱い」の一部である。文中の空欄(　e　)～(　g　)にあてはまる語句を，それぞれ書きなさい。

> (1)　各科目の指導に当たっては，問題を見いだし観察，実験などを(　e　)する学習活動，観察，実験などの結果を(　f　)する学習活動，科学的な概念を使用して考えたり(　g　)したりする学習活動などが充実するようにすること。

2「第11節　理数」において設けられた二つの科目名を，それぞれ書きなさい。

(☆☆◎◎◎)

【物理】

【1】次の文章を読んで，あとの問いに答えなさい。

気体の圧力は気体全体の状態を示す巨視的な量である。その巨視的な量が，それぞれの気体分子の質量や速度などの微視的な量とどのような関係になっているのかを考える。

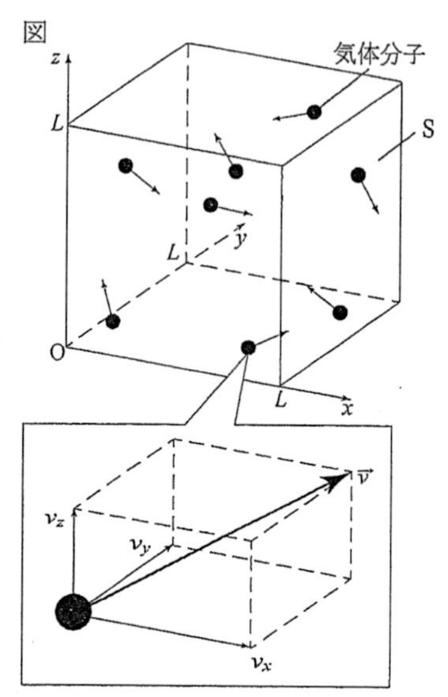

1辺の長さL，体積Vの立方体の容器に，質量mの分子N個からなる単原子分子の理想気体を入れる。図のようにx，y，z軸をとり，x軸に垂直な壁Sが受ける圧力を考える。分子は，他の分子とは衝突せず，容器の壁に衝突するまでは等速直線運動をしていると仮定する。また，分子と壁との衝突は弾性衝突とし，衝突の前後で分子の速度の大きさは変わらないものとする。

1　壁Sに衝突する直前の分子の速度を$\vec{v}=(v_x,\ v_y,\ v_z)$とする。分子がもつ運動量の大きさを，$m$，$v$を用いて表しなさい。ただし，$v=|\vec{v}|$，$v_x>0$とする。

2　1回の衝突で，壁Sが分子1個から受ける力積Iを，m，v_x，v_y，v_zのうちから，必要なものを用いて表しなさい。

3　壁Sに衝突した分子が，再び壁Sと衝突するまでの時間を，L，v_x，v_y，v_zのうちから，必要なものを用いて表しなさい。

4　気体分子全体のv^2の平均を$\overline{v^2}$とする。壁SがN個の分子から受ける圧力pを，m，N，V，$\overline{v^2}$を用いて表しなさい。ただし，求め方も書くこと。

5　アボガドロ定数をN_A，理想気体の気体定数をRとすると，上の4の結果と理想気体の状態方程式より，絶対温度Tにおける気体分子の二乗平均速度は$\sqrt{\overline{v^2}}=\sqrt{\dfrac{3R}{mN_A}T}$となる。絶対温度$T$における物質量$n$の単原子分子の理想気体の内部エネルギー$U$を，$n$，$R$，$T$を用いて表しなさい。ただし，$N=nN_A$とし，求め方も書くこと。

(☆☆☆◎◎◎)

【2】次の文章を読んで，あとの問いに答えなさい。

X線は，波動性とともに，強い(　a　)性を示す。特にX線光子は大きなエネルギーをもつので，それによって光電効果を起こすと，飛び出した光電子もまた大きなエネルギーをもち，周囲の物質をさらに電離させる。このためX線は気体などを電離し，蛍光物質を光らせ，写真のフィルムを感光させる作用をもつ。

X線の(　a　)性を示す好例が(　b　)効果である。これは，物質によって散乱されたX線の中に，もとのX線よりも長い波長のものが含まれる現象で，X線を波動と考えたのでは理解できない。

図

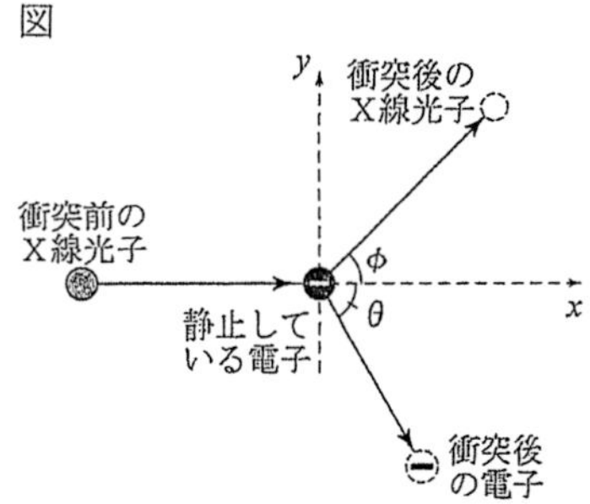

図のように，波長λ_0のX線光子が，静止している電子に衝突し，入射方向と角度ϕをなす方向に散乱され，波長λ_1のX線光子になった。

X線光子との衝突により，電子は入射方向と角度θをなす方向に速さvで跳ね飛ばされた。

ただし，入射方向にx軸，入射方向と垂直にy軸をとり，衝突及び衝突後の移動はxy平面内で起きたものとする。また，光の速さをc，電子の質量をm，プランク定数をhとする。

1　空欄(　a　)，(　b　)にあてはまる語を，それぞれ書きなさい。

2　衝突前のX線光子のエネルギーをE，衝突後のX線光子のエネルギーをE'としたとき，衝突前後におけるエネルギー保存の式を書きなさい。

3　衝突前のX線光子の運動量をp，衝突後のX線光子の運動量をp'としたとき，x方向とy方向の運動量保存の式を，それぞれ書きなさい。

4　衝突前のX線光子のエネルギーEと運動量pを，それぞれλ_0，c，hのうちから必要なものを用いて表しなさい。

5　$\lambda_1-\lambda_0$をm，c，h，ϕを用いて表しなさい。ただし，$\lambda_0 \fallingdotseq \lambda_1$とし，求め方も書くこと。

(☆☆☆◎◎◎)

【3】次の文章を読んで，あとの問いに答えなさい。

16世紀半ば，コペルニクス(ポーランド)は天動説に対し，地球も惑星も太陽を中心に円運動するという地動説を唱えた。地動説を用いると，惑星の運動を単純に説明することができる。その後，ティコ・ブラーエ(デンマーク)は，望遠鏡のない時代に精密な天体観測を長年行った。ケプラー(ドイツ)は，ティコ・ブラーエの観測資料を整理し，その結果，惑星がだ円軌道を運行していることに気づいて，次の結論を得た。これをケプラーの法則という。

ケプラーの法則

第1法則　惑星は太陽を1つの焦点とするだ円上を運動する

第2法則　惑星と太陽とを結ぶ線分が一定時間に通過する面積は一定である(面積速度一定の法則)

第3法則　惑星の公転周期Tの2乗と軌道だ円の長半径(半長軸

の長さ)aの3乗の比は，すべての惑星で一定になる

$\frac{T^2}{a^3}=k$ (kは定数)

ケプラーの法則を用いて，小惑星に向け探査機を地球上から打ち上げ，小惑星の探査をすることを考える。ただし，地球及び小惑星の公転軌道は，太陽を中心とする円軌道であるとする。また，探査機の質量をm，地表における重力加速度をg，地球の半径をR，地球の公転半径をr，小惑星の公転半径を$2r$，万有引力定数をG，太陽の質量をMとし，探査機の大きさは地球の大きさに対して十分小さいものとする。

1　図1のように，探査機が地表からの高さがhの円軌道上を運動する。このときの探査機の速さv_1と周期Tを，それぞれg，R，hを用いて表しなさい。

図1

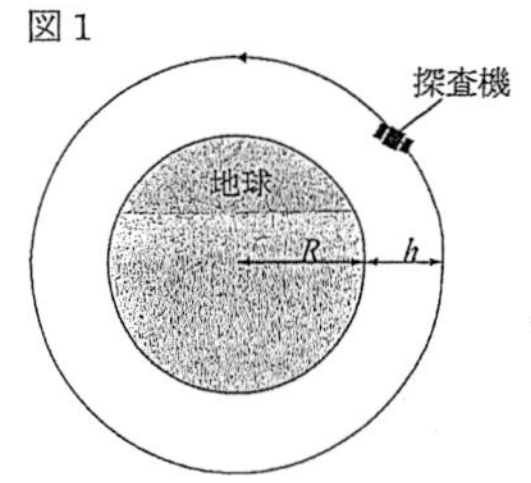

2　太陽のまわりを公転する人工惑星にするために，探査機を加速した。このあと，探査機は太陽の引力だけを受けて，地球の公転軌道と同じ軌道をまわる人工惑星になった。このとき，探査機が太陽のまわりを公転する速さv_2を，r，G，Mを用いて表しなさい。

3　探査機が図2の点Aに達したとき，探査機を地球の公転軌道の接線方向にごく短い時間だけ加速して，小惑星に向かう軌道に乗せた。探査機が小惑星に向かう軌道は，図2のように，太陽を1つの焦点とし，近日点である点Aおよび遠日点である点Bでそれぞれ地球と小惑星の軌道に接するだ円軌道とする。あとの問いに答えなさい。

図2

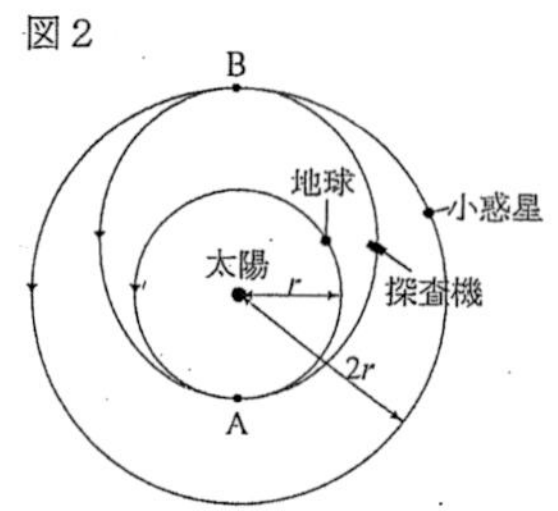

(1)　小惑星に向かう軌道上の点Aと点Bで，探査機が太陽のまわりを公転する速さv_Aとv_Bを，それぞれr，G，Mを用いて表しなさい。ただし，求め方も書くこと。

(2)　小惑星に向かう軌道に乗せるために，点Aで探査機を加速するのに必要なエネルギーを，r，G，M，mを用いて表しなさい。

(3)　探査機が点Bに達するのは，点Aを出発してから何年後か，答えなさい。ただし，$\sqrt{2}=1.4$，$\sqrt{3}=1.7$，有効数字を1桁とし，求め方も書くこと。

(☆☆☆◎◎◎)

【生物】

【1】次の文章を読み，あとの問いに答えなさい。

窒素肥料の原料であるアンモニウム塩や硝酸塩は，植物に吸収されて窒素を含むアミノ酸に合成され，アミノ酸からタンパク質や核酸などがつくられる。アンモニウム塩などの無機窒素化合物から有機窒素化合物が合成されるこのはたらきを(　a　)という。生産者の体をつくっているタンパク質などに含まれる窒素は，①動物や細菌類・②菌類に利用され，最終的にアンモニウムイオンになって，無機的な状態に戻る。土壌中に豊富に存在し，陸上生態系の窒素循環において重要な役割をはたしている硝化細菌は，無機窒素化合物を利用する化学合成細菌である。硝化細菌には，アンモニウムイオンを酸化して亜硝酸イオンにする③亜硝酸菌と，亜硝酸イオンを酸化して硝酸イオンにする④硝酸菌がある。

大気中には窒素ガスが約78％も含まれるが，窒素ガスをそのまま吸収して栄養分として利用できる生物は少ない。しかし，⑤マメ科植物などの根には根粒があり，その中にいる根粒菌は，⑥大気中の窒素ガスを取り込んで，アンモニウムイオンに還元して利用することができる。このようなはたらきを(　b　)という。

1　空欄(　a　)，(　b　)にあてはまる最も適切な語を，それぞれ書きなさい。

2　ヒトのタンパク質を構成するアミノ酸には，構造及び化学的性質の異なるものが20種類ある。そのうち，ヒトの体内で十分に合成することができず，食物として摂取する必要があるアミノ酸を何というか，書きなさい。

3　下線部①～⑤の生物のうち，独立栄養生物をすべて選び，番号で答えなさい。

4　次のア～カの微生物のうち，下線部⑥のはたらきを行うものをすべて選び，記号で答えなさい。

ア　アゾトバクター　　イ　クロレラ　　ウ　酵母　　エ　大腸菌
オ　ネンジュモ　　カ　ミドリムシ

5　根粒菌はアンモニウムイオンをマメ科植物に与え，マメ科植物は有機物などを根粒菌に与えている。このように双方が利益を与えあって生活している関係を何というか，書きなさい。

6　硝酸菌が亜硝酸イオンを硝酸イオンに変えるときの反応を，イオン反応式で表しなさい。

7　植物体内に取りこまれたアンモニウムイオンから，最初に合成されるアミノ酸は何か，書きなさい。

8　植物に硝酸カリウムを与えたところ，植物は硝酸カリウム2gを吸収し，0.7gのタンパク質を合成した。このタンパク質中の窒素含量を16％とすると，硝酸カリウムに含まれる窒素のうち，タンパク質に取りこまれた窒素の割合は何％か，求めなさい。ただし，原子量はH＝1，C＝12，N＝14，O＝16，K＝39とし，答えの数値は小数第1位まで書くこと。

9　次のア～カの物質のうち，窒素を含むものをすべて選び，記号で答えなさい。

ア　ATP　　イ　エタノール　　ウ　カタラーゼ

エ　グリセリン　　オ　クロロフィル　　カ　デンプン

(☆☆☆☆◎◎◎)

【2】次の文章を読み，下の問いに答えなさい。

ウニでは，精子の細胞膜が，卵のゼリー層に含まれる①糖類を受容すると，先体胞は(　a　)を起こし，先体胞内の内容物を放出する。このとき，先体頭部の(　b　)は，繊維状に重合し，精子頭部の細胞膜とともに②先体突起を形成する。卵黄膜に達した精子の先体突起上にあるタンパク質は，卵黄膜の③精子結合受容体と結合する。精子が卵黄膜を透過し，卵の細胞膜に達することで(　c　)が生じる。そして，精子が卵の細胞膜に到達すると，卵細胞内に(　d　)が流入し，④卵の膜電位が変化する。また，卵細胞内では(　e　)濃度が上昇し，これによって表層粒の(　a　)が起こり，細胞膜と卵黄膜の間に表層粒内の内容物が放出される。⑤卵黄膜は，押し広げられて細胞膜から分離し，受精膜となる。受精したウニの卵では，図のように動物極と植物極を結ぶ面で第1卵割が起こり，続いて⑥第2卵割，第3卵割が起こる。

図

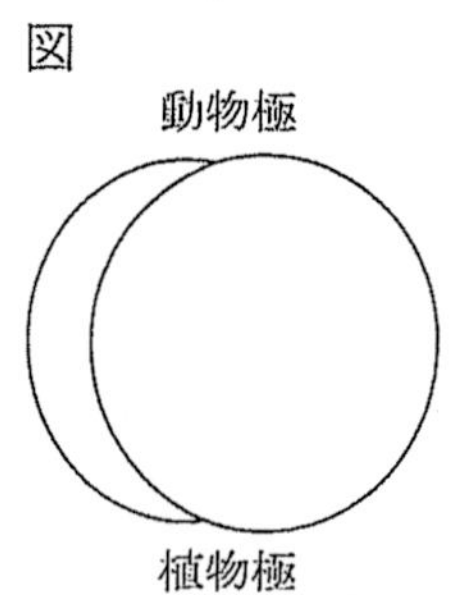

1　(　a　)～(　e　)にあてはまる最も適切な語やイオン式を，次のア～シの中から選び，それぞれ記号で答えなさい。

ア　Na^+　　イ　Cl^-

ウ　K^+　　　　　　エ　Ca^{2+}
オ　アクチン　　　　　カ　エキソサイトーシス
キ　エンドサイトーシス　ク　キネシン
ケ　受精丘　　　　　　コ　星状体
サ　チューブリン　　　シ　ミオシン

2　精子について，先体を形成するのは精細胞中の何という細胞小器官か，書きなさい。

3　減数分裂の途中の段階にある卵母細胞に精子が進入する。ヒトにおいて，精子が進入するときの卵母細胞は，減数分裂のどの時期で停止したものか，(例)にならって，書きなさい。

(例)　第一分裂前期

4　ウニでは，最初の精子が卵に進入すると，それが刺激となって新たな精子の進入が妨げられる多精拒否の現象がみられる。多くの生物において，多精拒否は，速い反応と遅い反応の2段階で行われ，下線部⑤は，ウニにおける多精拒否の遅い反応である。ウニにおける多精拒否の速い反応が引き起こされる直接的な要因となる現象を，文章中の下線部①～④の中から一つ選び，番号で答えなさい。

5　文章中の下線部⑥について，第2卵割，第3卵割を終えたあとの4細胞期及び8細胞期の胚のようすを，破線で示した円の中にそれぞれ図示しなさい。なお，破線で示した円の大きさは，ウニの受精卵の大きさを表している。

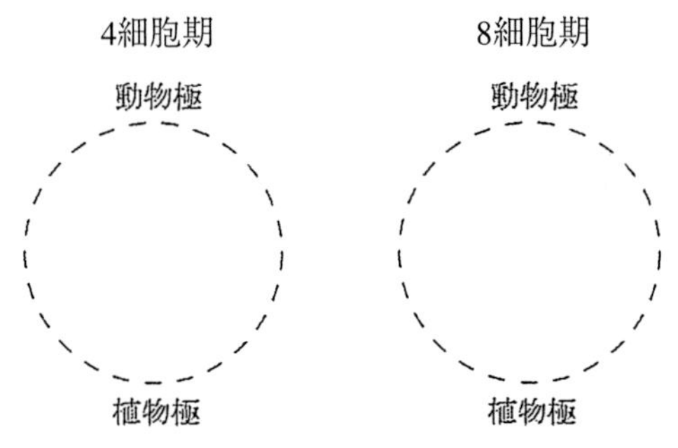

(☆☆☆☆◎◎◎◎)

【3】次の文章を読み，下の問いに答えなさい。

1960年代の初め頃，いろいろな生物の①ヘモグロビンα鎖のアミノ酸配列が調べられるようになった。種間のアミノ酸配列の違いを調べたところ，2つの種の間で異なっているアミノ酸の数は，それらの生物が共通祖先から分岐してからの年代に，およそ比例していることがわかった。その後，この一定性はほかのタンパク質のアミノ酸配列や②DNAの塩基配列でも成り立っている場合があることが明らかとなり，(　ア　)と呼ばれるようになった。

1　(　ア　)にあてはまる最も適切な語を書きなさい。

2　下線部①について，表1は，種A～Dの4種の生物における，ヘモグロビンα鎖のアミノ酸の種類を比較し，異なっているアミノ酸の数を示したものである。また，図は表1の結果をもとに作成した分子系統樹である。表1をもとに，種A～Dの系統関係を推定し，図のX～Zにあてはまる種をそれぞれ書きなさい。

表1

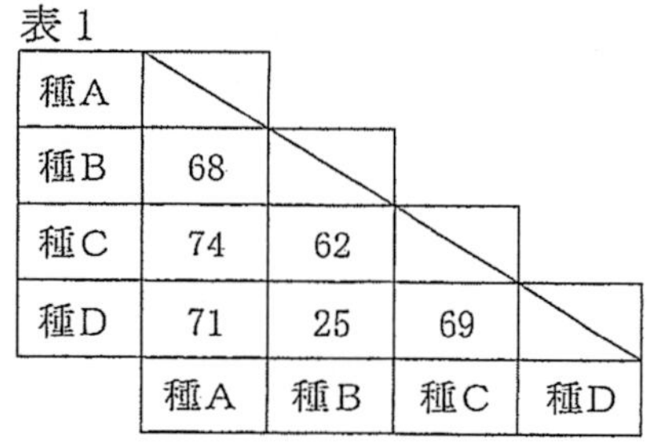

種A				
種B	68			
種C	74	62		
種D	71	25	69	
	種A	種B	種C	種D

図

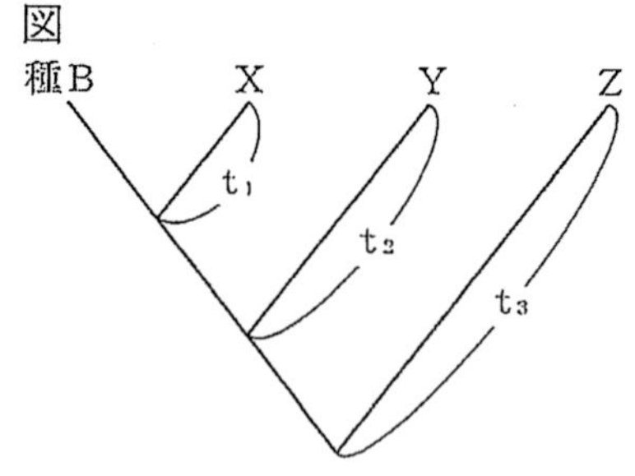

3　異なるアミノ酸の数によって，種間の分岐年代を推定することができる。それぞれの共通祖先から分岐した年代を表す図のt_1～t_3について，最も適切なものを次のア～カの中から選び，それぞれ記号で答えなさい。ただし，ヘモグロビンα鎖のアミノ酸配列は約600万年で1個の割合で変化するものとする。

ア　約7500万年前　　イ　約1億5000万年前

ウ　約1億9650万年前　　エ　約2億1300万年前

オ　約3億9300万年前　　カ　約4億2600万年前

4　下線部②について，表2は，それぞれ異なる種E～HのもつDNAのある部分のサイトの塩基を示したものである。表2をもとに，塩基の変化の数を最少にする最節約法を用いて，これらの種の系統関係を示す分子系統樹を書きなさい。また，この方法を用いて種E～Hについての分子系統樹を作成する場合，塩基の変化は何回必要であるか，書きなさい。ただし，種Hは，種E～Gと，系統的に最も遠く離れていることがわかっているものとする。

表2

サイト／種	1	2	3	4	5	6
種E	A	C	T	C	G	G
種F	A	G	T	A	G	G
種G	A	C	C	C	G	G
種H	A	G	T	C	A	G

5　ヒストンタンパク質のアミノ酸配列は，植物のエンドウと動物のウシの間でも1つしか違わない。一方，フィブリノペプチドのアミノ酸配列は，同じ哺乳類であるヒトとウマの間で86％も異なっている。ヒストンタンパク質のように，異なる種間であってもアミノ酸配列がほとんど変わらないタンパク質が存在する理由を簡潔に説明しなさい。

(☆☆☆☆◎◎◎)

【4】肝臓のはたらきについて，次の問いに答えなさい。

1　次の文章を読み，空欄(　a　)～(　d　)にあてはまる最も適切な語を，それぞれ書きなさい。

肝臓は，さまざまな化学反応を通して，血液中の物質の濃度を調節している。また，不要な物質を消化管内に排出する役割ももっている。肝臓で生成された胆汁は，赤血球の分解産物である(　a　)を含み，胆のうから胆管を経て，(　b　)に入り，(　c　)の分解をうながす。さらに，肝臓にはグルコースの一部を多糖類の(　d　)として肝細胞内に貯えるはたらきもある。

2　次の文章を読み，下の問いに答えなさい。

肝臓には，アルコールなどを酵素によって分解し，無害な物質へ変化させる(　e　)作用がある。例えば，飲酒後のエタノール代謝によって生じるアセトアルデヒドの分解反応もその一つである。アセトアルデヒドの血中濃度が高くなると，顔面紅潮，動悸，悪心，低血圧等のブラッシング反応が引き起こされる。2型アルデヒドデヒドロゲナーゼ(ALDH2)はアセトアルデヒドの代謝を進める主要な酵素で，ALDH2活性の欠損はALDH2遺伝子の第12エキソンの1塩基置換によるものと考えられており，対立遺伝子の組み合わせから，正常型ホモ接合体(NN型)，ヘテロ接合体(HN型)，<u>変異型ホモ接合体(MM型)</u>の3種類の遺伝子型が知られている。

(1)　(　e　)にあてはまる最も適切な語を書きなさい。

(2)　下線部について，日本人におけるALDH2欠損遺伝子の遺伝子頻度を求めなさい。ただし，日本人の4%がこのMM型に分類されるものとする。

(3)　PCR法(ポリメラーゼ連鎖反応法)を用いた次の【実験】により，被験者AのALDH2遺伝子の遺伝子型を調べた。下の問いに答えなさい。

【実験】

ア　アメリカ国立生物工学情報センターのデータベースより，図1で示したALDH2遺伝子の第12エキソンのDNA配列情報を入手した。得られたDNA配列情報から，図2のようにALDH2遺伝子あるいはALDH2欠損遺伝子を増幅するプライマーを設計した。

図1

1	5'-CAAATTACAG GGTCAACTGC TATGATGTGT TTGGAGCCCA GTCACCCTTT GGTGGCTACA
61	AGATGTCGGG GAGTGGCCGG GAGTTGGGCG AGTACGGGCT GCAGGCATAC ACTGAAGTGA
121	AAACTGTGAG TGTGG-3'

図2

Forward プライマー	5'-CAAATTACAGGGTCAACTGCT-3'
N型の Reverse プライマー	5'-CCACACTCACAGTTTTCTCTTC-3'
M型の Reverse プライマー	5'-CCACACTCACAGTTTTCTCTTT-3'

注）非特異的増幅をおさえ、標的部位が確実に増幅している先行研究を参考にして、Reverse プライマーの TTCAC 部位を TTCTC に変えており、ALDH2 のゲノム配列と比較すると一塩基相補的でない部位がある。

イ　被験者Aの毛髪からDNAの抽出を行った。

ウ　アで設計した「Forwardプライマー(FP)およびN型のReverseプライマー(RP-N)」あるいは「FPおよびM型のReverseプライマー(RP-M)」を用いて，イで抽出したDNAをPCR法により増幅した。

エ　ウで得られたPCR産物をアガロースゲルを用いて電気泳動を行った。その際，ウェルgにはDNAラダーを，ウェルhにはFPおよびRP-Nで増幅したPCR産物を，ウェルiにはFPおよびRP-Mで増幅したPCR産物を注入した。その結果，図3に示したバンドが観察できた。(図3では観察されたDNAラダーの一部のみを示している。)

なお，DNAラダーは，核酸電気泳動で用いられる分子量マーカーである。

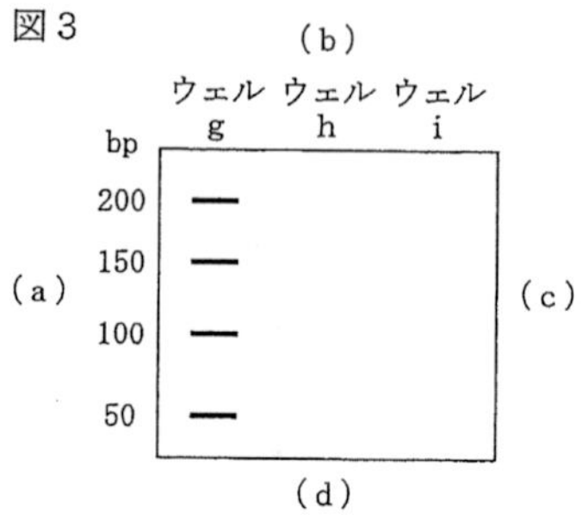

① この【実験】で設計した図2のプライマーから，ALDH2活性の欠損は，ALDH2遺伝子の第12エキソンの5′末端から数えて何番目の塩基が置換したためにに生じたといえるか，書きなさい。

②【実験】のエでアガロースゲルを用いて電気泳動する際，陰極はどちら側か，最も適切なものを図3中の(a)～(d)の中から一つ選び，記号で答えなさい。

③ 被験者AがMN型であった場合，検出されるバンドはどの位置で観察できるか，図3に示しなさい。

(☆☆☆☆◎◎◎◎)

【地学】

【1】次の文章を読んで，あとの問いに答えなさい。

1913年に，ラッセルは，グラフの縦軸に絶対等級を，横軸にスペクトル型をとり，多数の恒星のデータをプロットした図を作成した。同じような図はヘルツシュプルングもつくっていたことがわかり，ヘルツシュプルング・ラッセル図，または，略してHR図とよばれている。HR図では，恒星は一様に分布するのではなく，特定の領域に集中している。①<u>太陽</u>を含む多くの恒星はHR図の左上から右下へと線状に分布していて，これらを(　a　)という。この(　a　)から外れてHR図の右上に分布する恒星を(　b　)といい，また，HR図の左下に分布する恒星を(　c　)という。(　a　)～(　c　)のような分類は，②<u>恒星が進化していく中での異なる段階での姿</u>である。

1　文章中の空欄(　a　)～(　c　)にあてはまる恒星の分類を，それぞれ漢字四字で書きなさい。

2　下線部①について，太陽表面から1秒間に放出されるエネルギーは約3.9×10^{26}Jであり，太陽の中心部の質量1kgの原子核の反応により生じるエネルギーは6.3×10^{14}Jである。原子核の反応により生じたエネルギーがすべて太陽表面から放出されるものとし，太陽の質量2.0×10^{30}kgの10％のみがこの反応を起こす場合，太陽が現在まで46億年輝いていたとすると，太陽の残りの寿命はあと何億年か，求めなさい。ただし，1年を3.2×10^{7}秒とし，求め方も書きなさい。

3　下線部②に関連して，プレアデス星団のような比較的若い恒星の集まりについて述べた次のX，Yの文の正誤の組合せとして最も適切なものを，あとのア～エの中から一つ選び，記号で答えなさい。

X　散開星団とよばれ，球状星団よりも重い元素を多く含む。

Y　大部分は銀河系の全域に散らばって分布している。

ア　X　正　Y　正　　イ　X　正　Y　誤

ウ　X　誤　Y　正　　エ　X　誤　Y　誤

4　次のHR図について，あとの問いに答えなさい。なお，㋐～㋖は恒星を表している。

図

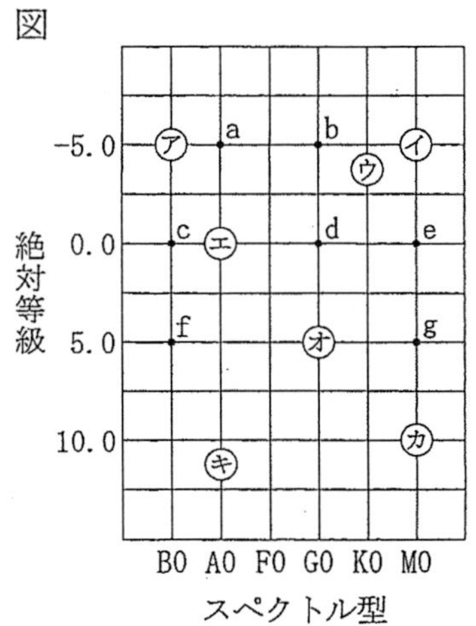

(1)　㋐・㋔・㋖の恒星について，表面温度が低いものから順に並べ，記号で答えなさい。

(2)　㋑の恒星の半径は，㋕の恒星の半径の何倍か，答えなさい。

(3)　見かけの等級が0等級，年周視差が0.01″，表面温度が6000Kの恒星があったとする。この恒星は図中でどの位置に示されるか，最も適切なものを図中のa～gの中から一つ選び，記号で答えなさい。

(4)　㋓の恒星を調べたところ，見かけの等級が5等級であった。地球からこの恒星までの距離は何パーセクか，答えなさい。

(☆☆☆◎◎◎)

【2】次の文章を読んで，下の問いに答えなさい。

プレートテクトニクスでは，①<u>プレートが水平に動くことによって，さまざまな地殻変動が起こると考えている</u>。プレートは地殻とその下のマントル最上部とから構成され，リソスフェアともよばれる。リソスフェアの下には，流動しやすいアセノスフェアが存在する。プレートは②<u>海嶺</u>とよばれる拡大境界で生まれ，海溝とよばれる沈み込み境界で地球深部に沈み込む。また，③<u>プレートが水平方向にすれ違う境界では，サンアンドレアス断層のような横ずれ型の断層</u>が存在する。また，海嶺で生まれたプレートは海嶺から離れるにしたがって冷やされ，その厚さが増大する。さらに，④<u>海嶺から離れるにしたがって海洋底は深くなっている</u>。

1　下線部①に関連して，1912年にドイツのウェゲナーは大陸移動説を発表し，現在離れている各大陸が約3億年前は一つの大きな大陸であったと考えた。この大陸を何とよぶか，書きなさい。

2　下線部②について，海嶺で高温のマグマが，海水に触れることでできる特徴的な形状をもつ溶岩を何とよぶか，書きなさい。

3　下線部③に関連して，サンアンドレアス断層のような横ずれ型の断層を何とよぶか，書きなさい。

4　下線部④について，このようになる理由をアイソスタシーという語を用いて，簡潔に説明しなさい。

5　プレートの運動について，次の文章を読んで，下の問いに答えなさい。

海洋底には，図に示すように，火山島とそこから直線状に延びる海山の列がみられることがある。これは，マントル中にほぼ固定されたマグマの供給源が海洋プレート上に火山をつくり，プレートがマグマの供給源の上を動くために，その痕跡が海山の列として残ったものである。なお，図中の年代と距離は，火山島a，海山b，海山cのそれぞれの生成年代，a－b間，b－c間のそれぞれの距離である。

図

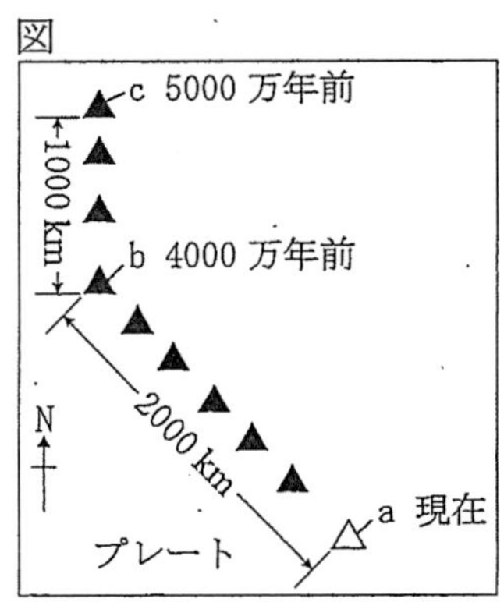

(1)　下線部のようなマグマの供給源の場所を何とよぶか，書きなさい。

(2)　図に示す海山の配列は，マグマの供給源に対するプレートの運動が，4000万年前を境に変化したことを示している。マグマの供給源が5000万年前から動いていないものとした場合，4000万年前に生じたプレートの運動の向き(方位)と速さ〔cm/年〕の変化について，説明しなさい。

(☆☆◎◎◎◎)

【3】次の問いに答えなさい。

1　次の文章を読んで，あとの問いに答えなさい。

エルニーニョ現象は(　a　)に一度の時間間隔で発生し，エルニーニョ現象発生時には赤道太平洋東部の海面水温が広い範囲にわたって変化する現象である。エルニーニョ現象発生時の赤道太平洋域の大気は，通常よりも貿易風が(　b　)なり，降水域が東へと移動する。また，赤道太平洋東部で海面気圧は低くなり，西部で海面気圧は高くなる。エルニーニョ現象発生時には，太平洋周辺部の気象に異常が現れる。

(1)　文章中の空欄(　a　)，(　b　)にあてはまる語の組合せとして最も適切なものを，次のア～エの中から一つ選び，記号で答えなさい。

ア　a　数年　　b　弱く　　イ　a　数年　　b　強く
ウ　a　数十年　b　弱く　　エ　a　数十年　b　強く

(2)　下線部について，エルニーニョ現象発生時に日本ではどのような傾向がみられるか。夏の日本にみられる傾向について，北太平洋高気圧，気温という語を用いて，簡潔に説明しなさい。

(3)　エルニーニョ現象発生時に赤道太平洋東部の水温変化が生じる仕組みを，大気の変動と関連付けて簡潔に説明しなさい。

2　次の文章を読んで，あとの問いに答えなさい。

図は大気圏に入ってくる太陽放射のエネルギーを100としたときのそのゆくえと，大気や地表のエネルギー収支を表している。地球は，太陽放射のエネルギーによって常に暖められているが，地球全体で平均した地表気温はほぼ一定に保たれている。これは，地球が受け取った太陽放射のエネルギーと同量のエネルギーを宇宙空間に放出しているためである。地表からの放射エネルギーのうち直接宇宙空間へ出ていく量はわずかで，その大部分は雲や大気に吸収される。

図

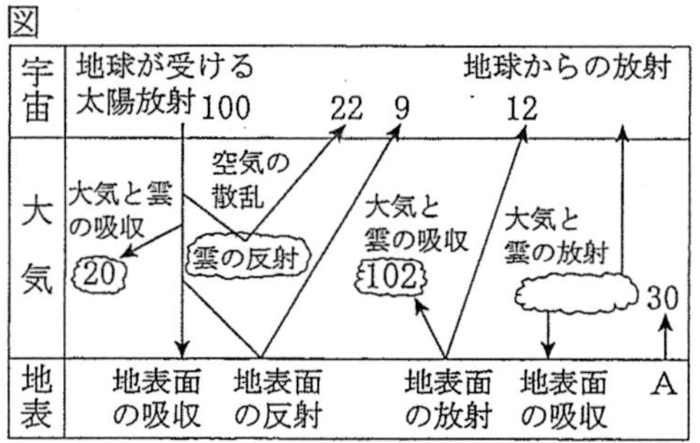

(1) 図のAは地表から大気に向けて放射以外で移動するエネルギーを示している。このエネルギーは顕熱による移動の他に，どのようなエネルギーの移動によるものがあるか，漢字二字で書きなさい。

(2) 図の地表面で吸収されるのは，太陽放射のエネルギーからのものと大気や雲から戻されるものがある。地表面で吸収される総量はいくらになるか，図に記入されていない数値も含めて，図から読み取り，書きなさい。

(3) 下線部について，おもにどのような大気の成分によって吸収されるか。適切なものを，次のア～カの中から二つ選び，記号で答えなさい。ただし，解答の順序は問わない。

ア　アルゴン　　イ　水蒸気　　ウ　水素　　エ　窒素
オ　二酸化炭素　　カ　ヘリウム

(4) 地球が受ける1秒間あたりの太陽放射のエネルギー総量は，地球全体で平均すると，地表1m²あたり何kWか，求めなさい。ただし，大気による吸収・反射はないものとし，太陽定数は1.37kW/m²，地球は半径6400kmの球とする。また，答えの数値は有効数字2桁とし，求め方も書くこと。

(☆☆☆◎◎◎◎)

【4】次の文章を読んで，下の問いに答えなさい。

地域に分布する岩体の種類や年代，岩体相互の関係や地層の堆積した順序などを表すために，①地質図や地質断面図が用いられる。

図1はある地域での地質調査をもとに描かれた地質図である。A層は泥岩層である。B層は砂岩層でトリアス紀の二枚貝の示準化石が含まれている。C層は石灰岩でサンゴの化石や②古生代の示準化石が見られ，場所により，薄い凝灰岩を含む。C層は変形を受けており，複雑な褶曲構造が見られる。D層は砂岩と泥岩の互層であり，地点Sには北西側が上位であることを示す③級化層理が見られる。E層は礫岩と砂岩を主体とした地層で，その傾斜角は45°である。E層はC層と不整合の関係にあり，接する部分は大きな礫を含む礫岩がよく発達する。これらの礫には，下位のC層中の石灰岩が多く含まれている。E層，B層，D層，A層は連続的に堆積した地層である。F層は礫岩と砂岩を主体とした地層で，下位の地層とは不整合の関係にある。Gは約9000万年前の④放射性年代を示す底盤状の花こう岩である。Hは岩脈である。

なお，f−f′は断層，実線は地層の境界線，点線は等高線(単位はm)であり，左下に縮尺が示してある。

図1

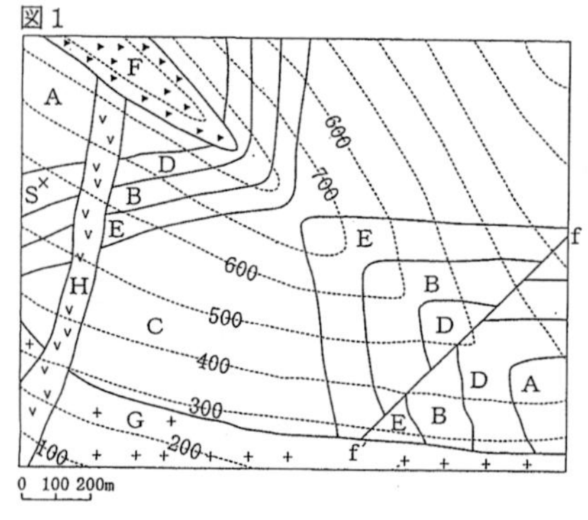

図2

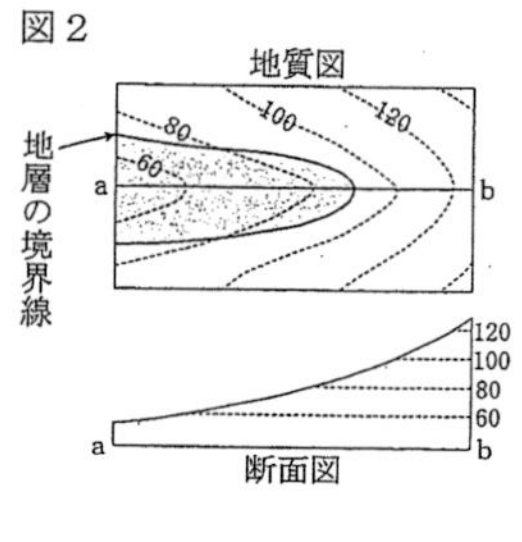

1　下線部①に関連して，図2の地質図のように等高線と地層の境界線が表される場合，a−bの断面における断面図には地層の境界線がどのようにかけるか，図2の断面図に実線でかき加えなさい。ただし，地質図中の実線は地層の境界線，点線は等高線(単位はm)を表して

いる。

2　下線部②について，図3はC層の石灰岩に含まれる古生代の示準化石である。下の問いに答えなさい。

図3

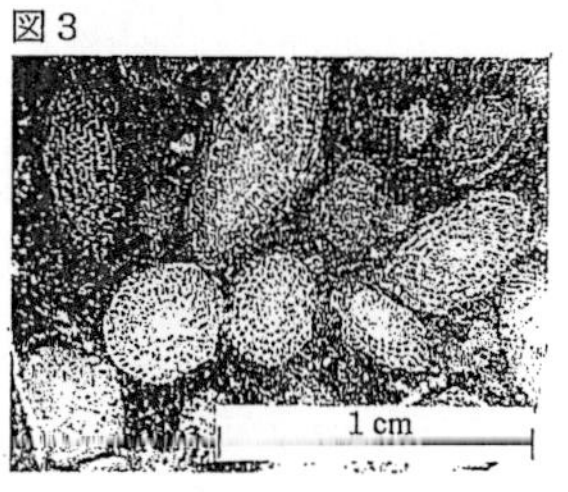

(1)　この岩石に化石として含まれる古生物の名称を書きなさい。

(2)　この示準化石が示す地質時代は何紀と何紀か，紀の時代区分で二つ書きなさい。

3　下線部③について，級化層理とはどのような構造か，簡潔に説明しなさい。

4　下線部④について，放射性年代とはどのようにして求められるものか，簡潔に説明しなさい。

5　E層の厚さは何mか，最も適切なものを次のア～オの中から一つ選び，記号で答えなさい。ただし，sin45°＝0.71とする。

ア　45m　　イ　71m　　ウ　100m　　エ　141m　　オ　211m

6　この地域にみられるE層，B層，D層，A層のような褶曲構造は何とよばれるか，書きなさい。

7　花こう岩のような火成岩を構成する鉱物の多くはケイ酸塩鉱物であり，1個のケイ素原子を囲む4個の酸素原子からなる四面体のつながりが骨組みとなっている。ケイ酸塩鉱物のうち，角閃石は四面体が4列並んだ構造で，二重鎖構造とよばれ，外側の2列のケイ素原子は，一重鎖構造と同じで2個の酸素原子を共有し，内側のケイ素原子は3個の酸素原子を共有している。角閃石のケイ素原子の数と酸素原子の数の比として最も適切なものを，次のア～オの中から一つ選び，記号で答えなさい。

ア　1：2　　イ　2：5　　ウ　4：11　　エ　1：3　　オ　1：4

8　断層f－f′によって相対的に上がっているのはどちら側の方向か，最も適切なものを次のア～エの中から一つ選び，記号で答えなさい。
ア　北東　　イ　南西　　ウ　北西　　エ　南東

9　A層，B層，C層，D層，E層，F層，花こう岩G，岩脈H，断層f－f′を形成年代順に並べたとき，断層f－f′は形成年代の古い方から何番目になるか，書きなさい。

(☆☆☆☆◎◎◎◎)

解答・解説

中高理科

【1】1　振り子の等時性　　2　吉野彰　　3　胞子　　4　チバニアン　　5　はやぶさ2

〈解説〉1　糸の長さが同じであれば単振り子の周期は等しくなり，おもりの質量や振幅には依存しない。　2　リチウムイオン電池は，携帯電話やノートパソコンなど様々なものに利用されている二次電池である。　3　静岡県立掛川西高校の自然科学部キノコ班は，山中で浮遊する胞子のDNAを解析することでマツタケの生育域を調べた。

4　千葉県市原市田淵の養老川付近にある地層である千葉セクションは，前期～中期更新世地質年代境界のGSSP(国際境界模式地)に決定され，約77万4千年前～約12万9千年前の地質年代はチバニアンと呼ばれることになった。　5　小型探査機はやぶさが2003年に小惑星「イトカワ」を目指して打ち上げられ，2010年にイトカワの表面の物質を持ち帰ることに成功した。その後継機として，はやぶさ2が2014年に小惑星「リュウグウ」を目指して打ち上げられた。

中 学 理 科

【1】1　(1)　a　日常生活　　b　原子力　　(2)　エネルギーを利用する際の効率　　(3)　プラスチック　　2　(1)　c　化石　　d　体のつくり　　(2)　減数分裂　　3　e　深い学び　　f　科学的に探究する

〈解説〉1　(1)　中学校学習指導要領の「第1　目標」や「第2　各分野の目標及び内容」は，特に重要なので，同解説もあわせてしっかりと読み込んでおくとよい。　(2)　同指導要領「第2　各分野の目標及び内容〔第一分野〕3　内容の取扱い」では，「エネルギーの変換」については，その総量が保存されること及びエネルギーを利用する際の効率も扱うこと，とある。　(3)　同じ内容の取扱いでは，「様々な物質」については，天然の物質や人工的につくられた物質のうち代表的なものを扱うこと，その際，プラスチックの性質にも触れること，とある。　2　(1)　解答参照。　(2)「〔第二分野〕3　内容の取扱い」では，「生物の殖え方」については有性生殖の仕組みを減数分裂と関連付けて扱うこと，とある。　3　解答参照。

【2】1　6〔種類〕　　2　(1)　a　2　　b　2　　(2)　O＝C＝O
3　$CaCO_3+2HCl \rightarrow CaCl_2+H_2O+CO_2$　　4　ア　　5　炭酸カルシウム(式量100)の物質量は，発生した二酸化炭素(分子量44)の物質量と等しいから$\dfrac{\dfrac{1.1}{44}\times 100}{2.8}\times 100=89.2\cdots$　答え　89〔%〕

〈解説〉1　水分子は水素原子2個と酸素原子1個からなる化合物である。水素の同位体が2種類，酸素の同位体が2種類存在する場合，水分子を構成する水素の組み合わせは3通り(^{1}Hと^{1}H，^{1}Hと^{2}H，^{2}Hと^{2}H)であり，酸素は2通り(^{16}Oまたは^{18}O)なので，水分子は3×2＝6〔種類〕存在する。　2　二酸化炭素分子では，炭素原子と酸素原子がそれぞれ不対電子を2個ずつ出し合うことで2組の共有電子対をつくり，二重結合を形成している。　3　炭酸カルシウムに塩酸などの強酸を加えると，二酸化炭素が生成する。　4　二酸化炭素の分子量は44なので，0.44gの二酸化炭素の物質量は$\frac{0.44}{44}$＝0.010〔mol〕，0.88gでは$\frac{0.88}{44}$＝0.020〔mol〕，1.10gでは$\frac{1.10}{44}$＝0.025〔mol〕である。また，塩酸を20mL加えると二酸化炭素が0.010mol発生するので，二酸化炭素を0.025mol発生させるために必要な塩酸の体積は$20\times\frac{0.025}{0.010}$＝50〔mL〕となる。さらに，表より二酸化炭素は1.10g(0.025mol)以上は発生しないことがわかるため，アのグラフが正答である。　5　3の化学反応式より，反応する炭酸カルシウムと発生する二酸化炭素の物質量は等しい。

【3】1　a　振幅　　b　波形　　2　波の進行方向と平行な方向に振動する波　　3　342〔m/s〕　　4　0.20〔m〕　　5　(1)　$\frac{340-(-1)}{340}\times 680=682$　答え　682〔Hz〕　　(2)　$\frac{340}{340-1}\times 682=684.0\cdots$　$684.0-680=4.0$　答え　4〔回〕

〈解説〉1　音の三要素の一つ目は音の大きさであり，振幅が大きいほど大きな音になる。二つ目は音の高さであり，振動数が大きいほど高い音になる。三つ目は音色であり，音の大きさと高さが同じでも音波の波形が違うと異なる音色になる。　2　縦波のことを疎密波ともいう。光などの横波は，進行方向に対して垂直な方向に振動する。　3　設問の音の速さVは，$V=331.5+0.6\times 18\fallingdotseq 342$〔m/s〕となる。

4　振動数をf〔Hz〕，波長をλ〔m〕とすると，音波の速さV〔m/s〕は$V=f\lambda$と表せる。これをλについて整理すると，$\lambda=\frac{V}{f}=\frac{340}{1.7\times 10^3}=2.0\times 10^{-1}$〔m〕＝0.20〔m〕となる。　5　(1)　音の速さ$V=340$〔m/s〕，音源の振動数$f=680$〔Hz〕，音源は静止しているので$v_S=0$〔m/s〕，板を観測者とすると速さ1m/sで音源に近づいてくるため$v_0=-1$〔m/s〕となるので，板が受け取る音波の振動数$f_1=\frac{V-v_0}{V-v_S}f=\frac{340-(-1)}{340-0}\times 680=682$〔Hz〕となる。　(2)　音源から直接観測者へ伝わる音の振動数は680Hzである。次に，板で反射した音が観測者へ伝わる場合，観測者は静止しているので$v_0=0$〔m/s〕，音源は動く板となり観測者に近づいてくるのでv_S＝1〔m/s〕，(1)より板から反射される音の振動数は682〔Hz〕より，観測者へ伝わる板から反射される音の振動数は$\frac{340-0}{340-1}\times682\fallingdotseq684$〔Hz〕となる。ここで，1秒間あたりのうなりの回数は2つの音波の振動数の差となるので，684－680＝4〔回〕となる。

【4】1　ア，イ，ウ，エ，オ　2　優性の法則，分離の法則，独立の法則　3　AA：Aa：aa＝$2^{n-1}-1$：2：$2^{n-1}-1$　4 (1)　突然変異　(2)　5　(3)　形質転換　(4)　・R型菌からS型菌への形質転換の頻度がわかる。　・ネズミ体内の未知の因子の影響を除外して実験を行うことができる。　・ネズミの個体差の影響を除外して実験を行うことができる。

〈解説〉1　丸形としわ形の純系を交配させて得られたF_1世代を，さらに自家受精させて得られたF_2世代の種子の表現型の分離比は丸形：しわ形＝3：1となり，どちらの形の種子も出現する可能性がある。ここで，同じさやの中でも種子はそれぞれ独立して遺伝子型が決定されるので，1つのさやに4つの種子が入っていた場合，4つすべてが丸形，丸形が3つとしわ形が1つ，丸形が2つとしわ形が2つ，丸形が1つとしわ形が3つ，4つすべてがしわ形のいずれの場合も考えられる。　2　遺伝の法則はメンデルが提唱し，遺伝学の基礎となった考え方である。　3　F_1の遺伝子型の比率はAA：Aa：aa＝0：1：0であり，F_1を自家受精させてできたF_2の遺伝子型の比率はAA：Aa：aa＝1：2：1となる。

F_2の遺伝子型の比率の求め方

	A	a
A	AA	Aa
a	Aa	aa

AA：Aa：aa＝1：2：1

また，F_2を自家受精させてできたF_3の遺伝子型の比率を求める場合は，AAとAA，aaとaaをそれぞれ1組ずつかけ合わせ，かつAaとAaを2組かけ合わせることになる。すると，F_3の遺伝子型の比率はAA：Aa：aa＝4＋0＋1×2：0＋0＋2×2：0＋4＋1×2＝6：4：6＝3：2：3となる。

F_3の遺伝子型の比率の求め方

AAとAA

	A	A
A	AA	AA
A	AA	AA

AA：Aa：aa＝4：0：0

aaとaa

	a	a
a	aa	aa
a	aa	aa

AA：Aa：aa＝0：0：4

ここまでをまとめると，以下の表Aのようになる。ここで，$0=2^0-1$，$1=2^1-1$，$3=2^2-1$と表すと，表Aの数値は表Bのようにまとめられる。したがって，F_nの遺伝子型の比率はAA：Aa：aa＝$2^{n-1}-1$：2：$2^{n-1}-1$と考えられる。

表A

	AA	Aa	aa
F_1	0	1	0
F_2	1	2	1
F_3	3	2	3

表B

	AA	Aa	Aa
F_1	2^0-1	1	2^0-1
F_2	2^1-1	2	2^1-1
F_3	2^2-1	2	2^2-1

4　(1)　DNAの複製時に偶発的な誤りが生じたことなどが原因で，DNAの塩基配列が変化することを突然変異という。　(2)　実験5では，R型菌のみを継代培養すると1個だけS型のコロニーが生じたが，これは突然変異が起きたためと考えられる。　(3)　実験4より，加熱して殺したS型菌の物質がR型菌に取り込まれ，R型菌がS型菌の形質をもつようになったと考えられる。このように，外部からの物質により遺伝的形質が変化することを形質転換という。　(4)　ネズミなどの生物を用いる実験は，より正確に生物に関わる事象を観察することができる一方で，体内で起きている事象の可視化が難しい点や，動物の体内という特殊な環境での影響を考える必要がある。

【5】1　a　0.01　　b　乱層雲　　2　イ　　3　ア　A　　イ　C

4　オゾンが太陽の紫外線を吸収し，大気を加熱しているから。

5　ウ　　6　成層圏では，上部の方が気温が高く安定しており上昇気流が起こらないから。

〈解説〉1　a　地球の直径は13000km，大気圏の範囲は地表から高度10kmまでなので，地球を直径13cmの球と考え，対流圏の高さをx〔cm〕とすると，13000：10＝13：xという関係が成り立つ。これをxについて整理すると，x＝0.01〔cm〕となる。　b　降水をもたらす雲は乱層雲と積乱雲の2種類である。乱層雲は，層状に広がっており広範囲に穏やかな雨を降らせる。積乱雲は，局地的に激しい雨を降らせ雷を伴うことがある。　2　大気の組成は体積比が大きい順に窒素，酸素，アルゴン，二酸化炭素，ネオン，ヘリウムとなっているが，窒素と酸素で99％以上を占めている。　3　ア　オーロラが生じるのは高度約500～700kmまでの領域であり，これを熱圏という。　イ　ラジオゾンデとは気球に取り付けた自動観測機器のことであり，高度約30kmまでの気圧や温度を観測するために用いる。　4　高度約50～60kmの領域を成層圏といい，成層圏下層の大気ではオゾン層が形成され，太陽からの紫外線を吸収して大気を温めている。　5　霧と雲では生じる高度は異なるものの，発生する原理は同じである。　6　上方に積み重なるようにのびていく雲のことを積雲という。積雲は，空気が上昇し続ければ上方に発達するが，空気の上昇が止まるとそれ以上発達しなくなる。

高　校　理　科

【共通問題】

【1】1　(1)　a　様々なエネルギー　　b　生物現象　　c　保全　d　地球を取り巻く環境　　(2)　e　計画　　f　分析し解釈　　g　説明　　2　理数探究基礎，理数探究

〈解説〉高校学校学習指導要領(平成30年3月告示)より空所補充及び用語の記述問題である。学習指導要領とその解説は熟読し用語など理解しておきたい。「第11節　理数」では「理数探究基礎」及び「理数探索」の二科目が設けられている。理数探究基礎は，探究の過程全体を自ら遂行するための進め方等に関する基本的な知識及び技能を身に付け，新たな価値の創造に向けて挑戦する意義の理解，主体的に探究に取り組む態度等を育成する科目である。理数探究は，理数探究基礎などで身に付けた資質・能力を活用して，自ら設定した課題について主体的に探究することを通じて，これらの資質・能力をより高めていく科目である。

【物理】

【1】1　mv　　2　$2mv_x$　　3　$\frac{2L}{v_x}$　　4　3より，時間tの間に壁Sへ衝突する回数は$\frac{v_x}{2L}t$

気体分子1個から壁Sが時間tの間に受ける力積の合計は$2mv_x \times \frac{v_x}{2L}t = \frac{mv_x^2}{L}t$

気体分子1個が壁Sに及ぼす平均の力の大きさ$\overline{f}$は$\overline{f} = \frac{mv_x^2}{L}$

気体分子全体のv_x^2の平均を$\overline{v_x^2}$とすると，N個の分子が壁Sに及ぼす力Fは$F = N \times \frac{m\overline{v_x^2}}{L} = \frac{Nm\overline{v_x^2}}{L}$

また，$\overline{v^2} = \overline{v_x^2} + \overline{v_y^2} + \overline{v_z^2}$，$\overline{v_x^2} = \overline{v_y^2} = \overline{v_z^2}$より，$\overline{v_x^2} = \frac{1}{3}\overline{v^2}$

よって，圧力は$p=\frac{F}{L^2}=\frac{Nm\overline{v^2}}{3L^3}=\frac{Nm\overline{v^2}}{3V}$　答え　$\frac{Nm\overline{v^2}}{3V}$

5　気体分子1個の運動エネルギーの平均は$\frac{1}{2}m\overline{v^2}=\frac{1}{2}m\times\frac{3R}{mN_A}T=\frac{3}{2}\frac{R}{N_A}T$

気体分子N個の運動エネルギーの和が気体の内部エネルギーだから

$U=nN_A\times\frac{3}{2}\frac{R}{N_A}T=\frac{3}{2}nRT$　答え　$\frac{3}{2}nRT$

〈解説〉1　運動量＝質量×速度より，分子がもつ運動量の大きさはmvと表せる。　2　分子の運動量の変化が力積の大きさと等しくなる。分子の壁Sへの衝突は分子の速度のx成分のみが関与し，分子が壁Sと1回衝突すると分子の速度のx成分はv_xから$-v_x$に変化するため，分子の運動量の変化は$-mv_x-mv_x=-2mv_x$となる。したがって，壁Sが分子1個から受ける力積Iは$I=2mv_x$となる。　3　分子1個が壁Sと衝突してから再び壁Sと衝突するまでのx軸方向の移動距離は$2L$なので，このときにかかる時間は$\frac{2L}{v_x}$と表せる。　4　力積は，物体にはたらく力の大きさと力がはたらく時間の積で表せる。3より，気体分子1個が単位時間に壁Sと衝突する回数は$\frac{1}{\frac{2L}{v_x}}=\frac{v_x}{2L}$と表せるので，$t$〔s〕の間に壁Sと衝突する回数は$\frac{v_x}{2L}t$となる。よって，気体分子1個から壁Sが$t$〔s〕の間に受ける力積は$2mv_x\times\frac{v_x}{2L}t=\frac{mv_x^2}{L}t$となる。このときの$\frac{mv_x^2}{L}$は，分子1個が壁Sに及ぼす平均の力の大きさを示している。なお，分子1個の速さvについて，三平方の定理より$v^2=v_x^2+v_y^2+v_z^2$となり，容器内のすべての分子について適用すると$\overline{v^2}=\overline{v_x^2}+\overline{v_y^2}+\overline{v_z^2}$という関係が成り立つ。さらに，容器内の分子の運動はどの方向についても同様に起きていると考えられるので，$\overline{v_x^2}=\overline{v_y^2}=\overline{v_z^2}$という関係が成り立つことを利用する。　5　4より，N個の気体分子による圧力$p=\frac{Nm\overline{v^2}}{3V}$であり，これを整理すると$pV=\frac{Nm\overline{v^2}}{3}$となる。ここで，気体分子の数$N$は物質量$n$とアボガドロ数$N_A$を用いて$N=nN_A$と表せ，理想気体の状態方程式より，気体定数$R$，絶対温度$T$を用いると$pV=\frac{nN_Am\overline{v^2}}{3}=nRT$となる。これを整理すると，は$\sqrt{\overline{v^2}}=\sqrt{\frac{3R}{mN_A}T}$が成り立つ。なお，気体の内部エネルギーは気体分子の運動エネルギーと分子間力による位置エネルギーの総和であるが，理想気体では分子間力がはたらかないと考えるため，運動エネルギーの総和が内部エネルギーとなる。

【2】1　a　粒子　　b　コンプトン　　2　$E=E'+\frac{1}{2}mv^2$

3　x方向…$p=p'\cos\phi+mv\cos\theta$　　y方向…$0=p'\sin\phi-mv\sin\theta$

4　エネルギー…$\frac{hc}{\lambda_0}$　　運動量…$\frac{h}{\lambda_0}$

5　2，3，4より$\frac{hc}{\lambda_0}=\frac{hc}{\lambda_1}+\frac{1}{2}mv^2$…①

$mv\cos\theta=\frac{h}{\lambda_0}-\frac{h}{\lambda_1}\cos\phi$…②　$mv\sin\theta=\frac{h}{\lambda_1}\sin\phi$…③

①より　$(mv)^2=2mhc\left(\frac{1}{\lambda_0}-\frac{1}{\lambda_1}\right)$

②，③をそれぞれ2乗して，辺々を足しあわせると$(mv)^2=h^2\left(\frac{1}{\lambda_0^2}+\frac{1}{\lambda_1^2}-\frac{2}{\lambda_0\lambda_1}\cos\phi\right)$

上式より　$2mhc\left(\frac{1}{\lambda_0}-\frac{1}{\lambda_1}\right)=h^2\left(\frac{1}{\lambda_0^2}+\frac{1}{\lambda_1^2}-\frac{2}{\lambda_0\lambda_1}\cos\phi\right)$

よって　$\lambda_1-\lambda_0=\frac{h}{2mc}\left(\frac{\lambda_1}{\lambda_0}+\frac{\lambda_0}{\lambda_1}-2\cos\phi\right)=\frac{h}{mc}(1-\cos\phi)$

答え $\dfrac{h}{mc}(1-\cos\phi)$

〈解説〉1 コンプトン効果は，1923年にアメリカのコンプトンによって発見された。 2 衝突前のX線光子のエネルギーは，衝突後のX線光子のエネルギーと跳ね飛ばされた電子の運動エネルギーの和に等しい。したがって，衝突前後のX線光子のエネルギーをそれぞれE，E'，電子の質量をm，速度をvとすると，$E=E'+\dfrac{1}{2}mv^2$となる。 3 衝突前のX線光子の運動量のx成分およびy成分はそれぞれp，0であり，衝突後のX線光子の運動量のx成分およびy成分はそれぞれ$p'\cos\phi$，$p'\sin\phi$である。また，電子の運動量のx成分およびy成分はそれぞれ$mv\cos\theta$，$-mv\sin\theta$である。したがって，運動量保存の式は，x方向は$p=p'\cos\phi+mv\cos\theta$，$y$方向は$0=p'\sin\phi-mv\sin\theta$となる。 4 衝突前のX線光子の波長を$\lambda_0$，振動数を$\nu_0$とすると，光の速さ$c$は$c=\nu_0\lambda_0$と表せるので，$\nu_0=\dfrac{c}{\lambda_0}$となる。よって，プランク定数$h$を用いると，衝突前のX線光子のエネルギー$E$は$E=h\nu_0=\dfrac{hc}{\lambda_0}$と表せる。また，衝突前のX線光子の運動量$p$は$p=\dfrac{E}{c}=\dfrac{h}{\lambda_0}$と表せる。 5 $2mhc\left(\dfrac{1}{\lambda_0}-\dfrac{1}{\lambda_1}\right)=h^2\left(\dfrac{1}{\lambda_0{}^2}+\dfrac{1}{\lambda_1{}^2}-\dfrac{2}{\lambda_0\lambda_1}\cos\phi\right)$の両辺に$\dfrac{\lambda_0\lambda_1}{2mhc}$をかけると，$\lambda_1-\lambda_0=\dfrac{h}{2mc}\left(\dfrac{\lambda_1}{\lambda_0}+\dfrac{\lambda_0}{\lambda_1}-2\cos\phi\right)$となる。ここで，$\lambda_0\fallingdotseq\lambda_1$より$\dfrac{\lambda_1}{\lambda_0}+\dfrac{\lambda_0}{\lambda_1}\fallingdotseq 2$とみなせるので，$\lambda_1-\lambda_0=\dfrac{h}{mc}(1-\cos\phi)$と表すことができる。

【3】1 速さ…$R\sqrt{\dfrac{g}{R+h}}$　周期…$2\pi\dfrac{R+h}{R}\sqrt{\dfrac{R+h}{g}}$　2 $\sqrt{\dfrac{GM}{r}}$

3 (1) エネルギー保存則より $\dfrac{1}{2}mv_A{}^2-G\dfrac{Mm}{r}=\dfrac{1}{2}mv_B{}^2-G\dfrac{Mm}{2r}$…①

ケプラーの第二法則より $\dfrac{1}{2}rv_A=\dfrac{1}{2}\cdot 2rv_B$…②

②より$v_A=2v_B$　これを①に代入し整理すると　$v_B=\sqrt{\frac{GM}{3r}}$　$v_A=2v_B=2\sqrt{\frac{GM}{3r}}$　　答え　$v_A=2\sqrt{\frac{GM}{3r}}$　$v_B=\sqrt{\frac{GM}{3r}}$

(2)　$G\frac{Mm}{6r}$

(3)　だ円軌道の長半径は$\frac{3}{2}r$だから，探査機の公転周期をT年とすると，ケプラーの第三法則より，$\frac{1^2}{r^3}=\frac{T^2}{\left(\frac{3}{2}r\right)^3}$　探査機が点Bに到達するのは，半周期後だから$\frac{T}{2}=\frac{1}{2}\times\left(\frac{3}{2}\right)^{\frac{3}{2}}=0.91\cdots\fallingdotseq 0.9$　答え　0.9〔年後〕

〈解説〉1　地球の質量をM_1とすると，探査機の質量m，万有引力定数G，地球の中心から探査機までの距離$R+r$より，地球と探査機との間にはたらく万有引力の大きさは$G\frac{M_1 m}{(R+h)^2}$と表せる。また，探査機は速さv_1で円運動しているため運動方程式は$m\frac{v_1{}^2}{R+h}=G\frac{M_1 m}{(R+h)^2}$と表せ，これを整理すると$v_1{}^2=\frac{GM_1}{R+h}$…①となる。さらに，地表にある質量$m_1$の物体にはたらく万有引力は重力と等しく$G\frac{M_1 m_1}{R^2}=m_1 g$となり，これを整理すると$GM_1=gR^2$となる。これを①式に代入すると，$v_1{}^2=\frac{gR^2}{R+h}$となり，$v_1>0$，$R>0$より$v_1=R\sqrt{\frac{g}{R+h}}$となる。次に，探査機の円運動の角振動数を$\omega$とすると$\omega=\frac{v_1}{R+h}$と表せ，周期$T$は$T=\frac{2\pi}{\omega}=2\pi\frac{R+h}{v_1}=2\pi\frac{R+h}{R\sqrt{\frac{g}{R+h}}}=2\pi\frac{R+h}{R}\sqrt{\frac{R+h}{g}}$となる。　2　人工衛星の公転半径は地球と等しくなるので，太陽と探査機との間にはたらく万有引力の大きさは$G\frac{Mm}{r^2}$となる。また，探査機は速さv_2で円運動しているため運動方程式は$m\frac{v_2^2}{r}=G\frac{Mm}{r^2}$となり，これを整理すると$v_2^2=\frac{GM}{r}$となり，$v_2>0$より，$v_2=\sqrt{\frac{GM}{r}}$となる。　3　(1)　ケプラーの第二法則で示される面積速度は，軌道半径を高さとする直角三角形の面積で近似できることを利用する。　(2)　2より，探査機が半径rで太陽のまわりを公転するときの力学的エネルギーは$\frac{1}{2}mv_2^2-G\frac{Mm}{r}$…(a)である。また，3(1)より，点Aにおける探査機がだ円軌道で太陽のまわりを公転するときの力学的エネルギーは$\frac{1}{2}mv_A^2-G\frac{Mm}{r}$…(b)である。ここで，探査機を加速するのに必要なエネルギーは力学的エネルギーの変化量に等しいので，(b)－(a)より，$\frac{1}{2}mv_A^2-\frac{1}{2}mv_2^2=\frac{1}{2}m\left(\frac{4GM}{3r}\ \frac{GM}{r}\right)=G\ \frac{Mm}{6r}$となる。(3)　地球の公転周期は1年であり，地球は公転する際に円軌道を描くため長半径は公転半径rに相当することを利用する。

【生物】

【1】1　a　窒素同化　　b　窒素固定　　2　必須アミノ酸　　3　③，④，⑤　　4　ア，オ　　5　相利共生　　6　$2NO_2^-+O_2\rightarrow 2NO_3^-$　7　グルタミン　　8　40.4〔%〕　　9　ア，ウ，オ

〈解説〉1　a　同化とは，単純な物質から複雑な物質を合成することでエネルギーを蓄える過程のことである。アンモニウム塩や硝酸イオンから有機窒素化合物を合成する過程のことを窒素同化という。　b　根粒菌などは大気中の窒素を植物が利用可能なアンモニウムイオンに変えるはたらきをもっており，これを窒素固定という。　2　動物により必須アミノ酸は異なり，ヒトでは9種類存在する。　3　独立栄養生物は無機物のみから自らが必要な有機物を合成することができるが，動物や菌類は有機物を必要とするため従属栄養生物に分類される。4　ネンジュモなどのシアノバクテリアや根粒菌，アゾトバクター，

クロストリジウムなどの細菌は窒素固定を行っており，これらを窒素固定細菌という。　5　片方のみが利益を受けてもう一方は利益も損害も受けない共生を片利共生，片方が利益を受けてもう一方が損害を被る場合は寄生という。　6　亜硝酸菌はアンモニウムイオンを酸化することで亜硝酸イオンに変え，硝酸菌は亜硝酸イオンを酸化することで硝酸イオンに変える。いずれの反応時にもエネルギーが放出され，これを利用して二酸化炭素から有機物が合成される。　7　植物体内に取り込まれたアンモニウムイオンとグルタミン酸が反応し，グルタミンが合成される。その後，いくつかの反応を経て様々なアミノ酸が合成される。　8　硝酸カリウムKNO_3の分子量は101なので，硝酸カリウム2gに含まれる窒素の質量は$2\times\frac{14}{101}$〔g〕となる。また，合成されたタンパク質0.7gに含まれる窒素の割合は16%なので，タンパク質中の窒素の質量は0.7×0.16＝0.112〔g〕である。したがって，タンパク質に取り込まれた窒素の割合は$\frac{0.112}{2\times\frac{14}{101}}\times100=40.4$〔%〕となる。

9　植物体内では，各種アミノ酸からATP，タンパク質，核酸，クロロフィルなどの有機窒素化合物がつくられる。ATPを構成するアデニンには窒素が含まれており，カタラーゼはタンパク質である。

【2】1　a　カ　b　オ　c　ケ　d　ア　e　エ　2　ゴルジ体
3　第二分裂中期　4　④
5　4細胞期…図　　8細胞期…図

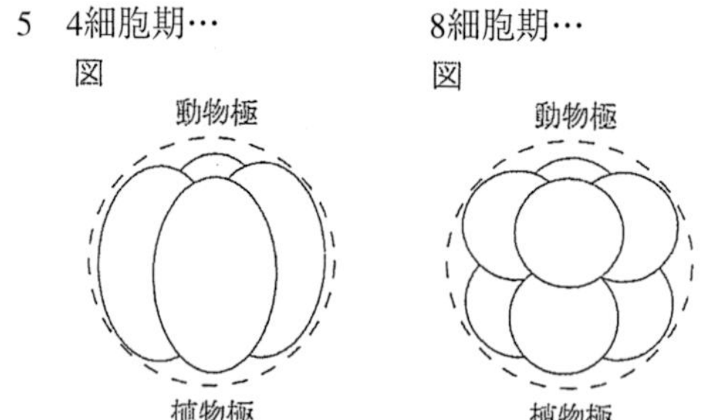

〈解説〉1　ウニでは，精子が近づくと卵のゼリー層に含まれる物質と反

応し，精子の頭部にある先端からエキソサイトーシスが起こり，内容物が放出される。すると，頭部の細胞質中のアクチンフィラメントが束になり先端突起を形成する。この一連の過程を先体反応という。その後，先端突起が卵黄膜を通過して細胞膜に近づくことで受精丘が形成される。精子が卵の細胞膜と接触すると，海水中のNa^+が卵内に流入し膜電位を変化させることで，他の精子の進入が防がれる。その間に卵の細胞質内でCa^{2+}濃度が高まり，表層粒の内容物が卵黄膜内に放出され，卵黄膜が受精膜となる。　2　精子ができる過程では，精細胞内のゴルジ体のはたらきにより，核を挟んで鞭毛の反対側に先体が形成される。　3　ヒトでは，減数分裂の第二分裂中期まで進行した卵母細胞は卵巣から排卵され，精子と受精することで第二分裂が完了する。　4　精子が卵に進入してから受精膜が形成されるまでに1分程度を要するので，その間は卵の膜電位が変化し他の精子の侵入を妨げている。　5　ウニでは，第3卵割までは等割が起こるため，すべての割球の大きさは等しい。

【3】1　分子時計　　2　X　種D　　Y　種C　　Z　種A

3　t_1…ア　　t_2…ウ　　t_3…エ

4　系統樹…

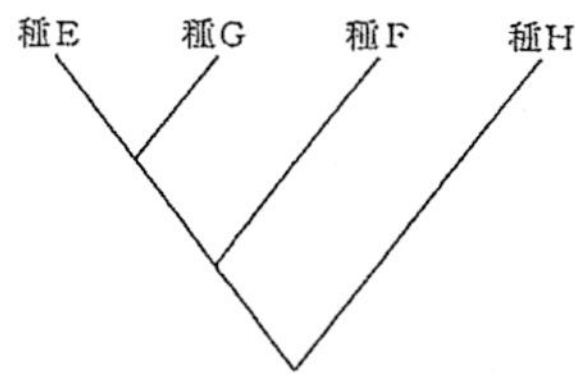

回数…4〔回〕　　5　アミノ酸配列の変化により，生体で重要な機能を果たしているタンパク質の機能が大きく損なわれる場合には，そのような変異を持つ個体は生存や繁殖ができない場合が多く，その変異は子孫に伝わりにくいため。

〈解説〉1　塩基配列やアミノ酸配列の変化の速度を分子時計といい，2つの種が進化の過程で枝分かれした年代を探るために用いられる。

2　アミノ酸変異の数が少ないほど近縁な種であると考えられるので，表1より，種Bから見て近縁な種の順は種D，種C，種Aとなる。
3　変異はすべての種において同じ確率で発生するため，2つの種の間では600万年でアミノ酸が2つ異なることになる。表1より，種Bと種Dのアミノ酸の違いは25なので，t_1は600万年×$\frac{25}{2}$＝7500万年となる。また，種Bと種Cのアミノ酸の違いは62なので600万年×$\frac{62}{2}$＝1億8600万年，種Dと種Cのアミノ酸数の違いは69なので600万年×$\frac{69}{2}$＝2億700万年となるため，これらを平均すると
t_2は$\frac{\text{1億8600万年＋2億700万年}}{2}$＝1億9650万年となる。さらに，種Bと種Aのアミノ酸の違いは68なので600万年×$\frac{68}{2}$＝2億400万年，種Cと種Aのアミノ酸数の違いは74なので600万年×$\frac{74}{2}$＝2億2200万年となるため，これらを平均するとt_3は$\frac{\text{2億400万年＋2億2200万年}}{2}$＝2億1300万年となる。　4　問題文より，種Hは他の種と系統的に最も遠く離れている。また，表2より，種Eと種FでDNAの塩基で異なるのはサイト2，4の2か所，種Eと種Gではサイト3の1か所，種Fと種Gではサイト2，3，4の3か所となる。ここで，最節約法を用いて塩基の変化の回数が最も少なくなるように分子系統樹を作成すると，共通祖先を種Eとして種G，種F，種Hという順に近縁になる。次に，塩基の変化の回数を考えると，まずは種Eのサイト3のTがCに変化して種Gとなり，その後種Eのサイト2のCがGに変化し，この塩基のサイト4のCがAに変化して種Fとなり，サイト5のGがAに変化して種Hとなったと考えられる。したがって，塩基の変化の回数は4回である。　5　解答参照。

【4】1　a　ビリルビン　　b　十二指腸　　c　脂肪　　d　グリコーゲン　　2　(1)　解毒　　(2)　0.2　　(3)　①　114〔番目〕　　②　(b)

③

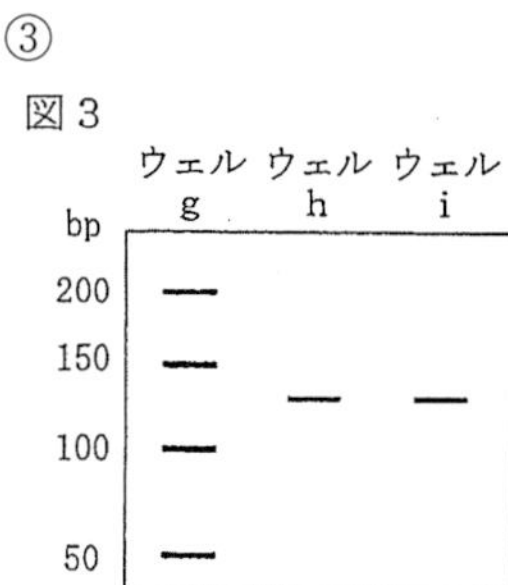

〈解説〉1　a・b　ビリルビンは赤血球の主成分であるヘモグロビンが分解されることで生じる。ビリルビンは胆汁中に含まれており，胆汁はいったん胆のうに蓄えられるが，食物が十二指腸に達すると十二指腸中に放出され，便とともに排泄される。　c　胆汁に含まれる胆汁酸は，脂肪を乳化することでリパーゼが脂肪を分解するはたらきを助けている。　d　肝細胞内では，グルコースはグリコーゲンとして貯蔵されている。　2　(1)　肝臓にはアルコールや薬物を解毒するはたらきがある。　(2)　ALDH2の遺伝子Nの頻度をp，遺伝子Mの頻度をqとすると，それぞれの遺伝子型の頻度はNN型がp^2，MN型が$2pq$，MM型がq^2となる。問題文より，日本人のMM型の遺伝子頻度$q^2=0.04$なので，MM型の遺伝子頻度は$q=0.2$となる。　(3)　①　図2のN型とM型のReverseプライマーを比較すると，最も3′末端側の塩基が異なることがわかる。これらのプライマー配列と相補的な塩基配列を図1から探し，N型とM型のReverseプライマーで異なる塩基が図1の何番目の塩基に対応しているかを調べる。このとき，相補的な塩基配列は3′末端と5′末端が逆になることに注意する。　②　DNAは水溶液中で負に帯電しているため，電気泳動を行うと短い鎖ほど陽極側に移動することになる。③　MN型の被験者Aは，N型の塩基配列とM型の塩基配列の両方をもっているため，ウェルhとウェルiのいずれにもバンドが観察される。また，図1より実験で用いたDNA断片の長さは135bpなので，バンドは100bpと150bpの間に出現する。

【地学】

【1】1　a　主系列星　　b　赤色巨星　　c　白色矮星　　2　太陽で1年間に反応する原子核の質量は$\frac{3.9\times10^{26}〔J/秒〕\times3.2\times10^{7}〔秒〕}{6.3\times10^{14}〔J/kg〕}$…①
太陽の寿命は2.0×10^{30}〔kg〕×10〔%〕÷①＝1.0×10^{10}〔年〕　太陽の年齢が46億年なので，残りの寿命はあと54億年となる。　答え　54〔億年〕　3　イ　4　(1)　㋔→㋖→㋐　　(2)　10^3〔倍〕

(3)　b　　(4)　100〔パーセク〕

〈解説〉1　恒星は大きく3つに分類される。主系列星は太陽を含む多くの恒星が該当し，表面温度が高いほど明るいという特徴をもつ。赤色巨星(巨星)は，表面温度は低いが非常に明るく，特に明るいものを超巨星という。白色矮星となった恒星は，やがて温度が低下し暗くなっていく。　2　太陽が主系列星でいられるのは約100億年と推定されており，原始太陽が誕生してから約120億年後には太陽は白色矮星となると予測されている。　3　X　散開星団は，重元素を多く含む比較的若い恒星が数十～数百個集まって構成されている。　Y　散開星団は，天の川に沿って分布している。　4　(1)　HR図の横軸のスペクトル型は，表面温度の高い順にO，B，A，F，G，K，M型となる。したがって，HR図の右側ほど表面温度は低いことになる。　(2)　星の光度Lは，温度T，半径R，シュテファンボルツマン定数σを用いると$L=4\pi R^2\times\sigma T^4$と表せる。㋑と㋕の恒星のスペクトルは等しいので表面温度Tも等しいと考えられ，㋑と㋕の恒星の光度をそれぞれL_1，L_2，半径をそれぞれR_1，R_2とすると，$L_1=4\pi {R_1}^2\times\sigma T^4$，$L_2=4\pi {R_2}^2\times\sigma T^4$となり，これらを整理すると${R_1}^2=\frac{L_1}{\sigma T^4\cdot4\pi}$，${R_2}^2=\frac{L_2}{\sigma T^4\cdot4\pi}$となる。

よって，$\frac{{R_1}^2}{{R_2}^2}=\frac{L_1}{L_2}$…①となる。また，図より㋑の恒星は㋕の恒星よりも15等級明るく，1等級の差は$10^{\frac{2}{5}}$なので$L_1=10^6L_2$…②という関係が成り立つ。式①，②より，$\frac{{R_1}^2}{{R_2}^2}=10^6$となるので，これを整理すると$R_1=10^3R_2$となる。したがって，㋑の恒星の半径は㋕の恒星の半径の10^3倍となる。　(3)　表面温度が6000Kの恒星のスペクトル型はG0となる。

また，見かけの等級m，年周視差p〔″〕とすると，絶対等級Mは$M=m+5+5\log_{10}p$と表せる。この恒星は$m=0$，$p=0.01$〔″〕なので，絶対等級は$M=0+5+5\log_{10}0.01=5-10=-5$となる。 (4) 地球から㊤の恒星までの距離を$d$〔″〕とすると，$d=\frac{1}{p}$より，(3)の公式は$M=m+5-5\log_{10}d$となる。ここで，$m=5$であり，図より$M=0$なので，これらを代入すると$0=5+5-5\log_{10}d$となり，これを整理すると$\log_{10}d=2=\log_{10}10^2$となるので，$d=100$〔″〕となる。

【2】1 パンゲア 2 枕状溶岩 3 トランスフォーム断層
4 プレートは海嶺から離れるほど冷やされて厚くなるとともに，その密度が大きくなり，アイソスタシーを保つようにプレートが沈み，海洋底が深くなる。 5 (1) ホットスポット (2) 4000万年前を境に，北向きで速さ10〔cm/年〕から，北西向きで5〔cm/年〕に変化した。

〈解説〉1 ウェゲナーは，現在離れている各大陸が元は1つの大陸であったという仮説を立てたが，この超大陸をパンゲアという。しかし，当時は大陸が移動する原動力を説明することができず，この学説は受け入れられなかった。 2 海嶺の海底火山から噴き出した玄武岩質のマグマが海水に接すると，枕状溶岩が形成される。 3 2つの海嶺に挟まれた領域のように，2つのプレートがすれ違う境界ではトランスフォーム断層に沿って岩盤が横にずれている。 4 アイソスタシーとは，地殻がマントルから受ける浮力と重力がつり合っている状態のことである。海嶺から離れるほどプレートの密度が大きくなるので，海洋底はつり合いを保つように沈降している。 5 (1) ホットスポットという名称は，火山ができる暖かい場所という意味である。
(2) 火山島aから遠い距離にあるほど海山の形成された年代は古い。図より，海山b－cの間では北にある海山ほど形成された年代が古いため，4000万年前まではプレートは北向きに運動していたことがわかる。また，この頃は1000kmの距離を1000万年かけて移動しているので，速さは1.0×10^6〔m〕$\div1.0\times10^7$〔年〕$=0.10$〔m/年〕$=10$〔cm/年〕となる。一方，海山a－bの間では北西にある海山ほど形成された年代が古いため，4000万年前を境にプレートの運動が北西向きに変わったことがわかる。また，2000kmの距離を4000万年かけて移動しているので，速度は2.0×10^6〔m〕÷4.0×10^7〔年〕＝0.05〔m/年〕＝5〔cm/年〕となる。

【3】1　(1)　ア　　(2)　北太平洋高気圧が弱まり，平常に比べ気温が低くなる傾向がある。　　(3)　貿易風が弱まると，表層暖水の西側への吹き寄せが弱くなり東側の暖水層が平年よりも厚くなって，赤道太平洋東部では深海からの冷たい海水の湧き上がりが弱くなり，東部の水温が平常より上昇する。　　2　(1)　潜熱　　(2)　144　　(3)　イ，オ　　(4)　$\frac{1.37\times\pi\times(6400\times10^3)^2}{4\times\pi\times(6400\times10^3)^2}\fallingdotseq0.34$　　答え　0.34〔kW/m^2〕

〈解説〉1　(1)　エルニーニョ現象とは，通常よりも貿易風が弱くなると赤道太平洋中～東部の海水温が平年より高くなる状態のことで，その発生頻度は数年に一度である。　(2)　夏以外の影響としては，梅雨明けの遅れ，冬に吹く季節風が弱まり気温が高くなる，といったものがある。　(3)　赤道太平洋の海面水温は，通常は西部が高温で東部が低温となっている。また，この海域で吹く貿易風という東風により暖水層が西に吹き寄せられ厚くなっている。　2　(1)　地表の水が蒸発すると水蒸気が大気へ送り込まれるが，このとき周囲から奪われた蒸発熱も大気中に移動する。このように，状態変化に伴って出入りする熱を潜熱という。　(2)　図より，地球が受ける太陽放射量100のうち，地表面に到達する量は100－22－20－9＝49となる。また，地表面の放射量は102＋12＝114となる。大気と雲の放射量のうち地表面の吸収量をxとすると，地表におけるエネルギー収支より49＋x＝114＋30となるので，これをxについて整理するとx＝95となる。したがって，地表面で吸収された総量は49＋95＝144となる。　(3)　地球からの放射エネルギーを吸収するのは温室効果ガスであり，水蒸気，二酸化炭素，メタンなどが該当する。　(4)　地球全体で受ける太陽放射エネルギーの総量を地球の表面積で割ることで，設問の解答となる。なお，地球全体で受ける太陽放射エネルギーの総量は，太陽定数と地球の断面積の積となる。

【4】1

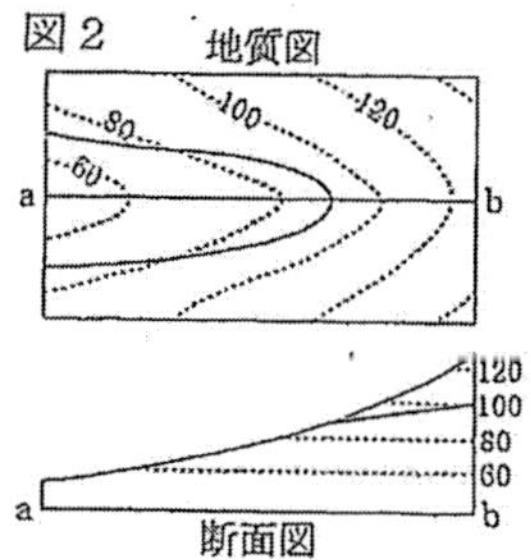

2 (1) フズリナ　(2) 石炭紀，ペルム紀　3 堆積物の粒径が，大きいものから小さいものへ積み重なる構造。　4 岩石などに含まれる放射性同位体の壊変を利用して，岩石などのできた年代を求めるもの。　5 イ　6 背斜構造　7 ウ　8 エ　9 6〔番目〕

〈解説〉1 まず，図2の地質図の80m等高線と地層の境界線の交点から垂線を下ろし，断面図の縦軸が80mとなる箇所に点を打つ。次に，地質図のa－bと地層の境界線の交点から垂線を下ろし，断面図の地表にあたる箇所に点を打つ。最後に，断面図に打った2点を結んで引いた直線が答えになる。

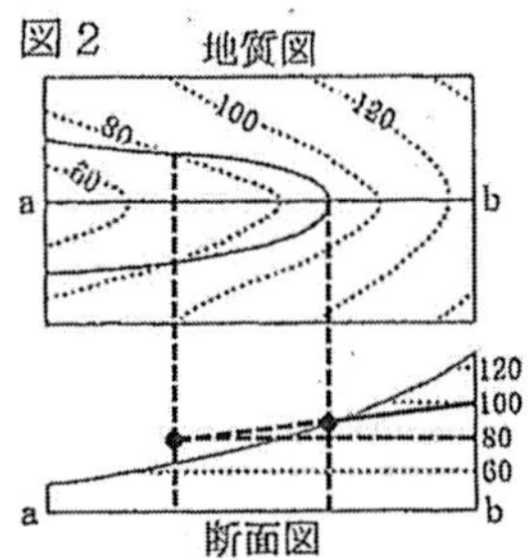

2 (1) 石灰岩にはフズリナ，貝殻，サンゴ，有孔虫の殻などが含まれているが，示準化石として利用されるのはフズリナである。フズリ

ナは単細胞の原生生物で，有孔虫の一種である。全長は約1cm程度である。　(2)　フズリナは，古生代石炭紀～ペルム紀の低緯度の浅い海で固着生活していた。　3　級化層理の構造は，乱泥流により形成されるタービダイトの中に多く見られる。　4　放射性同位体の数が半減するために要する時間を半減期といい，これは放射性同位体の種類により一定であり，温度や圧力により影響を受けない。　5　地層の見た目の厚さは実際よりも厚く見えるため，斜面の傾きを利用して地層の厚さを求める。図1の北西方向におけるE層の見た目の厚さは約100mと読み取れ，傾斜角は45°なので，実際の地層の厚さは100×sin45°＝100×0.71＝71〔m〕となる。　6　地層が折り曲げられている地質構造を褶曲といい，特に山状に盛り上がっている部分を背斜という。背斜構造では，古い地層が中心部にくるように褶曲している。
7　角閃石の結晶構造は下図のような二重鎖構造である。二重鎖構造において，酸素原子6つ，ケイ素原子4つは隣のブロックと共有されている。したがって，1つのブロックにおいて，酸素原子は14－(6÷2)＝11個存在する。同様に考えて，ケイ素原子は6－(4÷2)＝4となる。よってケイ素原子と酸素原子の比は，4：11となる。

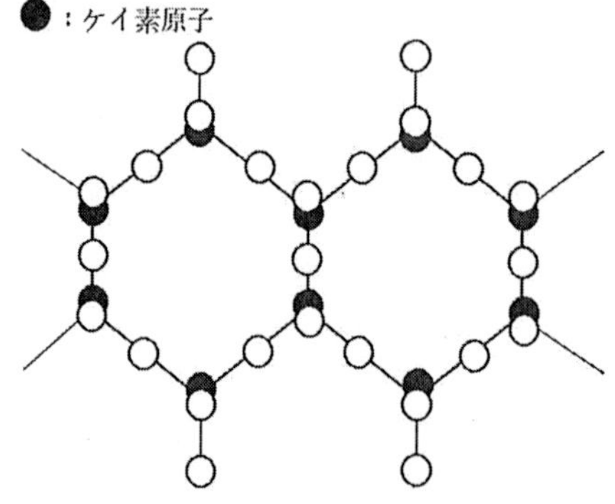

8　E層，B層，D層，A層は背斜構造をもつためE層はB層より後に堆積している。しかし，断層f－f′で切られたE層とB層の標高に着目する

と，E層よりB層の方が高い位置にある。したがって，南東側が相対的に上がっていると考えられる。　9　問題文より，C層はE層の下位である。また，E層，B層，D層，A層が断層f－f′に切られているため，褶曲した後に断層f－f′が入ったことが読み取れる。さらに，断層f－f′は花こう岩Gによって切られており，さらにH層，F層で切られているため，C層→E層→B層→D層→A層→断層f－f′→花こう岩G→H層→F層の順に古いと考えられる。

2020年度　実施問題

中　高　理　科

【1】次の問いに答えなさい。

1　SI基本単位の中で唯一「原器」によって定義されていたが，2019年5月20日にプランク定数による新しい定義へと改定された単位の名称は何か，書きなさい，

2　金属の中で最も融点が高く，電球のフィラメントにも用いられている金属は何か，元素名で書きなさい。

3　2016年にノーベル生理学・医学賞を受賞した大隅良典は，リソソームが関与する不要なタンパク質などを分解する代表的な方法を明らかにした。この細胞内で生じるタンパク質などの分解の仕組みを何というか，書きなさい。

4　太古代末に世界各地の太陽光が届く浅い海でつくられるようになり，現在でもオーストラリア西部などのきわめて特殊な浅い海でつくられている，生物由来のドーム状構造体を何というか，書きなさい。

5　2019年に国立天文台などの国際チームによって，初めて輪郭の撮影に成功したことが発表された，極めて高密度で大質量の天体は何か，書きなさい。

(☆☆☆◎◎◎)

中学理科

【1】「中学校学習指導要領」(平成29年3月告示)[理科]に関して，次の問いに答えなさい。

1　次の文章は，「第1　目標」に記載されている内容である。(a)～(c)にあてはまる語を，それぞれ書きなさい。

> (1)　自然の事物・現象についての理解を深め，科学的に探究するために必要な観察，実験などに関する基本的な(a)を身に付けるようにする。
> (2)　観察，実験などを行い，科学的に探究する(b)を養う。
> (3)　自然の事物・現象に進んで関わり，科学的に探究しようとする(c)を養う。

2　第1分野の内容「(6)化学変化とイオン」について，次の問いに答えなさい。

(1)　次の文は，「(イ)化学変化と電池」の内容である。(d)，(e)にあてはまる語句をそれぞれ書きなさい。

> ㋐　金属イオン
> 　金属を電解質水溶液に入れる実験を行い，金属によってイオンへのなりやすさが異なることを(d)理解すること。
> ㋑　化学変化と電池
> 　電解質水溶液と2種類の金属などを用いた実験を行い，電池の基本的な(e)を理解するとともに，化学エネルギーが電気エネルギーに変換されていることを知ること。

(2)　内容の取扱いにおいて，「金属イオン」については，何を扱うこととされているか，書きなさい。

(3)　内容の取扱いにおいて，「電池」については，電極で起こる反応を何と関連付けて扱うこととされているか，書きなさい。

3　第2分野の内容「(1)いろいろな生物とその共通点」について，次の問いに答えなさい。

(1)　内容の取扱いにおいて，第何学年で取り扱うものとされているか，書きなさい。

(2)　内容の取扱いにおいて，生物の観察を扱う際，ルーペや何などを用いることとされているか，書きなさい。

(☆☆◎◎◎)

【2】次の文章を読んで，下の問いに答えなさい。

固体の塩化ナトリウムを水に入れると，固体の表面からNa^{+}やCl^{-}が電離して，水中に拡散していく。水分子の中の酸素原子はやや(　a　)の電荷を帯び，水素原子はやや(　b　)の電荷を帯びているので，電解質の水溶液では，水分子とイオンの間に静電気的な引力がはたらく。例えば，負の電荷をもつイオンに対しては，水分子の中の(　c　)原子が取り囲むことによって静電気的に安定化する。このようにイオンなどが水分子と結び付く現象を(　d　)という。

水に塩化ナトリウムを溶かしたとき，①水溶液の沸点は水の沸点より高くなった。また，②水溶液の凝固点は水の凝固点より低くなった。

1　空欄(　a　)，(　b　)，(　c　)にあてはまる語の組み合わせとして最も適切なものを，次のア～エの中から一つ選び，記号で答えなさい。

ア　a 正　b 負　c 水素　　イ　a 正　b 負　c 酸素
ウ　a 負　b 正　c 水素　　エ　a 負　b 正　c 酸素

2　空欄(　d　)にあてはまる語を，書きなさい。

3　塩化ナトリウムの水100gに対する溶解度は，80℃で38である。80℃の塩化ナトリウムの飽和水溶液100gから同じ温度で水を10g蒸発させた。析出する結晶は何gか，求めなさい。ただし，答えの数値は有効数字2桁で書くこと。

4　下線部①について，沸点上昇がおきる理由を，「蒸気圧降下により，」

に続けて簡潔に書きなさい。

5　下線部②について，次の図は500gの水に塩化ナトリウムを5.85g溶かした水溶液の冷却曲線である。あとの問いに答えなさい。ただし，水の凝固点は0℃，水のモル凝固点降下は1.85K・kg/mol，原子量はNa＝23，Cl＝35.5とする。

図

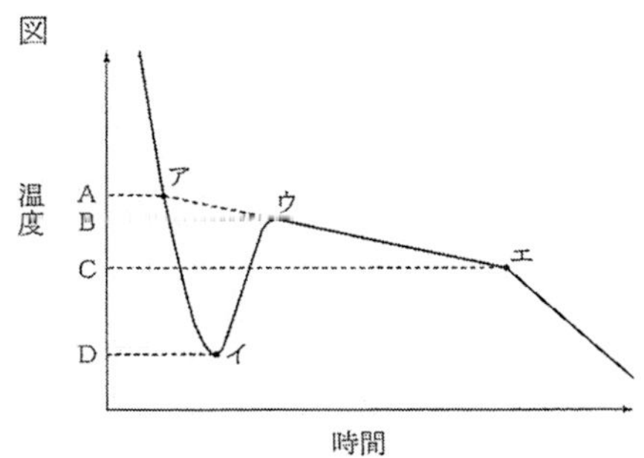

(1)　凝固が始まるのは図中のア～エのうちどこか。記号で答えなさい。

(2)　この水溶液の凝固点は図中のA～Dのうちどこか。記号で答えなさい。

(3)　この水溶液の凝固点は何℃か，求めなさい。ただし，答えの数値は有効数字2桁とし，求め方も書きなさい。

(☆☆◎◎◎◎◎)

【3】次の1～3において，それぞれの文章を読んで，あとの問いに答えなさい。

1　R〔Ω〕の抵抗に電圧V〔V〕を加えて，電流I〔A〕をt〔s〕間流すときの発熱量Q〔J〕は，$Q=IVt=I^2Rt=\frac{V^2}{R}t$と表される。これを(　a　)の法則という。

図1のように，電圧が100Vの電源に，抵抗が500Ωの電熱線を接続し，容器の中に満たされた質量100gの水にこの電熱線を入れ，スイッチを閉じたところ，水温が7分間で20℃上昇した。ただし，電熱線で生じた熱はすべて水の温度上昇に使われるものとする。

図1

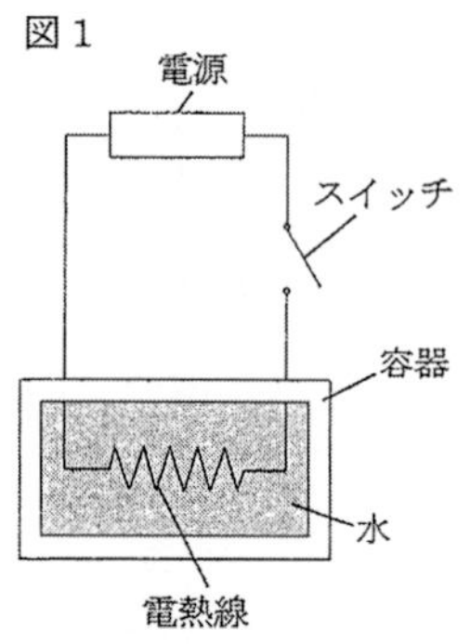

(1)　(a)にあてはまる語は何か，書きなさい。

(2)　電熱線の消費電力は何Wか，求めなさい。ただし，答えの数値は有効数字2桁で書くこと。

(3)　水の比熱は何J/(g・K)か，求めなさい。ただし，答えの数値は有効数字2桁とし，求め方も書きなさい。

2　図2のように，床面に置いた質量2.0kgの物体Aを，定滑車にかけた軽いひもを用いて床面から1.5mの高さまでゆっくりと持ちあげた。重力加速度を9.8m/s^{2}とし，空気の抵抗や摩擦は無視できるものとする。

図2

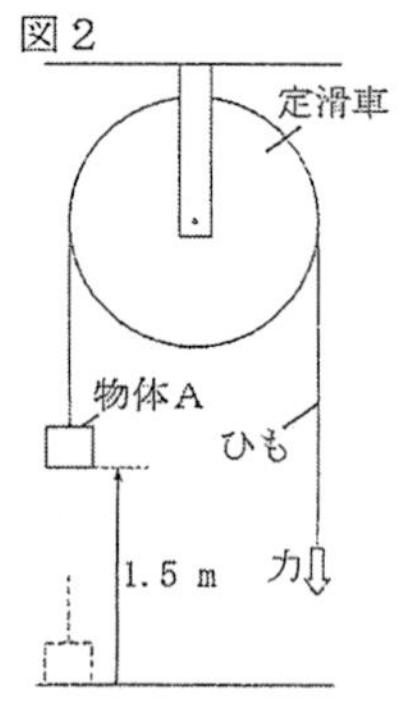

(1)　物体Aを持ち上げているとき，ひもを引く力の大きさは何Nか，求めなさい。ただし，答えの数値は有効数字2桁で書くこと。

(2)　物体Aを持ち上げたとき，ひもを引く力がした仕事と物体にはたらく重力がした仕事は何Jか，それぞれ求めなさい。ただし，答えの数値は有効数字2桁で書くこと。

3　図3のように，質量2.0kgの物体Aと質量3.0kgの物体Bを定滑車にかけた軽いひもでつなぎ，物体Aを静かにはなした。ただし，物体Aは床面に，物体Bは床から高さ2.0mの位置にあったとする。また，重力加速度を9.8m/s²とし，空気の抵抗や摩擦は無視できるものとする。

図3

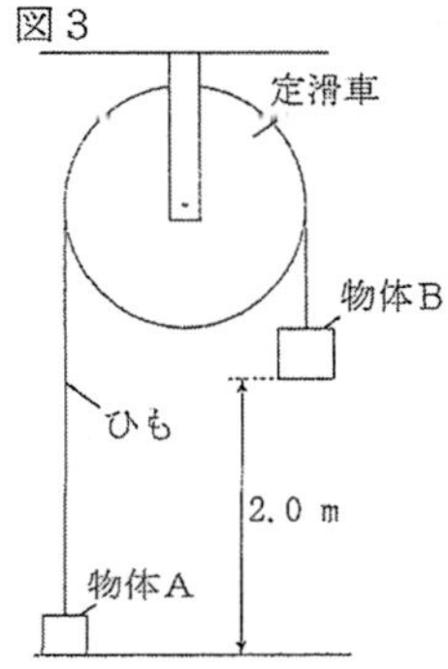

(1)　物体Aの加速度の大きさは何m/s²か，求めなさい。ただし，答えの数値は有効数字2桁とし，求め方も書きなさい。

(2)　物体Bが床につく直前の速さは何m/sか，求めなさい。ただし，答えの数値は有効数字2桁で書くこと。

(☆☆◎◎◎)

【4】顕微鏡を用いた観察や実験に関して，次の問いに答えなさい。

1　世界ではじめて単式の顕微鏡を用いて，原生生物などの微生物や精子などの生きた細胞を観察し，記録した人物は誰か，答えなさい。

2　顕微鏡で観察物の大きさを測定するために用いる対物ミクロメーターは，顕微鏡のどこに取り付けるか，その名称を答えなさい。

3　対物ミクロメーターのみでは観察物の大きさを測ることができない。その理由として，次の①～③があげられる。①～③の他に，対物ミクロメーターのみで測ることができないと考えられる理由を簡潔に書きなさい。

① 対物ミクロメーターの目盛りと観察物との両方に同時にピントを合わせることができない。

② 対物ミクロメーターの1目盛りより小さい観察物の大きさを正確に測定できない。

③ 観察物が対物ミクロメーター上にのるとは限らない。また，仮に観察物を対物ミクロメーター上にのせることができたとしても，観察物に合わせて目盛りの方向を変えることができない。

4 顕微鏡に10倍の接眼レンズと10倍の対物レンズを取り付けて，接眼ミクロメーターと対物ミクロメーターをセットしたところ，それぞれの目盛りが一致して見えた。次に対物ミクロメーターを取り外し，対物レンズだけを40倍のものにかえて，オオカナダモの葉を観察したとき，オオカナダモの葉の細胞の長径は，接眼ミクロメーターで64目盛り分だった。この細胞の長径は何μmか，答えなさい。ただし，対物ミクロメーター1目盛りの長さは0.01mmとする。

5 オオカナダモの葉の細胞の観察のためにプレパラートを作製する際，水のかわりに12%のスクロース溶液で封じた。しばらく放置した後，顕微鏡で観察したところ，浸透圧の影響により，図1のように細胞壁から細胞膜が分離した様子が観察された。図1のAには何があるか，答えなさい。また，このときの細胞内液とAとの圧力の関係を，等号や不等号を用いて表しなさい。

図1

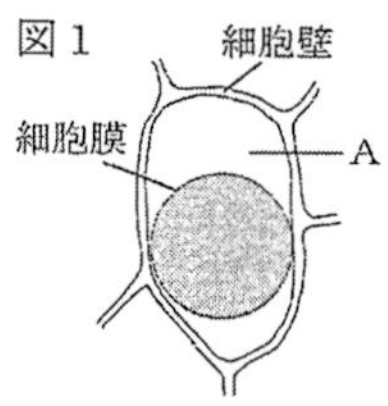

6 血球計算盤は，図2のような構造をしている。中央部とカバーガラスの間に深さ0.1㎜の計算室があり，そこに液体がたまる仕組みになっている。計算室には，縦横の目盛りにより1mm^{2}の区画が複数あり，

その中の細胞数を数えることで，液中に含まれる細胞密度を知ることができる。

カイコ卵巣由来の培養細胞であるBmN4細胞をトリパンブルーで染色処理した後，すみやかに検鏡したところ，計算室の5つの区画において，青色と透明なBmN4細胞が表のように観察された。表中の数字は細胞数を示している。1mL(＝1cm^3)中のBmN4生細胞数を答えなさい。なお，トリパンブルーは分子量の大きいアゾ染料で，タンパク質と結合することで青色を呈する染色試薬である。

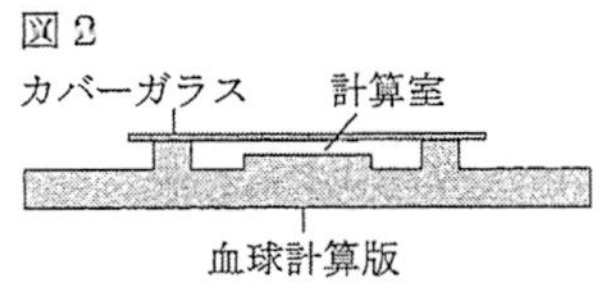

表

	区画1	区画2	区画3	区画4	区画5
青色のBmN4 細胞	5	7	3	4	6
透明なBmN4 細胞	23	25	27	26	24

(☆☆☆◎◎)

【5】次の文章を読んで，あとの問いに答えなさい。

天体観測の歴史は古く，人類の文化とともに始まったといわれている。地球の形に関しては，紀元前4世紀には，地上で見られる①いくつかの現象から地球が球形であることが知られていた。②太陽の南中時刻が場所によって異なるのも，地球が球形であることを示す現象の1つである。紀元前3世紀には，ギリシャの③エラトステネスが，地球が球形であると仮定し地球の周囲の長さを求めた。中世では，肉眼と数種類の測定器で星々の観測が行われていたが，1600年代のはじめ，ガリレイが自作の望遠鏡を用いて，(a)の周囲に(b)つの衛星があることや，④月面に凹凸があること，⑤太陽に黒点があることなどを発見した。現在では，さまざまな観測機器が発達し，宇宙から撮影した地球の姿を見ることができるようになっている。実際には，地球は完全な球形ではなく，自転による遠心力の影響で赤道方向にふくらんでいる。なお，地球上の物体に働く(　c　)。

1　空欄(　a　)にあてはまる惑星の名前と，空欄(　b　)にあてはまる数字を，それぞれ答えなさい。

2　空欄(　c　)にあてはまる文として最も適切なものを，次のア～エの中から一つ選び，記号で答えなさい。

ア　万有引力は，遠心力と重力の合力であり，緯度が低いほど小さい

イ　万有引力は，遠心力と重力の合力であり，緯度が低いほど大きい

ウ　重力は，遠心力と万有引力の合力であり，緯度が低いほど小さい

エ　重力は，遠心力と万有引力の合力であり，緯度が低いほど大きい

3　下線部①について，月食の時に見られるどのような現象から，地球が球形であることが知られるようになったか，簡潔に書きなさい。

4　下線部②について，東経135°の地点で，日本標準時の12時10分に太陽が南中した日に，東経140°の地点で太陽が南中するのは何時何分か，求めなさい。

5　下線部③について，図は，エラトステネスが地球の周囲の長さを求めた時の方法を模式的に示したものである。夏至の日の正午に，地点Sでは太陽が真上にくる。また，地点Sからの距離が約900kmで，地点Sと同じ子午線上にある地点Aでは，この日の南中高度は82.8°である。この値から，地球の周囲の長さが約何kmか，求めなさい。ただし，求め方も書きなさい。なお，太陽は遠方にあるため，$\theta'=\theta$としてよい。

図

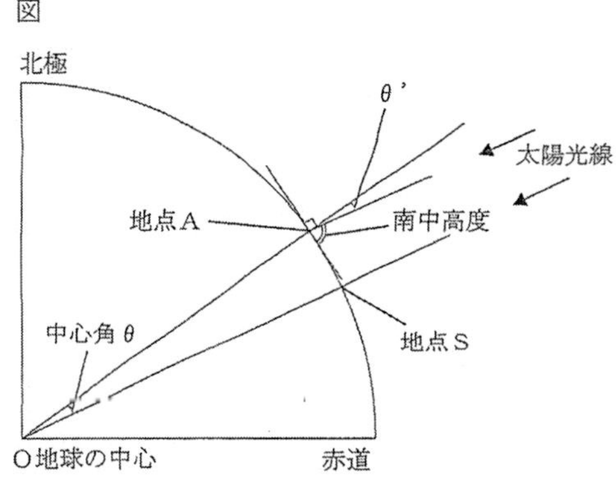

6　下線部④について，次の問いに答えなさい。

(1)　月面の凹凸は30億年以上前にできたと考えられているが，現在でも，その凹凸が見られるのはなぜか，理由を簡潔に書きなさい。

(2)　月面の「海」と呼ばれているところについて最も適切なものを，次のア～エの中から一つ選び，記号で答えなさい。

ア　隕石の衝突によってできた。

イ　溶岩の噴出によってできた。

ウ　主に斜長岩からできている。

エ　主に流紋岩からできている。

7　下線部⑤について，黒点の移動する速さからは太陽表面の自転周期がわかる。地球から見た太陽の自転周期は，赤道部分で約27日，高緯度では約30日である。緯度によって自転周期が異なることから太陽についていえることは何か，簡潔に書きなさい。

(☆☆◎◎◎◎)

高　校　理　科

【共通問題】

【１】「高等学校学習指導要領」(平成30年3月告示)「第2章　第5節　理科　第3款　各科目にわたる指導計画の作成と内容の取扱い」に関して，次の問いに答えなさい。

1　次の文章は，指導計画の作成に当たって配慮する事項の一部である。下の問いに答えなさい。

> (1)　単元など内容や時間のまとまりを見通して，その中で育む(　a　)・能力の育成に向けて，生徒の主体的・対話的で(　b　)の実現を図るようにすること。その際，理科の学習過程の特質を踏まえ，理科の見方・考え方を働かせ，見通しをもって観察，実験を行うことなどの科学的に(　c　)学習活動の充実を図ること。
> (2)「物理」,「化学」,「生物」及び「地学」の各科目については，原則として，それぞれに対応する(　d　)科目を履修した後に履修させること。

(1)　空欄(　a　)～(　d　)にあてはまる語句を，それぞれ書きなさい。

(2)　障がいのある生徒などへの指導について，理科における配慮として，実験を行う際，実験の手順や方法を理解することが困難である場合の配慮にはどのようなことがあるか，書きなさい。

2　次の文章は，内容の取扱いに当たって配慮する事項の一部である。空欄(　e　)～(　g　)にあてはまる語句を，それぞれ書きなさい。

> (4)　観察，実験，野外観察などの体験的な学習活動を充実させること。また，(　e　)に十分配慮すること。
> (6)　科学技術が日常生活や社会を豊かにしていることや(　f　)の向上に役立っていることに触れること。また，理

科で学習することが様々な(　g　)などと関連していることにも触れること。

(☆☆◎◎◎)

【物理】

【1】次の文章を読んで，下の問いに答えなさい。

図のように，ばね定数がkで自然の長さがlの軽いばねの一端を床に固定し鉛直に立て，他端に質量がmの薄い台を取り付けた。台の上に質量がMの物体を置くと，ばねは自然の長さからdだけ縮んで静止した。この位置をつり合いの位置とする。つり合いの位置を原点Oとし，鉛直上向きにx軸をとる。また，ばねは鉛直方向のみに伸縮するものとし，重力加速度の大きさをgとする。

図

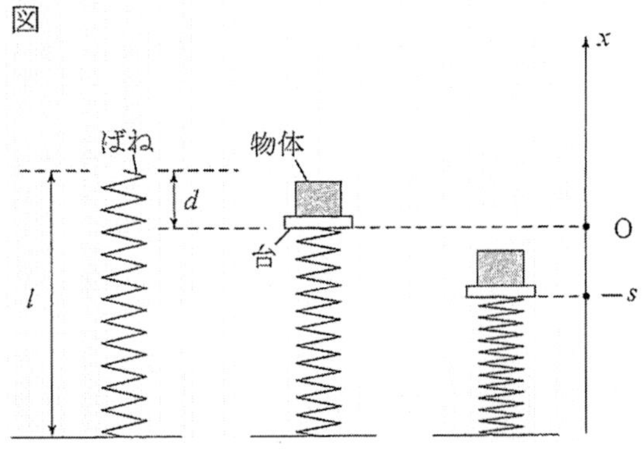

1　ばねの弾性力の大きさは，ばねの自然の長さからの伸びまたは縮みの長さに比例する。この法則名を書きなさい。

2　ばねの縮んだ長さdを，k，m，M，gを用いて表しなさい。

3　台をつり合いの位置から$x=-s$の位置まで押し下げ，静かに手を離すと，台と物体は一体となって振動した。次の問いに答えなさい。

(1)　台の変位がxのとき，物体が台から受ける垂直抗力をN，台と物体の加速度をaとして，台と物体の運動方程式をそれぞれ書きなさい。

(2)　このときの単振動の周期Tを，k，m，Mを用いて表しなさい。ただし，求め方も書くこと。

4　台をつり合いの位置から$x=-2d$の位置まで押し下げ，静かに手を離すと，物体が台から離れた。物体が台から離れるときの速さv_0を，d，gを用いて表しなさい。ただし，求め方も書くこと。

(☆☆☆◎◎◎◎)

【2】次の文章を読んで，あとの問いに答えなさい。

①電流が流れている導体や半導体の板に，電流に垂直に磁場を加えると，電流と磁場の両方に垂直な方向に電場が生じ，電位差が発生する。この現象は，磁気センサーや，導体中の②キャリアの密度や電荷の正負の測定などに用いられている。

図1のように，幅d〔m〕，厚さh〔m〕の導体に，y軸の正の向きに電流I〔A〕を流し，z軸の正の向きに磁束密度B〔T〕の磁場を加えたところ，面Pは負，面Qは正に帯電し，面Pと面Qとの間に電位差V〔V〕が発生した。キャリアを電子とし，電子1個の電気量を$-e$〔C〕，全ての電子の速さをv〔m/s〕，単位体積当たりの電子の個数をn〔個/m^3〕とする。また，図2は図1をz軸の正の方向から見たものである。

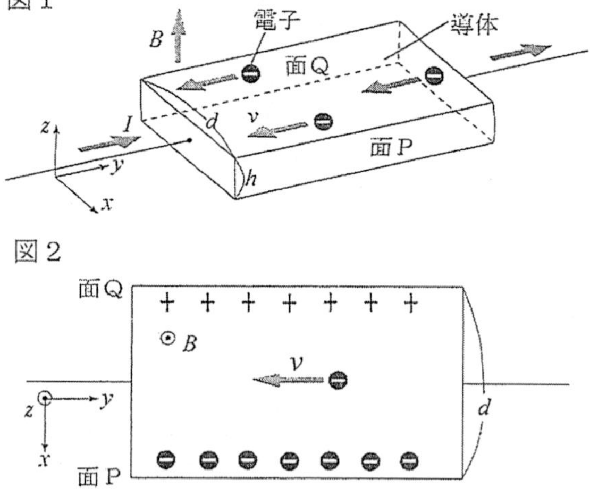

1　下線部①の現象を何というか，書きなさい。

2　下線部②について，次の問いに答えなさい。

(1)　キャリアとは何か，電流という語を用いて，簡潔に書きなさい。

(2)　キャリアには電子のほかに何があるか，一つ書きなさい。

3　電子が受けるローレンツ力の大きさF〔N〕を，B，e，vを用いて表しなさい。

4　電子の単位体積当たりの個数n[個/m^3]を，I，B，h，V，eを用いて表しなさい。ただし，求め方も書くこと。

5　導体を，導体と同じ形状のP型半導体にかえて，同様の実験を行ったところ，面Pが正に帯電した。その理由を，簡潔に説明しなさい。

(☆☆☆☆◎◎)

【3】次の文章を読んで，あとの問いに答えなさい。

ラウエは結晶にX線をあて，図1のような斑点模様の写真を撮った。この斑点をラウエ斑点といい，結晶内に規則的に並ぶ原子によって散乱されたX線が干渉して生じたものである。

結晶内では，図2のように，規則正しく並んだ原子を含む互いに平行な平面を何組も考えることができる。間隔dで隣りあった1組の平行平面に，平面となす角θで波長λのX線を入射させると，X線は多くの平行平面内の原子によって散乱され，いろいろな方向に進む。散乱されたX線が干渉して強め合うのは，反射の法則を満たす方向で，隣り合う2つの平面で反射されたX線が同位相になる場合である。ブラッグはこのように考え，①散乱されたX線が干渉して強め合う条件を導き出した。このX線回折現象は波動に特有の現象であることから，X線が波動性をもつことがわかった。

その後，X線が粒子性をもつことも確認され，光やX線などの②電磁波は波動性をもつだけでなく，粒子性をもつことがわかった。

(　a　)は波と考えられている光に粒子性があるのなら，電子のような粒子と考えられているものにも波動性があるのではないかと考えた。粒子が波動としてふるまうときの波を(　b　)といい，質量Mの粒子が速さvで動くとき，波長λはプランク定数hを用いて$\lambda = \frac{h}{Mv}$で与えられる。この波長を(　a　)波長という。

電子の(　b　)を特に電子波といい，電子を適当な電圧で加速した場合，X線の波長と同程度になるため，X線と同様に回折実験をすることができる。

図1

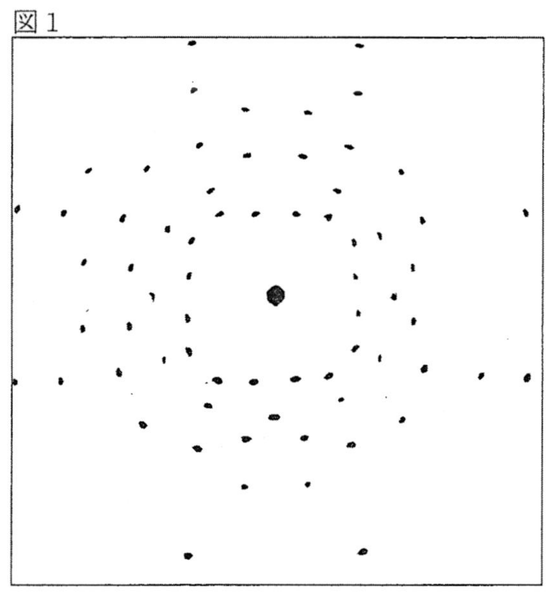

図2

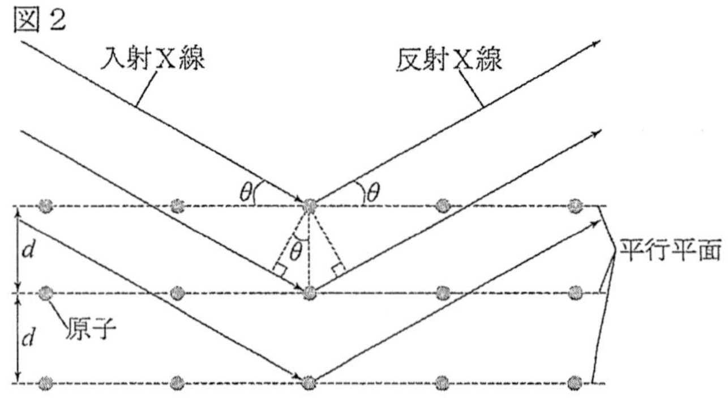

1　下線部①を，d，θ，λ，nを用いて表しなさい。ただし，n=1，2，3，…とする。

2　λ=3.5×10^{-10}mのX線を平面に入射させた。入射方向と平面のなす角θを0°から少しずつ大きくしていくと，30°になったときに反射されたX線の強度が最初の極大を示した。平面の間隔dは何mか，求めなさい。ただし，答えの数値は有効数字2桁とし，求め方も書くこと。

3　下線部②を何というか，書きなさい。

4　空欄(　a　)にあてはまる人名と，空欄(　b　)にあてはまる語を，それぞれ書きなさい。

5　電子の質量をm，電荷の大きさをeとする。静止した電子を電圧Vで加速したときの電子波の波長λを，e，m，V，hを用いて表しなさい。ただし，求め方も書くこと。

6　図2において，X線を電子波に換えて結晶面となす角θで入射させた。θを一定にし，加速電圧Vを変化させながら反射された電子線の強度を測定した。電子線の強度が極大となる加速電圧Vを，e，m，h，d，n，θを用いて表しなさい。ただし，n=1，2，3，…とする。

(☆☆☆◎◎◎)

【化学】

【1】次の文章を読んで，あとの問いに答えなさい。

銅は，周期表(　a　)族に属する金属元素であり，鉄・アルミニウムに次いで生産量が多い。銅は天然に単体として存在することもあるが，多くは$CuFeS_2$を主成分とする(　b　)などの化合物として産出する。(　b　)を溶鉱炉で空気とともに加熱して，鉄や硫黄分を除くと，粗銅が得られる。次に，電解精錬を行うと，高純度の銅を得ることができる。

銅は①展性，延性に富み，電気，熱の伝導性も大きい。そのため，送電線や電気材料，調理器具などに使われている。また，銅は軟らかい金属なので，適度な硬さをもつ②合金として使用されることが多い。

銅は化学的に不活発で，乾いた空気中ではさびにくいが，湿った空気中では$CuCO_3 \cdot Cu(OH)_2$などを主成分とする(　c　)とよばれるさびを生じる。また，銅を空気中で加熱すると，1000℃以下では黒色の酸化物を生成するが，1000℃以上では③赤色の酸化物を生成する。

銅は塩酸や希硫酸には溶けないが，④酸化力のある硝酸や熱濃硫酸には気体を発生して溶ける。また，銅(Ⅱ)イオンを含む水溶液に，塩基の水溶液を加えると，青白色の沈殿を生じる。⑤この沈殿に過剰のアンモニア水を加えると，沈殿が溶けて深青色の溶液になる。

1　空欄(　a　)～(　c　)にあてはまる最も適切な数字や語を，それぞれ書きなさい。

2　下線部①に関連して，全ての金属の中で最も展性，延性に富む金属はどれか，次のア～エの中から一つ選び，記号で答えなさい。

　ア　金　　イ　銀　　ウ　銅　　エ　白金

3　下線部②に関連して，楽器や硬貨などに用いられる，銅に30～40％の亜鉛を含む合金の名称を書きなさい。

4　下線部③を，化学式で表しなさい。

5　下線部④について，次の問いに答えなさい。

(1)　銅が濃硝酸に溶けるときの反応を，化学反応式で表しなさい。

(2)　銅と熱濃硫酸の反応で硫酸銅(Ⅱ)が生じる。20℃の硫酸銅(Ⅱ)飽和水溶液から，0.0250mol/Lの硫酸銅(Ⅱ)水溶液を1.00Lつくるとき，必要な硫酸銅(Ⅱ)飽和水溶液の質量は何gか，求めなさい。ただし，20℃における硫酸銅(Ⅱ)の水100gに対する溶解度は20.2，硫酸銅(Ⅱ)の式量は160とし，答えの数値は有効数字3桁で書くこと。

6　下線部⑤を，イオン反応式で表しなさい。

(☆☆☆◎◎◎)

【2】次の文章を読んで，あとの問いに答えなさい。

①化合物A 31.2gに濃硫酸を作用させて加熱すると，化合物Bが得られた。この化合物Bを水酸化ナトリウム水溶液で中和して得られた塩を，固体の水酸化ナトリウムとともに約300℃に加熱し融解状態で反応させると，塩Xが得られた。この塩Xの水溶液に二酸化炭素を十分に通じると，化合物Cが28.2g得られた。

化合物Aに鉄粉を触媒として塩素を作用させて得られる化合物Dを，高温・高圧のもとで水酸化ナトリウム水溶液と反応させて塩Xにした後，二酸化炭素を十分に通じても化合物Cが得られる。

現在，日本では，化合物Cは次に述べるクメン法ですべて合成されている。化合物Aとプロペンから触媒を用いて化合物Eをつくる。化合物Eを酸素で酸化して過酸化物Yにした後，硫酸で分解すると，化合物Cと化合物Fが得られる。

②化合物Cをニトロ化すると，ベンゼン環の1個の水素原子が1個のニトロ基で置換された*o*－ニトロフェノールおよび*p*－ニトロフェノールが生成し，さらに反応が進むと最終的に化合物G(分子量229)が生成する。

化合物Fは③水によく溶ける。また，多くの有機化合物をよく溶かすため，有機溶媒としても広く用いられる。

化合物A～Eそれぞれの炭素と水素の質量割合を表す元素分析結果を，表に示す。原子量はH＝1.0，C＝12，N＝14，O＝16，S＝32，Cl＝35.5とする。

表

化合物	炭素〔%〕	水素〔%〕
A	92.3	7.7
B	45.6	3.8
C	76.6	6.4
D	64.0	4.4
E	90.0	10.0

1　塩X，過酸化物Yの名称を，それぞれ書きなさい。

2　化合物D，E，Gの構造式を，それぞれかきなさい。ただし，構造式は，例に示された構造式にならってかくこと。

例

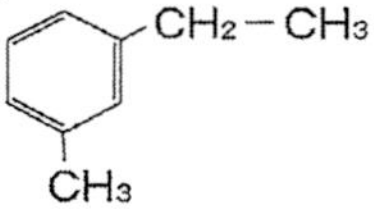

CH_2-CH_3

CH_3

3　化学反応において，理論上得られる物質量に対し，実際に得られた物質量の割合を収率という。下線部①について，化合物Aの物質量を基準とした化合物Cの実際の収率は何%か，求めなさい。ただし，答えの数値は有効数字2桁で書くこと。

4　下線部②について，*m*−ニトロフェノールがほとんど生成しないのはなぜか，配向性という語を用いて，理由を簡潔に書きなさい。

5　下線部③について，化合物Fが水によく溶けるのはなぜか，理由を簡潔に書きなさい。

(☆☆☆☆◎◎◎)

【3】次の文章を読んで，下の問いに答えなさい。

二酸化窒素は赤褐色の気体であるが，この2分子が結合した四酸化二窒素は無色の気体である。二酸化窒素は次のような可逆反応によってその一部が四酸化二窒素となる。

$$2NO_2 \rightleftarrows N_2O_4 \quad (\mathrm{I})$$

図のようなピストンのついた透明な密閉容器に，純粋なNO_2をn_1〔mol〕だけ注入した。そのときの容器内の温度T〔K〕，体積をV〔L〕とする。温度と体積を一定に保つと，NO_2の物質量がn_2〔mol〕となって，①平衡状態に達した。温度を一定に保ちながら，ピストンを押して圧力を増加させると，(　a　)。

図

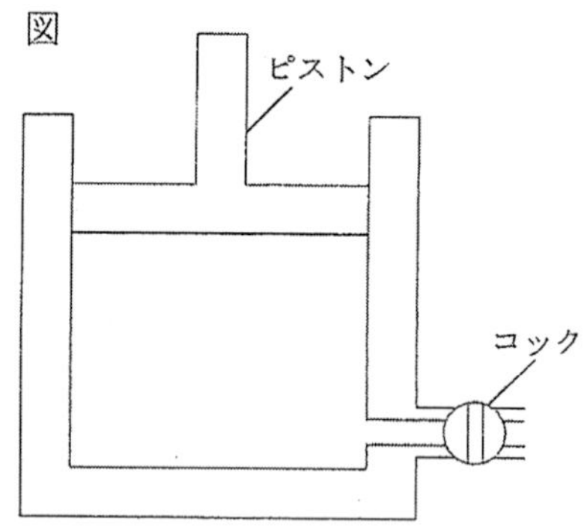

1　(Ⅰ)の反応について，次の問いに答えなさい。

(1) 温度T〔K〕における(Ⅰ)の反応の平衡定数(濃度平衡定数)K_cをn_1，n_2，V用いて表しなさい。

(2) 容器の体積が2.0L，平衡時のNO_2の物質量が2.0molであったとき，平衡時のN_2O_4の物質量は何molか，求めなさい。ただし，温度T〔K〕における(Ⅰ)の反応の平衡定数は0.50〔mol/L〕$^{-1}$とし，答えの数値は有効数字2桁で書くこと。

2 空欄(a)にあてはまる文として最も適切なものを，次のア～エの中から一つ選び，記号で答えなさい。

ア 赤褐色が徐々に濃くなる

イ 赤褐色が徐々に薄くなる

ウ 赤褐色がはじめは濃くなるが，その後薄くなる

エ 赤褐色がはじめは薄くなるが，その後濃くなる

3 下線部①について，次の問いに答えなさい。

(1) 下線部①の平衡状態にあるとき，反応容器の温度，全圧を一定に保ち，アルゴンを注入した。そのとき，平衡状態はどのように変化するか，理由も含めて簡潔に書きなさい。

(2) 下線部①の平衡状態にあるとき，加熱して温度を高くしたら，赤褐色が濃くなった。1molのN_2O_4がもつエネルギーと2molのNO_2がもつエネルギーの差が57.2kJであるとき，(Ⅰ)の正反応を，熱化学方程式で表しなさい。

(☆☆☆◎◎◎)

【4】固体の水酸化ナトリウムと塩酸の反応で発生する熱量を求めるため，<実験1>，<実験2>を行った。あとの問いに答えなさい。ただし，実験は断熱容器内で行われ，すべての水溶液の比熱は4.2J/(g・K)，密度は1.0g/cm^{3}とし，原子量はH＝1.0，O＝16，Na＝23とする。

<実験1> 固体の水酸化ナトリウム2.0gを水48gに加え，すばやくかき混ぜて，完全に溶解させると，時間とともに水溶液の温度は次の図のように変化した。

図

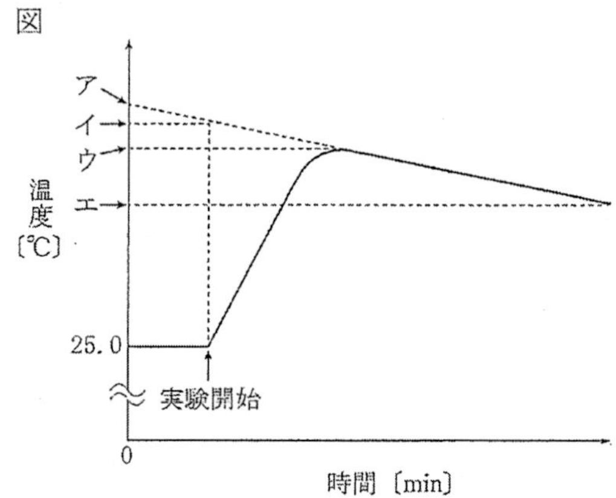

<実験2>　上の<実験1>で調整した水酸化ナトリウム水溶液の温度が一定になった時点で，同じ温度の2.0mol/L 塩酸50mLを混合し，すばやくかき混ぜた。このとき，混合水溶液の温度は，塩酸を加える前より6.7℃上昇した。

1　水酸化ナトリウムについて，次の文章を読んで，下の問いに答えなさい。

水酸化ナトリウムは，工業的には，(　a　)法による①<u>塩化ナトリウム水溶液の電気分解</u>で製造される。水酸化ナトリウムの固体を湿った空気中に放置すると，水蒸気を吸収して溶ける。この現象を(　b　)という。

(1)　空欄(　a　)，(　b　)にあてはまる最も適切な語を，それぞれ書きなさい。

(2)　下線部①について，陽極に炭素，陰極に鉄を用いて，塩化ナトリウム水溶液を電気分解したとき，陰極で起こる反応を，電子e^-を含むイオン反応式で表しなさい。

2　<実験1>において，瞬間的に水酸化ナトリウムの溶解が終了し，反応溶液の外への熱の放冷がなかったとみなせる最高温度は，図中のどこか，ア～エの中から一つ選び，記号で答えなさい。

3　問2における最高温度が35.5℃であったとき，固体の水酸化ナトリウムの水への溶解熱は何kJ/molか，求めなさい。ただし，答えの数値は有効数字2桁とし，求め方も書きなさい。

4 ＜実験1＞，＜実験2＞の結果を用いて，固体の水酸化ナトリウム4.0gを2.0mol/L 塩酸50mLに溶解したとき発生する熱量は何kJか，求めなさい。ただし，答えの数値は有効数字2桁とし，求め方も書きなさい。

(☆☆☆☆◎◎◎)

解答・解説

中高理科

【1】1 キログラム　2 タングステン　3 自食作用　4 ストロマトライト　5 ブラックホール

〈解説〉1 SI基本単位は7つある。それらについて現在の定義について簡単に記す。「長さ：m」；真空中で1秒間の299792458分の1の時間に光の進む距離に基づく，「時間：s」；セシウムの放射周期に基づく，「光度：cd」；規定の周波数，放射強度の単色光源に基づく，「電流：A」；電気素量に基づく，「温度：K」；ボルツマン定数に基づく，「物質量：mol」；アボガドロ数に基づく，「質量：kg」；プランク定数に基づく。「長さ」については1960年に国際メートル原器から変更され，その後原器に基づくものは「質量」(国際キログラム原器に基づいていた)のみとなった。2018年11月16日の国際度量衡総会にて物質量，温度，電流と共に質量の定義が現行のものに改訂された。新たな定義が2019年5月20日から施行されている。　2 金属の融点の高い上位のものは，タングステンは約3400℃，レニウムは約3200℃，タンタルやオスミウムは約3000℃となっている。タングステンは電球のフィラメントとして用いられていることが知られている。　3　細胞が自身のタンパク質を分解し再利用する仕組みでオートファジー(Autophagy)や自食作用と呼ばれる。細胞内をきれいにしたり，病原菌を排除したり，その他様々な病気にも関係していると考えられている。　4　藍藻類は海中の珪質，石灰質の物質をその分泌粘液で固着し薄層をつくり，太陽光のあたる昼間にさらに成長し，夜間にまた薄層をつくる。こうしたことを繰り返すことで，薄層が重なってできた堆積構造をもつ岩石をストロマトライトと言う。その形状はドーム状であったり，枕状，柱状などであったりする。　5　ブラックホールは，極めて高密度で大質量であることから，強力な引力を持ち，光すら引き込んでしまい，観測することができないと考えられていた。ブラックホールをとらえ観測すべく多くの試みがなされ，2011年にはJAXAが初めてブラックホールの位置を特定することに成功した。2019年4月には，国際研究チームがブラックホールの直接撮影に成功したと発表した。

中　学　理　科

【1】1　a　技能　　b　力　　c　態度　　2　(1)　d　見いだして　e　仕組み　　(2)　基礎的なもの　　(3)　イオンのモデル

3　(1)　第1学年　　(2)　双眼実体顕微鏡

〈解説〉中学校学習指導要領の「第1　目標」と「第2　各分野の目標及び内容」は，特に重要なので，同解説もあわせて理解するとともに，用語などもしっかり覚えておきたい。

【2】1　ウ　　2　水和　　3　3.8〔g〕　　4　蒸気圧降下により，水溶液の蒸気圧を外圧と同じにするには，水の沸点より高い温度にしなければならないから。　　5　(1)　イ　　(2)　A

(3)　$\Delta t = K_f m = 1.85 \times \dfrac{\dfrac{5.85}{58.5} \times 2}{0.500} = 0.74$〔K〕　　答え　-0.74℃

〈解説〉1　水素に比べて酸素の電気陰性度は大きく，H－O結合の極性は酸素がわずかに負，水素側がわずかに正となっている。また，水分子は折れ線型の構造をしているため各分子による極性は互いに打ち消し合うことはなく，水分子は極性分子となる。　2　イオン結晶を水に溶かすと，イオンと水分子とが静電気的な引力によって結合する。極性分子を水に溶かすと，水分子と水素結合によって結合し，分子のまま溶ける。このような減少を水和という。　3　80℃の飽和塩化ナトリウム水溶液100gには，$100\times\frac{38}{138}\fallingdotseq27.53$〔g〕の塩化ナトリウムが溶解している。水を10g蒸発させると，残った水の質量は62.46gとなる。80℃の水62.46gに溶解する塩化ナトリウムの質量は，$62.46\times\frac{38}{100}\fallingdotseq$ 23.73〔g〕である。よって析出する塩化ナトリウムの質量は，27.53－23.73＝3.8〔g〕。　4　水などの溶媒に不揮発性の溶質を溶解させた希薄溶液の蒸気圧は，純溶媒の蒸気圧よりも低くなる。沸点は，溶液の蒸気圧が大気圧と等しくなる温度であるので，蒸気圧が下がるとその温度は高くなる。　5　(1)　ア～イは過冷却の過程である。凝固し始めると凝固熱が発生し，温度は上昇し始める(イ～ウ)。さらに冷却すると，溶液の濃度が大きくなっていき凝固する温度が低下していき(ウ～エ)，やがてすべて凝固する。　(2)　ウ～エの直線を凝固前の曲線へと引き伸ばし，2つの線が交わったときの温度が溶液の凝固点である。　(3)　解答参照。

【3】1　(1)　ジュール　　(2)　20〔W〕　　(3)　電熱線から7分間で発生する熱量は　20×7×60＝8400〔J〕

これが水の温度上昇に使われるから，水の比熱をcとして，$100\times c\times20=8400$　　$c=4.2$〔J/(g·K)〕　　答え　4.2J/(g·K)

2　(1)　20〔N〕　　(2)　引く力がした仕事…29〔J〕　重力がした仕事…－29〔J〕

3　(1)　Aについて，　$2.0a=T-2.0\times9.8$…①

Bについて，　$3.0a=3.0\times9.8-T$…②

①＋②より　$5.0a=9.8$

$a=1.96$〔m/s²〕　　答え　2.0〔m/s²〕

(2)　2.8〔m/s〕

〈解説〉1　(1)　導体に電流が流れた時の発熱量について詳しく研究したジュールにちなんでジュールの法則と呼ばれる。この時発生する熱をジュール熱という。　(2)　消費電力は電圧の2乗を抵抗で割ると求めることができる。すなわち，$100^2 \div 500 = 20$〔W〕となる。　(3)　水の比熱とは水1gを1℃温度上昇させるのに必要な熱量のことである。問題文より，水100gを20℃上昇させるのに，(2)で求めた20Wの電熱線を7分間(＝7×60秒間)使用したので，式を立てると解答のようになる。

2　(1)　この時定滑車は力の方向を変えているだけなので，ひもを引く力は，物体Aにはたらく重力と等しい。したがって有効数字に注意して2.0×9.8＝19.6≒20〔N〕となる。　(2)　ひもを引く力がした仕事は19.6×1.5＝29.4≒29〔J〕である。重力は物体の運動方向とは逆向きにはたらいていたので，－19.6×1.5＝－29.4≒－29〔J〕となる。

3　(1)　ひもの動きに沿って運動方程式を考えると，物体Aと物体Bは同じ加速度で運動する。この場合ひもの張力は明らかではない。物体AとBの加速度をa，ひもの張力をTとおき，物体A，物体Bそれぞれの運動方程式を立てて，それらを連立させて解くと解答のようになる。

(2)　(1)より加速度は1.96〔m/s²〕であるから，等加速度運動の公式$V^2-V_0^2=2ax$に当てはめると，$V^2-0^2=2\times1.96\times2.0$となるので，これを解くと$V=2.8$〔m/s〕となる。

【4】1　レーウェンフック　　2　ステージ　　3　観察物によって対物ミクロメーターの目盛りが隠れてしまうから。　　4　160〔μm〕

5　A　外液　　圧力の関係…細胞内液の圧力＝Aの圧力

6　250,000〔個/mL〕

〈解説〉1　レーウェンフックは，直径1mm程度の球形レンズ1個を用いる単レンズ式の顕微鏡を自作し，身の回りのいろいろなものを観察して，原生動物や細菌などの微生物を発見した。　2　解答参照。

3　解答参照。　4　まず，接眼ミクロメーター1目盛りあたりの長さを求める。

接眼ミクロメーター1目盛りの長さ＝$\frac{\text{対物ミクロメーターの目盛り数}}{\text{接眼ミクロメーターの目盛り数}}$×10〔$\mu$m〕で求めることができる。10倍の接眼レンズと10倍の対物レンズの場合，ミクロメーターの目盛りは一致していたので，この時の接眼ミクロメーター1目盛りの長さは，10μmである。その後，対物レンズを40倍のものに変更したため，接眼ミクロメーター1目盛りの長さは，$\frac{10}{4}$＝2.5である。今回，オオカナダモの葉の細胞の直径は，接眼ミクロメーター64目盛り分であるため，2.5×64＝160〔μm〕となる。　5　細胞壁と細胞膜の間には，12％スクロース溶液が入り込む。細胞膜にはアクアポリンがあり，水をよく通すが，スクロースやイオンなどは通さないので，半透膜のような性質を示す。高張液中では細胞から水が吸い出されて細胞膜で囲まれた部分が収縮する。この時の細胞内液の圧力とAの圧力は等しい。　6　透明な細胞が生細胞で，トリパンブルーによって染色されているのが死細胞である。トリパンブルーは毒性が強く発がん性もある物質である。生細胞数は，生細胞数＝$\frac{\text{区画中の全生細胞}}{\text{数えた区画}}$×10,000で求めることができる。よって，生細胞数＝$\frac{125}{5}$×10,000＝250,000である。

【5】1　a　木星　　b　4　　2　ウ　　3　月に映った地球の影が丸い。
4　11時50分　　5　地球の中心と地点Sおよび地点Aとを結ぶ線の成す角は，90°−82.8°＝7.2°　　そこで，地球周囲の長さをLとすると，$L=\frac{360\times900}{7.2}=45000$　　答え　約45000〔km〕
6　(1)　水や大気がないため，侵食されなかった。　　(2)　イ
7　太陽が，固体ではなく気体でできていること。

〈解説〉1　解答参照。　2　万有引力は，すべての物体間に働く力であり，地球上の物体に働く力を考えると，地球と物体に働く万有引力から地球が自転する際の遠心力を差し引いた力が重力である。地球が自転する際に，地上にある物体は，地軸を中心とした等速円運動と近似でき，

この物体に働く遠心力(F)は，地軸からの最短距離をr，地球の角速度をω，物体の質量をmとおくと，$F=mr\omega^2$となる。地表面の物体の角速度はすべて一致するため，同じ物体に働く遠心力は，地軸からの最短距離にのみ比例する。地軸からの最短距離は，緯度が低いほど長くなるため，緯度が低いほど遠心力が大きくなり，重力が小さくなる。3　ほかには，高い場所の方が遠くの場所が見える，北半球と南半球で見える星が異なるなどがある。　4　地球は一周(360°回転)するのに，24時間かかる。したがって，5°回転するのにかかる時間をx分とすると，$x=\frac{24}{360}\times5\times60=20$〔分〕となる。東にある方が早く南中するため，12時10分－20分＝11時50分となる。　5　解答参照。

6 (1)　解答参照。　(2)　月の海は，古いクレーターが溶岩によって埋められて出来ている。月の海を構成する岩石は主に玄武岩でできている。　7　固体でできている場合，地球と同様に極と赤道で自転周期が一致すると考えられる。

高　校　理　科

【共通問題】

【1】1　(1)　a　資質　　b　深い学び　　c　探究する　　d　基礎を付した　　(2)　実験の操作手順を具体的に明示する。　　2　e　環境整備　　f　安全性　　g　職業

〈解説〉該当箇所を読み込むこと。1の(2)については，学習指導要領解説に，「実験を行う活動において，実験の手順や方法を理解することが困難である場合は，見通しがもてるよう実験の操作手順を具体的に明示したり，扱いやすい実験器具を用いたりするなどの配慮をする。」と記載がある。

【物理】

【1】1　フックの法則　　2　$\dfrac{M+m}{k}g$

3　(1)　台…$ma=k(d-x)-N-mg$　　物体…$Ma=N-Mg$

(2)　台と物体の運動方程式より　$(M+m)a=-k(x-d)-(M+m)g$

また，原点Oでの力のつり合いより　$kd-(M+m)g=0$

これを上の式に代入し　$(M+m)a=-kx$

右辺は復元力だから，台と物体は単振動をする。

その周期は$T=2\pi\sqrt{\dfrac{M+m}{k}}$

4　台と物体の運動方程式より，$(M+m)a=-kx$

また，$k=\dfrac{M+m}{d}g$だから，$a=-\dfrac{kx}{M+m}=-\dfrac{g}{d}x$

これを物体の運動方程式に代入し整理すると　$N=Mg-\dfrac{Mg}{d}x$

物体と台が離れるとき$N=0$となるので，$x=d$の位置で離れる。

力学的エネルギー保存則より

$\dfrac{1}{2}k(3d)^2=\dfrac{1}{2}(M+m)v_0{}^2+(M+m)g\times 3d$

これを整理すると$v_0=\sqrt{3dg}$

〈解説〉1　イギリスの物理学者ロバート・フックが提唱した法則。弾性の法則とも呼ばれる。　2　ばねの弾性力と台と物体の重力がつり合っている。フックの法則より，ばねの弾性力はkdなので，つり合いの式を立てると，$kd=(M+m)g$となる。これをdについて解くと解答が得られる。　3　(1)　台について注目すると，はたらいている力は重力とばねの弾性力，また作用反作用の法則により物体から大きさNの垂直抗力を受ける。xはつり合いの位置を原点としているため，ばねが自然長となる点は$x=d$となる。すなわち，台の変位がxの時のばねの自然長からの伸びは$x-d$となる(値が負の場合は縮み)。鉛直上向きを正としていることに注意すると，重力は$-mg$，弾性力は$-k(x-d)=k(d-x)$，垂直抗力は$-N$となる。これらを運動方程式に当てはめる。物体について注目すると，はたらいている力は重力と垂直抗力である。力の向きに注意して運動方程式を立てると，$Ma=N-Mg$となる。

(2)　台と物体は一体になって動くとある。(1)で求めた2つの運動方程式を足すと，台と物体が一体となった運動方程式が得られる。これは未知数Nを消す作業ともいえる。また2で見たようにばねの弾性力と台と物体重力のつり合いから$kd=(M+m)g$である。これを代入し，整理すると$(M+m)a=-kx$となる。これは単振動の運動方程式になっている。一般に正の定数Kを用いて，運動方程式が$ma=-Kx$と表せるものは単振動を行い，その周期は$2\pi\sqrt{\frac{m}{K}}$となる。またこの時の右辺を復元力と呼ぶ。　4　物体と台が離れる(垂直抗力Nが0となる)位置が分かれば，力学的エネルギー保存から速度が導ける。3(2)の台と物体の運動方程式にはNが含まれないので，ここからaについて解き，aをxの式で表す。またd，gを用いて表せとあるのでつり合いの式から$k=\frac{(M+m)g}{d}$を代入する。aについて解いた式を物体の運動方程式に代入し，$N=0$となるxを求めると，$x=d$となる。物体が台と離れる位置が分かったので，力学的エネルギー保存の式を立てる。ばねの自然長の位置は$x=d$なので$x=-2d$では，ばねは自然長から$3d$縮んでいるので，この時の弾性エネルギーは$\frac{k(3d)^2}{2}$となる。同様にして，物体が離れる位置では弾性エネルギーは0となる。位置エネルギーの基準を$x=-2d$とすると，解答の式が得られる。

【2】1　ホール効果　　2　(1)　電流の担い手　　(2)　ホール

3　evB〔N〕　　4　電流が流れているとき，電子が受けるローレンツ力と電子が電場から受ける力がつり合っているから　$evB=e\frac{V}{d}$

$v=\frac{V}{Bd}$　　ここで，$I=envdh$より，$n=\frac{I}{evdh}=\frac{BI}{ehV}$　　5　P型半導体のキャリアであるホールが，ローレンツ力を受けて面P側に集まり，面Pが正に帯電するため。

〈解説〉1　アメリカの物理学者エドウィン・ホールによって発見された現象。この時の電位差をホール電圧と呼ぶ。　2　(1)　n型半導体における電子やp型半導体におけるホール(正孔)のような電流の担い手となるものをキャリアと呼ぶ。 (2) (1)で示したようにp型半導体ではホールがキャリアとなる。n型半導体では価電子を5つ持つPやSbが微量混じることで余った電子がキャリアとなるのに対し，p型半導体では価電子を3つしか持たないAlやInが微量混じることで生じる電子のない所(ホール)がキャリアとなる。ホールは正の電気を持つ粒子のようにふるまう。 3 ローレンツ力は$f=qvB$で表される。電子の場合，電気量は$-e$なので，ローレンツ力の大きさはevBとなる。なお，ローレンツ力の方向は荷電粒子の速度の方向を電流の向きとするとフレミングの左手の法則で示される。 4 ホール効果では磁場によって電子がローレンツ力を受け面Pに集まるが，電子が面Pに集まることでx軸正の方向に電場が生じる。やがて終端速度のように，ローレンツ力と電子が電場から受ける力がつり合い，電子は直進するようになる。ここで導体の幅がd，生じた電位差がVと分かっているので，電場は$\frac{V}{d}$となり，つり合いの式を立てると，$evB=\frac{eV}{d}$となる。よって$v=\frac{V}{Bd}$となる。また電流は断面積をSとして$I=envS$と表せる。これをnについて解き，$v=\frac{V}{Bd}$と$S=dh$を代入すると解答が得られる。 5 p型半導体ではホールが正の電気を持つ粒子のようにふるまい，キャリアとなる。正の電気を持つ粒子としてふるまうので，ホールはy軸正の方向に流れる。この時ローレンツ力はフレミングの左手の法則よりx軸正の方向にはたらき，面Pにホールが集まり，正に帯電する。

【3】1 $2d\sin\theta=n\lambda$ 2 θが30°のとき初めて強め合ったので，$2d\sin 30°=1\times3.5\times10^{-10}$より，$d=3.5\times10^{-10}$m 3 粒子と波動の二重性 4 a ド・ブロイ b 物質波

5 エネルギー保存則より $\frac{1}{2}mv^2=eV$ 電子の速さは$v=\sqrt{\frac{2eV}{m}}$

また$\lambda=\frac{h}{mv}$より，$\lambda=\frac{h}{\sqrt{2emV}}$ 6 $\frac{n^2h^2}{8ed^2m\sin^2\theta}$

〈解説〉1　図2より隣り合う2つの平面で反射されたX線同士の道のりの差は上方のX線から下ろされた垂線に挟まれた区間と等しい。よって道のりの差は$2d\sin\theta$となる。これが波長の整数倍となれば同位相となる。　2　1より入射方向と平面のなす角が大きくなると道のりの差も大きくなる($0^\circ \leqq \theta < 90^\circ$)。$\theta = 30^\circ$の時，最初の極大を示したので$n=1$である。これらの値と$\lambda = 3.5\times10^{-10}$mを1の式に代入し，$d$について解くと解答が得られる。　3　下線部のような一見すると相反する2つの性質を持つ現象は，粒子と波動の二重性といわれる。　4　物質波(ドブロイ波)はフランスの物理学者ルイ・ド・ブロイによって提唱された概念。その波長をドブロイ波長と呼ぶ。　5　電圧Vによって電子に生じた静電気力による位置エネルギーが電子の運動エネルギーになる。エネルギー保存の式から速度を求め，得られた速度をドブロイ波長の式に代入することで解答が得られる。　6　1で表した干渉条件に，5で得られた電子波の波長を代入し，Vについて解くことで求められる。

【化学】

【1】1　a　11　　b　黄銅鉱　　c　緑青　　2　ア　　3　黄銅

4　Cu_2O　　5　(1)　$Cu + 4HNO_3 \rightarrow Cu(NO_3)_2 + 2H_2O + 2NO_2$

(2)　23.8〔g〕　　6　$Cu(OH)_2 + 4NH_3 \rightarrow [Cu(NH_3)_4]^{2+} + 2OH^-$

〈解説〉1　粗銅を得る過程は鉄の製造と同様である。黄銅鉱にコークスと石灰石を混ぜて溶鉱炉で加熱すると硫化銅(Ⅰ)が得られる。これを転炉で酸素を吹き込みながら加熱すると粗銅が得られる。粗銅の純度は約99%であり，電解精錬を行うことで純度99.99%以上の純銅を製造している。　2　展性および延性に関して，すべての金属中で金が最も優れている。金は0.0001mmの厚さすることができ，金1gは3000mの長さに延ばすことができる。　3　銅と亜鉛との合金は黄銅や真鍮といわれる。また，銅とスズとの合金は青銅，銅とニッケルとの合金は白銅といわれる。　4　銅は加熱すると酸化され，単体から酸化銅(Ⅱ)となる。ただし，加熱の温度が1000℃を上回ると酸化銅(Ⅱ)が分解され酸化銅(Ⅰ)と酸素が生成する。　5　(1)　銅などの水素よりイオン化傾向が小さい金属は，酸化力のある酸でないと溶解しない。銅と希硝酸との場合，$3Cu+8HNO_3 \rightarrow 3Cu(NO_3)_2+4H_2O+2NO$となり，銅と熱濃硫酸との場合，$Cu+2H_2SO_4 \rightarrow CuSO_4+2H_2O+SO_2$となる。 (2) 求める硫酸銅(Ⅱ)飽和水溶液の質量をx〔g〕とおく。調製の前後での物質量について等式を立てると，$0.025\times1\times160=\frac{20.2}{120.2}\times x$ ∴ $x=23.8019\cdots\fallingdotseq23.8$〔g〕となる。 6 銅イオンは過剰のアンモニア存在下では正方形の錯イオンを形成する。

【2】1 X ナトリウムフェノキシド Y クメンヒドロペルオキシド

2 D E G

C_6H_5Cl　　$CH_3-CH(C_6H_5)-CH_3$　　$C_6H_2(OH)(NO_2)_3$（2,4,6-トリニトロフェノール）

3 75〔%〕 4 ベンゼン環に結合した－OHは，オルト・パラ配向性を示すから。 5 極性をもつカルボニル基をもつから。

〈解説〉1 化合物はIUPAC命名法によって定められている。アルコールやフェノールの水素イオンが脱離した$R-O^-$は，アルコキシドやフェノキシドとよばれる(例 CH_3ONa：ナトリウムメトキシド)。また，過酸化物である$R-OOH$はヒドロペルオキシドとよばれる(例 $R=H$の時，H_2O_2：ハイドロゲンペルオキシド)。 2 文章中の反応を整理すると次の通りになる。

A（ベンゼン） —H_2SO_4→ B（$C_6H_5SO_3H$） —NaOH→ X（C_6H_5ONa）

A —Cl_2, Fe→ D（C_6H_5Cl） —NaOH→ X（C_6H_5ONa） —CO_2→ C（C_6H_5OH） —H_2SO_4, HNO_3→ G（O_2N, NO_2, NO_2, OH）

A + $CH_3-CH=CH_2$ → E（$CH_3-CH(C_6H_5)-CH_3$） —O_2→ Y（$CH_3-C(O-OH)(C_6H_5)-CH_3$） —$H_2SO_4$→ C + F（$CH_3-CO-CH_3$）

3　化合物Aであるベンゼンの分子量は78だから，原料の物質量は0.40molである。この反応は，原料に対して目的物は1：1で得られるので，理論上は目的物Cは0.40mol得られる。化合物Cであるフェノールの分子量は94だから，問題文より実際に得られたフェノールは0.30molである。よって収率は，$\frac{0.3}{0.4}\times100=75$〔%〕となる。　4　フェノール性ヒドロキシ基－OHのように電子供与性の置換基では，オルト－パラ配向性を示す。また，電子供与性置換基にはメトキシ基$-OCH_3$，アミノ基$-NH_2$，メチル基$-CH_3$，やハロゲン基－Xがある。一方，ニトロ基$-NO_2$，カルボキシ基－COOH，スルホ基$-SO_3H$などの電子求引性置換基はメタ配向性を示す。　5　物質の溶解性は，溶媒と溶質との極性に依存する。カルボニル化合物はC＝Oが極性を示すため，炭素数の少ない化合物は水に溶けやすい。

【3】1　(1)　$\frac{(n_1-n_2)V}{2n_2^2}$　　(2)　1.0〔mol〕　　2　ウ　　3　(1)　分圧は減少するので，気体の分子数が増加する逆反応方向へ平衡が移動する。

(2)　$2NO_2$(気)＝N_2O_4(気)＋57.2kJ

〈解説〉1　(1)　N_2O_4がx〔mol〕生成したとすると，NO_2の物質量は$n_1-2x=2$〔mol〕となる。よってxは$x=\frac{n_1-n_2}{2}$となる。したがってNO_2の濃度は$\frac{n_2}{V}$〔mol/L〕，N_2O_4の濃度は$\frac{\frac{n_1-n_2}{2}}{V}$〔mol/L〕なので，平衡定数$K_c$は$K_c=\frac{[N_2O_4]}{[NO_2]^2}=\frac{(n_1-n_2)V}{2n_2^2}$となる。　(2)　(1)の平衡定数の式に$K_c=0.50$〔mol/L〕$^{-1}$，$n_2=2.0$〔mol〕，$V=2.0$〔L〕を代入すると，$n_1=4.0$〔mol〕となる。$N_2O_4$の物質量は$\frac{n_1-n_2}{2}=\frac{4.0-2.0}{2}=1.0$〔mol〕となる。

2　ルシャトリエの原理より，圧力を増加させると，平衡は減圧の方向，つまりN_2O_4が生成する方向に移動する。よって加圧した瞬間は濃縮によりNO_2の赤褐色が濃くなるが，平衡がN_2O_4側に移動し色が薄くなっていく。　3　(1)　解答参照。　(2)　加熱することで平衡がNO_2

が生成される側に移動している。よって(Ⅰ)の正反応は発熱反応であることことが分かるため，$2NO_2$(気)＝N_2O_4(気)＋57.2〔kJ〕となる。

【4】1　(1)　a　イオン交換膜　　b　潮解　　(2)　$2H_2O + 2e^- \rightarrow H_2 + 2OH^-$　　2　イ　　3　生じた熱量は$Q=mct$＝(2.0＋48)×4.2×(35.5－25.0)＝2205〔J〕＝2.205〔kJ〕　NaOHの物質量は$\frac{2.0}{40}$＝0.050〔mol〕だから，NaOH(固)の溶解熱は$\frac{2.205}{0.050}$＝44.1〔kJ/mol〕(答え)　44kJ/mol　　4　実験2で生じた熱量$Q=mct$＝(50＋2.0＋48)×4.2×6.7＝2814〔J〕＝2.814〔kJ〕　HClの物質量は2.0×0.050＝0.10〔mol〕，NaOHの物質量が0.050molだから，中和で生じるH_2Oの物質量は0.050molで，中和熱は$\frac{2.814}{0.050}$＝56.28〔kJ/mol〕となる。よって発生する熱量は$\frac{4.0}{40}$×44.1＋0.10×56.28＝10.038≒10　　(答え)　10kJ

〈解説〉1　(1)　解答参照。　(2)　陽極では$2Cl^- \rightarrow Cl_2 + 2e^-$の反応が起こり，陰極では$2H_2O + 2e^- \rightarrow H_2 + 2OH^-$の反応が起こる。　2　中和反応の途中では発生した熱が外に逃げていることが考えられる。そのため，反応における最高温度を外への熱の放冷がなかったとみなし求めると，答えがイとなる。徐々に温度が下がっていく様子を表す傾きがマイナスの直線と，実験開始時間のy軸との交点となる。　3，4　解答参照。

2019年度　実施問題

中　高　理　科

【1】次の問いに答えなさい。

1　特異点定理を発表したイギリスの物理学者で，筋萎縮性側索硬化症(ALS)になりながらも研究を続けた人物は誰か，その人物の名前を書きなさい。

2　スカンジウム，イットリウム，およびランタノイドの17元素の総称は何とよばれるか，書きなさい。

3　人間の皮膚などの体細胞にごく少数の因子を導入し培養することにより，さまざまな組織や臓器の細胞に分化する能力とほぼ無限に増殖する能力をもつようになった細胞のことを何というか，書きなさい。

4　水は蒸発するときには周囲から熱を奪い，凝結するときには熱を放出する。このような，物質の状態変化にともなって出入りする熱を何というか，書きなさい。

5　山形県鶴岡市の大山上池・下池が登録された，湿地の保全および賢明な利用促進のために締約国がとるべき措置等について規定している条約を，採択の地にちなみ一般に何というか，書きなさい。

(☆☆☆◎◎◎)

中　学　理　科

【1】「中学校学習指導要領」(平成20年3月告示)[理科]に関して，次の問いに答えなさい。

1〔第1分野〕について，次の問いに答えなさい。

(1)　次の文は，第1分野の目標の一つである。空欄(　a　)～(　c　)にあてはまる語句を，それぞれ書きなさい。

物質やエネルギーに関する事物・現象に(a)かかわり，その中に問題を見いだし(b)に探究する活動を通して，規則性を発見したり課題を解決したりする(c)を習得させる。

(2) 「(7) 科学技術と人間 ア エネルギー (ア) 様々なエネルギーとその変換」の内容の取扱いにおいて，「エネルギーの変換」について，扱うこととされていることを，二つ書きなさい。

2 〔第2分野〕について，次の問いに答えなさい。

(1) 次の文は，第2分野の目標の一つである。空欄(d)～(f)にあてはまる語句を，それぞれ書きなさい。

生物とそれを取り巻く自然の事物・現象を調べる活動を行い，これらの活動を通して生命を(d)し，自然環境の保全に(e)する態度を育て，自然を(f)に見ることができるようにする。

(2) 「(6) 地球と宇宙 ア 天体の動きと地球の自転・公転 (イ) 年周運動と公転」の内容の取扱いにおいて，「太陽の南中高度の変化」について，触れることとされていることを，二つ書きなさい。

3 「第3 指導計画の作成と内容の取扱い」において，指導計画の作成に当たって配慮する事項の一つに，「学校や生徒の実態に応じ，十分な観察や実験の時間，課題解決のために探究する時間などを設けるようにすること。」がある。その際，どのような学習活動が充実するよう配慮することとされているか，学習指導要領の記載に基づいて一つ書きなさい。

(☆☆◎◎◎)

【2】水酸化ナトリウムと炭酸ナトリウムの混合物Xがある。Xに含まれる水酸化ナトリウムの割合を求めるため，次の①～④の手順で実験を行った。あとの問いに答えなさい。ただし，原子量はH＝1.00，C＝12.0，O＝16.0，Na＝23.0とする。

【実験】

① Xをすべて蒸留水に溶かし，1.00Lの水溶液Yを作った。

② (　a　)を用いて，20.0mLの水溶液Yをはかりとった。

③ はかりとった水溶液Yを(　b　)に入れたあと，(　c　)を数滴加え，0.100mol/Lの希塩酸を滴下しながらpHを測定した。

④ 溶液の色が変わったところで(　d　)を数滴加え，③で用いた希塩酸を滴下しながらpHを測定したところ，やがて溶液の色が変わった。

1 空欄(　a　)~(　d　)にあてはまる器具または試薬として最も適切なものを，次のア～クの中からそれぞれ一つずつ選び，記号で答えなさい。

ア　こまごめピペット　　イ　ホールピペット
ウ　メスシリンダー　　エ　コニカルビーカー
オ　丸底フラスコ　　カ　メチルオレンジ
キ　ヨウ素溶液　　ク　フェノールフタレイン

2 水溶液Yを白金線の先端につけてガスバーナーの外炎に入れたとき，炎は何色になるか，書きなさい。

3 下線部について，このとき生じた二つの中和反応を，化学反応式でそれぞれ表しなさい。

4 図は，希塩酸の滴下量と溶液のpHの変化の関係について表したグラフである。実験より，第1中和点および第2中和点における希塩酸の滴下量は，それぞれ11.0mL，16.0mLであった。下の問いに答えなさい。

図

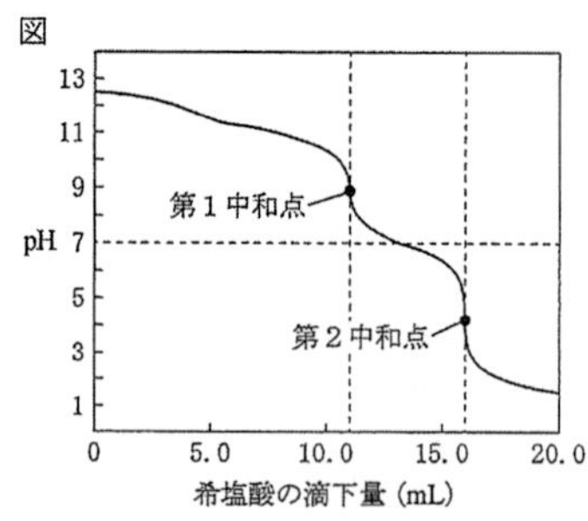

(1) 水溶液Y1.00Lに含まれる水酸化ナトリウムは何gか，求めなさ

い。ただし，答えの数値は有効数字3桁で書くこと。

(2)　Xに含まれる水酸化ナトリウムの割合は質量パーセントで何%か，求めなさい。ただし，答えの数値は有効数字3桁で書き，求め方も書きなさい。

(☆☆☆◎◎◎)

【3】次の問いに答えなさい。

1　太鼓をたたくと，太鼓の膜の振動によって，まわりの空気は圧縮と膨張をくり返す。このため，空気に圧力の高い部分と低い部分ができ，空気の振動が①縦波となって伝わる。一般に，媒質を伝わるこのような縦波を音波または音という。音の特徴は，②音の三要素によって表すことができる。

いま，図1のように，長いガラス管の中にピストンを取りつけて閉管とし，管口にスピーカーを置いて，③振動数が一定の音を出した。ピストンの位置を管口から徐々に遠ざけていくと，図2のように，管口からの距離が11.0cmの位置で気柱が共鳴した。さらにピストンの位置を遠ざけていくと，管口からの距離が36.0cmの位置で2回目の共鳴が起こった。次の問いに答えなさい。ただし，音の速さを340m/sとし，開口端補正は常に一定とする。

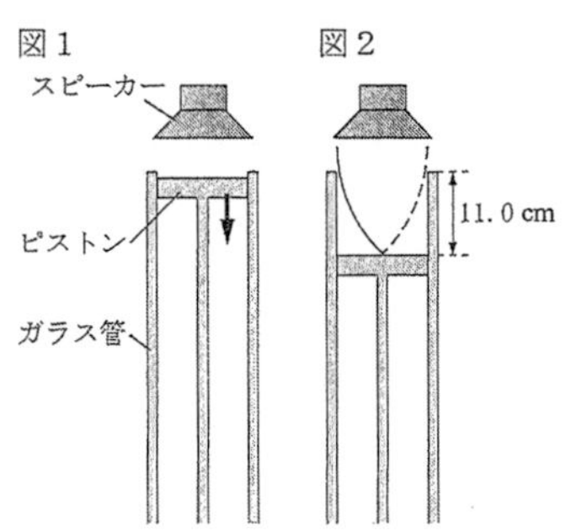

(1)　下線部①について，縦波を，媒質の振動方向という語句を用いて簡潔に説明しなさい。

(2)　下線部②について，音の三要素の一つは音の大きさである。音の大きさ以外の要素は何か，二つ書きなさい。

(3)　下線部③について，スピーカーが出した音の振動数は何Hzか，求めなさい。

(4)　管口から36.0cmの位置にあるピストンをさらに遠ざけていったところ，3回目の共鳴が起こった。このときのピストンの位置は管口から何cmか，求めなさい。

2　小球を大きさv_0[m/s]の初速度で水平方向と角θをなす向きに投げた。図3は，投げた点Oを座標の原点とし，水平方向右向きにx軸，鉛直方向上向きにy軸をとったときの小球の運動を表した模式図である。次の問いに答えなさい。ただし，重力加速度の大きさをg[m/s^2]とし，空気抵抗は無視できるものとする。また，$0° < \theta < 90°$とする。

図3

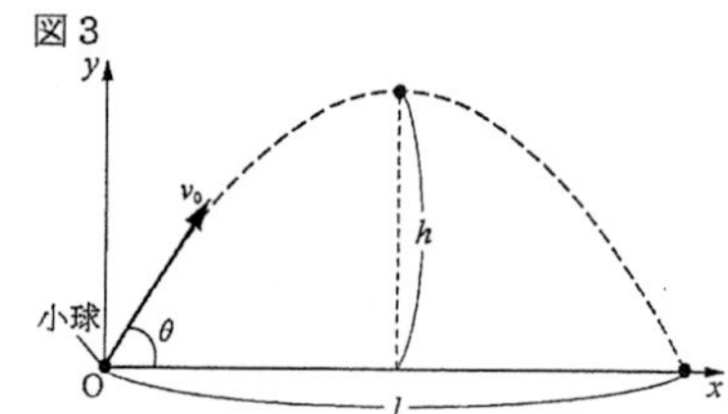

(1)　斜めに投げた小球が落ちるまでに描く曲線を何というか，書きなさい。

(2)　投げた小球が達する最高点の高さh[m]を，v_0，θ，gを用いて表しなさい。

(3)　点Oから，投げた小球がx軸に達する点までの距離l[m]を，v_0，θ，gを用いて表しなさい。

(☆☆◎◎◎◎)

【4】次の問いに答えなさい。

1　次の文章を読んで，あとの問いに答えなさい。

ヒトの$_{①}$心臓は，拍動によって，全身に血液を送り出す。体のすみずみまで血液がいき渡るように，ヒトの体内には血管がはりめぐらされている。動脈と②静脈は，体全体にはりめぐらされた③毛細血管でつながっている。

(1) 下線部①について，図は，ヒトの心臓の断面の模式図である。洞房結節がある部分として最も適切なところを，図の●で示すW～Zの中から一つ選び，記号で答えなさい。

図

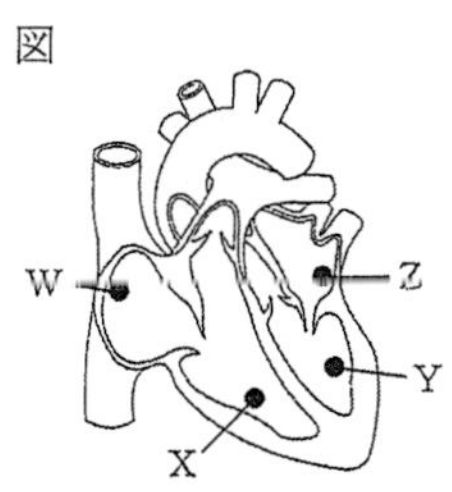

(2) 下線部②について，静脈には弁がある。弁のはたらきは何か，書きなさい。

(3) 下線部③に関して，ヒトの血管系は，動脈と静脈が毛細血管でつながっている閉鎖血管系である。血管系が閉鎖血管系である動物を，次のア～エの中から一つ選び，記号で答えなさい。

ア エビ　イ ゴカイ　ウ サザエ　エ ヤスデ

(4) 毛細血管では，血管の総断面積が広く流れの抵抗が大きくなるために，血流の平均速度は大動脈を流れるときより大きく低下する。毛細血管を流れる血流の平均速度が遅いことは，生体にとってどのような利点があると考えられるか，組織液という語を用いて書きなさい。

2 次の文章を読んで，あとの問いに答えなさい。

ほ乳類や鳥類は，外界の温度変化に関係なく，体温を一定の範囲内に保っている。外界の温度が低下し，皮膚や血液の温度が下がると，その情報を受け取った間脳の(a)下部は，自律神経系の一つである(b)神経を通じて立毛筋や体表の血管の収縮を促進し，体表からの熱の放散を防ぐ。また，アドレナリンや糖質コルチコイド，④チロキシンなどのホルモンの分泌によって肝臓などでの代謝を促進し，体内での熱の発生量を増加させる。

(1)　空欄(　a　)，(　b　)にあてはまる最も適切な語を，それぞれ書きなさい。

(2)　アドレナリン，糖質コルチコイドを分泌する内分泌腺の名称を，それぞれ書きなさい。

(3)　下線部④について，脳下垂体前葉を除去したネズミでは，チロキシンおよび甲状腺刺激ホルモン放出ホルモンの血中濃度は，それぞれどのようになると考えられるか，最も適切なものを次のア～エの中から一つ選び，記号で答えなさい。

ア　チロキシンの血中濃度は増加し，甲状腺刺激ホルモン放出ホルモンの血中濃度は増加する。

イ　チロキシンの血中濃度は増加し，甲状腺刺激ホルモン放出ホルモンの血中濃度は減少する。

ウ　チロキシンの血中濃度は減少し，甲状腺刺激ホルモン放出ホルモンの血中濃度は増加する。

エ　チロキシンの血中濃度は減少し，甲状腺刺激ホルモン放出ホルモンの血中濃度は減少する。

(☆☆☆◎◎◎)

【5】次の文章を読んで，あとの問いに答えなさい。

山地に降った雨はしだいに集まって谷を下り，やがて大きな河川となって海へ流出する。このとき①<u>河川は，土砂の侵食や運搬を行い，やがて河川の流速が緩やかになると，運搬された土砂は堆積する</u>。

流水などによって運ばれた堆積物は，層状に積み重なって地層を形成する。地層は，下から順に積み重なって形成されるため，一連の地層では，下の地層の方が上の地層よりも古くなる。これを(　a　)の法則という。しかし，地殻変動によって地層に強い力が加わると，②<u>もとは水平な地層であっても大きく曲がったりずれたりして</u>，見かけ上，古い地層の方が上になることがある。1枚の地層には③<u>級化層理</u>が見られたり，層理面には水底の水流によって形成された(　b　)や水底を貝殻などが転がった跡を埋めるようにして形成されたソールマークが見られたりする。級化層理や(b), ソールマークは, 堆積した環境や変形した地層の順序を判断するのに有効である。

堆積物には, 流水などによって運ばれる泥, 砂, 礫の他に, サンゴや放散虫などの遺骸, 火山噴出物, 化学的に沈殿したものなどがある。これらの④堆積物は, 長い年月の間に固まって堆積岩となる。堆積岩は, 砕屑岩, 火山砕屑岩, 生物岩, 化学岩に分類され, 堆積岩の種類も形成された環境を反映している。

1 空欄(a), (b)にあてはまる最も適切な語を, それぞれ書きなさい。

2 下線部①について, 図1は, 流水の平均流速および砕屑物の粒径と, 侵食・運搬・堆積作用の関係を示している。曲線Ⅰは流水によって移動している粒子が停止して沈降しはじめる境界を示し, 曲線Ⅱは静止している粒子が動きはじめる境界を示す。流速がしだいに速くなっていくとき, 堆積している泥, 砂, 礫のうち, はじめに運搬されるのはどれか。図1を参考にして, 書きなさい。

図1

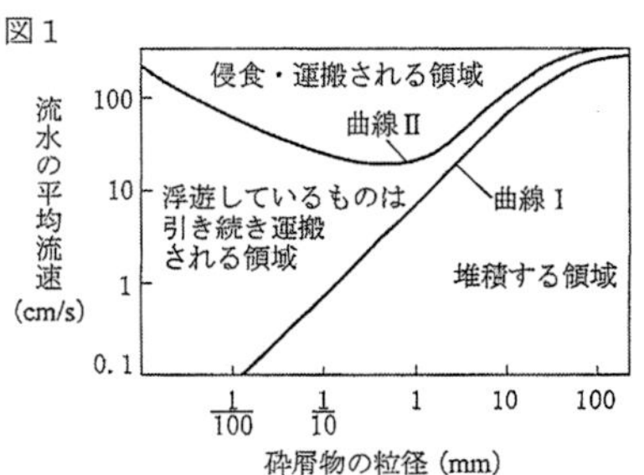

3 下線部②について, 図2は, ある断層を模式的に示したものである。この断層の種類とでき方の説明の組み合わせとして最も適切なものを, 表中のア～クの中から一つ選び, 記号で答えなさい。

図2

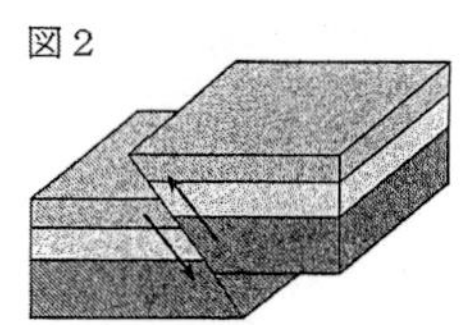

表

	断層の種類	でき方の説明
ア	正断層	水平に引っ張る力がはたらき、上盤が重力の方向に移動した。
イ	正断層	水平に引っ張る力がはたらき、上盤が重力と逆の方向に移動した。
ウ	正断層	水平に圧縮する力がはたらき、上盤が重力の方向に移動した。
エ	正断層	水平に圧縮する力がはたらき、上盤が重力と逆の方向に移動した。
オ	逆断層	水平に引っ張る力がはたらき、上盤が重力の方向に移動した。
カ	逆断層	水平に引っ張る力がはたらき、上盤が重力と逆の方向に移動した。
キ	逆断層	水平に圧縮する力がはたらき、上盤が重力の方向に移動した。
ク	逆断層	水平に圧縮する力がはたらき、上盤が重力と逆の方向に移動した。

4　下線部③に関連して，海底地すべりが起きたときに堆積した地層では級化層理が見られる。海底地すべりが起きたときに堆積した地層において級化層理が見られるのはなぜか，粒径という語を用いて簡潔に説明しなさい。

5　下線部④について，堆積物が堆積岩に変わっていく過程を続成作用という。続成作用には物理的なプロセスと化学的なプロセスがあり，物理的なプロセスは，上に載った堆積物の重みで圧縮され水が抜けることで粒子の間隔が密になる作用である。続成作用の化学的なプロセスとは，粒子間にどのような作用がおきることか，簡潔に説明しなさい。

6　図3は，地質断面を模式的に示したものであり，Ⓐは断層，Ⓒは岩脈，Ⓔは不整合を表している。図3のⒶ～Ⓖで示された地層や地学現象を時代が古い順に並べたとき，3番目に古いものと最も新しいものを，Ⓐ～Ⓖの中からそれぞれ一つずつ選び，記号で答えなさい。ただし，地層の逆転はないものとする。

図3

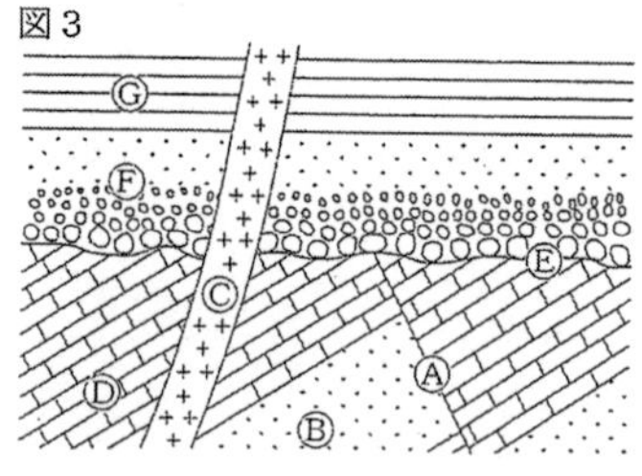

(☆☆☆◎◎◎)

高校理科

【共通問題】

【1】「高等学校学習指導要領」(平成21年3月告示)「第2章　第5節　理科　第2款　各科目」に関して，次の問いに答えなさい。

1　次の文は，「第2　物理基礎」および「第4　化学基礎」における，「3　内容の取扱い」の　(1)　ア　に記載されている内容である。空欄(　a　)～(　d　)にあてはまる語句を，それぞれ書きなさい。

【物理基礎】

　中学校理科との関連を考慮しながら，物理学の(　a　)の形成を図るとともに，物理学的に探究する方法の習得を通して，(　b　)，(　c　)及び(　d　)を育成すること。

【化学基礎】

　中学校理科との関連を考慮しながら，化学の(　a　)の形成を図るとともに，化学的に探究する方法の習得を通して，(　b　)，(　c　)及び(　d　)を育成すること。

2 「第2　物理基礎」および「第4　化学基礎」における，「3　内容の取扱い」の　(1)　イ　について，次の問いに答えなさい。

(1) 「探究活動」において，観察や実験を行う際に関連させるものとして最も適切なものを，次のア～エの中から一つ選び，記号で答えなさい。

ア　授業の進度　　イ　各学校の実情　　ウ　生徒の理解度

エ　各項目の学習活動

(2) 「探究活動」において，観察や実験を行ったあと設けることとされているものは何か，書きなさい。

(3) 「探究活動」において，課題の特質に応じて習得させる探究の方法を三つ書きなさい。

(☆☆◎◎◎)

【物理】

【1】次の文章を読んで，下の問いに答えなさい。ただし，重力加速度の大きさをgとする。

点Pは斜面PQ上にあり，斜面PQは水平面QRと点Qでなめらかにつながっている。水平面QRは，半径rのなめらかな半円筒の内面RSの最下点Rでなめらかにつながっている。質量mの小球Aと質量Mの小球Bを用意し，小球Bを点Qに置いた。

いま，小球Aを点Pで静かに離したところ，小球Aは動き出した。図は，小球Aを点Pで静かに離した瞬間を模式的に示したものである。点Pの水平面QRからの高さをhとして，次の問いに答えなさい。ただし，小球Aおよび小球Bの大きさと摩擦や空気抵抗は無視できるものとする。また，小球Aと小球Bの運動は，図の平面内で起こるものとし，小球Aと小球Bは再び衝突しないものとする。

図

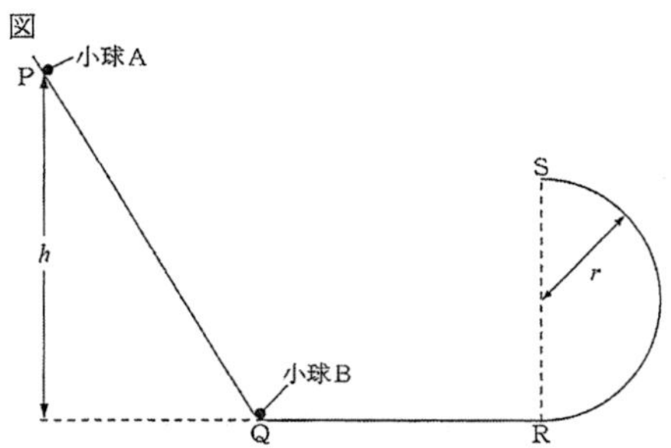

1　小球Aは，点Qで静止している小球Bと弾性衝突した。次の問いに答えなさい。

(1)　小球Aが点Qに達する直前の速さv_1を，g，hを用いて表しなさい。

(2)　衝突後の小球Aの速さ$v_1{}'$を，m，M，g，hを用いて表しなさい。ただし，求め方も書くこと。

2　小球Aが小球Bに衝突したあと，小球Bは水平面QRを一定の速さv_2で進み，点Rに達したあと半円筒の内面に沿って運動し，半円筒の内面の最高点Sに達した。次の問いに答えなさい。

(1)　点Sにおける小球Bの速さv_3を，v_2，g，rを用いて表しなさい。

(2)　点Sにおいて，小球Bが面から受ける垂直抗力の大きさNを，M，v_2，g，rを用いて表しなさい。

(3)　小球Bが半円筒の内面から離れずに点Sに達するためのv_2の最小値を，g，rを用いて表しなさい。

(☆☆☆◎◎◎◎)

【2】次の文章を読んで，下の問いに答えなさい。

鉛直上向きの一様な磁束密度B[T]の磁場内に，l[m]の間隔で水平に置かれた十分に長い2本の導線レールがある。図1のように，導線レール上に質量m[kg]，長さl[m]の導体棒PQを置いた。次の問いに答えなさい。ただし，重力加速度の大きさをg[m/s^2]とし，導体棒PQは，電気抵抗が無視でき，導線レールと垂直を保ったままなめらかに動くものとする。

図1

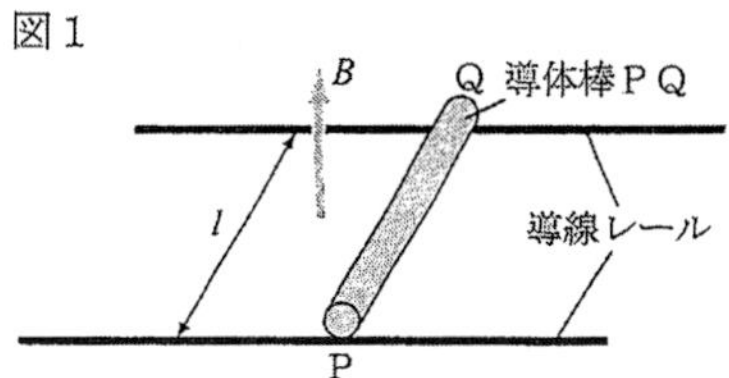

1　図2のように，導線レールのab間に抵抗値R[Ω]の抵抗Xを接続し，導体棒PQと質量M[kg]のおもりを滑車を通した軽い糸でつないだ。次の問いに答えなさい。ただし，導体棒PQとおもりをつなぐ糸は，滑車までは導線レールと平行であり，導体棒PQと滑車の間の距離は十分に長く，導体棒PQと滑車は衝突しないものとする。

図2

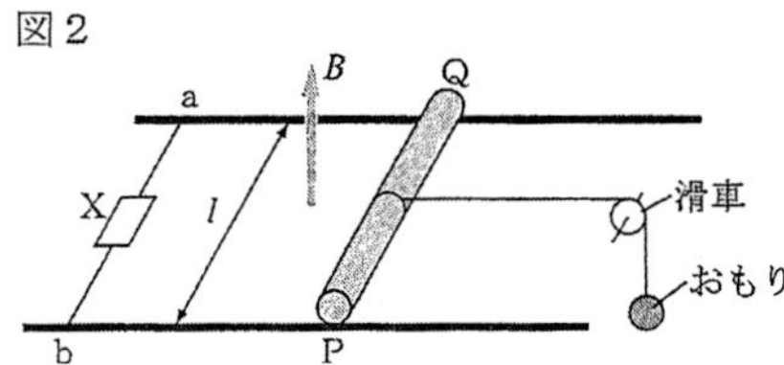

(1)　糸が導体棒PQを引く力を何というか，書きなさい。

(2)　導体棒PQが動き出した直後の，導体棒PQの加速度の大きさa[m/s^2]を，m，M，gを用いて表しなさい。ただし，求め方も書くこと。

(3)　導体棒PQがある速さで図2の右向きに動いているとき，導体棒PQには誘導起電力が発生し端Pが高電位となる。その理由を，磁束の変化という語を用いて簡潔に説明しなさい。

2　図3のように，導線レールのab間に，抵抗値R[Ω]の抵抗Xと内部抵抗0で起電力E[V]の電池Yを接続したところ，導体棒PQが右向きに動き出した。導体棒PQが図3の右向きに速さv[m/s]で動いているとき，下の問いに答えなさい。

図３

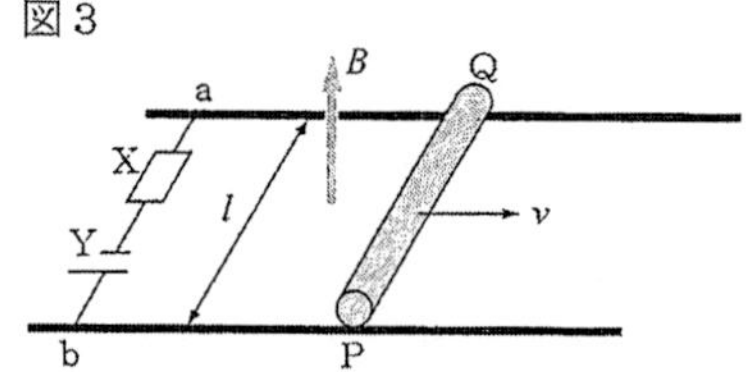

(1)　導体棒PQの両端に発生する誘導起電力の大きさV[V]を，B，l，vを用いて表しなさい。

(2)　導体棒PQに流れる電流の大きさI[A]を，R，E，B，l，vを用いて表しなさい。ただし，求め方も書くこと。

3　図4のように，導線レールのab間に，抵抗値R[Ω]の抵抗Xと電気容量C[F/m]のコンデンサーZを接続した。導体棒PQを図4の右向きに初速度u[m/s]で動かしたところ，導体棒PQは減速し，やがて一定の速さu_1[m/s]で運動した。あとの問いに答えなさい。

図４

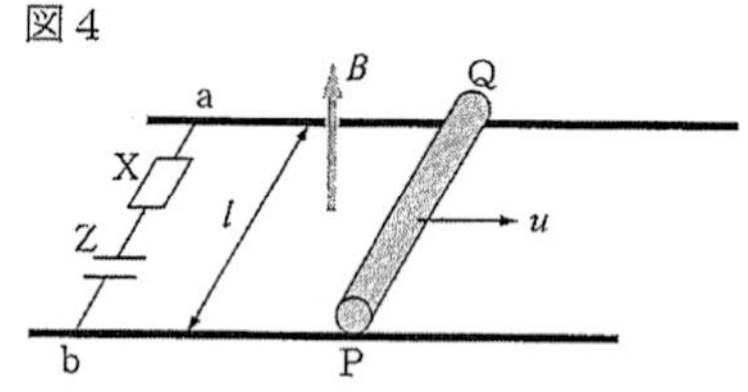

(1)　コンデンサーZに蓄えられた静電エネルギーU[J]を，C，B，l，u_1を用いて表しなさい。

(2)　導体棒PQの速さがu[m/s]からu_1[m/s]になるまでの間に抵抗Xで発生した熱量Q[J]を，m，C，B，l，u，u_1を用いて表しなさい。

(☆☆☆◎◎◎◎)

【3】次の問いに答えなさい。ただし，空気の屈折率は1とする。

1　シャボン玉や水面上の油膜などの薄膜は，色づいて見える。これは，薄膜の表面で反射した光と薄膜の裏面で反射した光が干渉するためである。図1は，空気中にある厚さd，屈折率nの薄膜の表面に，空気中での波長λの単色光を垂直に当てたときの模式図である。光Ⅰは薄膜の表面で反射する光であり，光Ⅱは薄膜に入ってから薄膜の裏面で反射し再び空気中に出てくる光である。下の問いに答えなさい。ただし，$n>1$とする。

図1

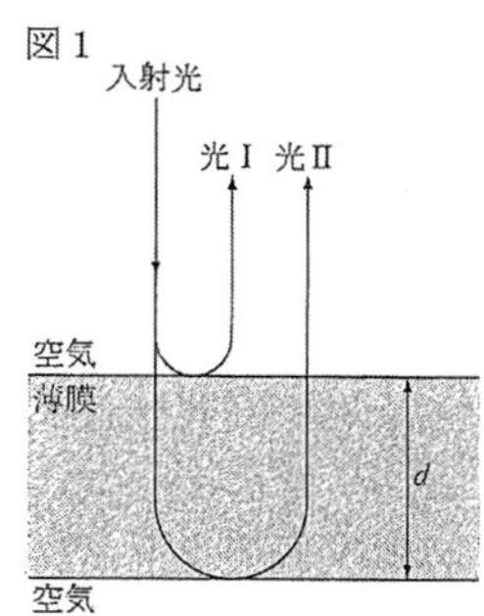

(1)　光Ⅰおよび光Ⅱの反射による位相の変化はそれぞれいくらか。最も適切なものを，次のア～エの中からそれぞれ一つずつ選び，記号で答えなさい。

ア　0　　イ　$\frac{\pi}{4}$　　ウ　$\frac{\pi}{2}$　　エ　π

(2)　薄膜内での波長λ_1を，n，λを用いて表しなさい。

(3)　光Ⅰと光Ⅱが干渉して強め合う条件を，d，n，λ，m(m=0，1，2，…)を用いて表しなさい。

2　光通信ケーブルなどに用いられる光ファイバーは，屈折率の大きい中心部分であるコアと屈折率の小さい周辺部分であるクラッドからできている。コアからクラッドへの入射角が臨界角よりも大きくなると，光がコアの内部を全反射しながら進む。このため，光ファイバーが曲がっていても，光は外にもれることなく進んでいく。図2は，屈折率n_1のコアと屈折率n_2のクラッドからなる直線状の光ファイバーの一部を模式的に表したものであり，図3は，中心軸を含む平面でこの光ファイバーを切ったときの断面を模式的に表したものである。下の問いに答えなさい。ただし，$n_1>n_2>1$とする。また，空気中から光ファイバーに入射した光は中心軸を含む平面上を進むものとし，光ファイバーの端面は中心軸に対して垂直であるものとする。

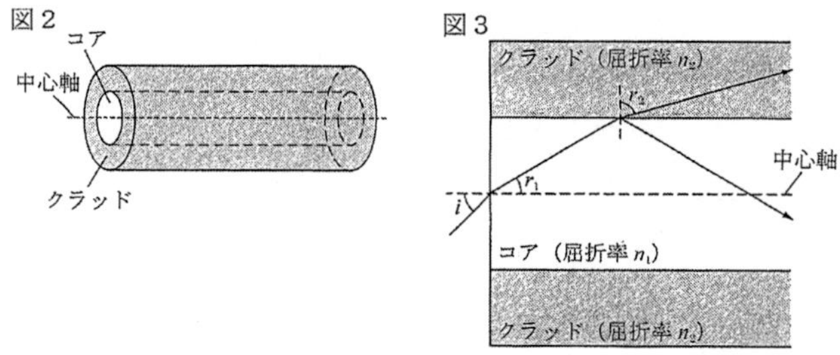

(1)　コアの端面から入射角iで単色光が入射した。単色光の屈折角をr_1とするとき，$\sin r_1$をn_1，iを用いて表しなさい。

(2)　コアに入射した単色光は，クラッドとの境界で一部が反射して一部がクラッドに入射する。単色光がクラッドに入射するときの屈折角をr_2とするとき，$\sin r_2$を，n_1，n_2，r_1を用いて表しなさい。

(3)　$i=i_0$のとき，コアからクラッドに入射する単色光の入射角が臨界角になったとする。このとき，$\sin i_0$をn_1，n_2を用いて表しなさい。ただし，求め方も書くこと。

(☆☆☆◎◎◎◎)

【化学】

【1】次の文章を読んで，下の問いに答えなさい。

アルミニウムは，周期表の13族に属する金属元素であり，元素としては，地殻中に(　a　)番目に多く存在する。単体のアルミニウムは，原料鉱石であるボーキサイトから①不純物として含まれる酸化鉄(Ⅲ)などをとり除き，得られた②酸化アルミニウムを溶融塩電解して製造される。図は，酸化アルミニウムの溶融塩電解の装置を模式的に表したものである。酸化アルミニウムの融点は2000℃以上と非常に高いため，(　b　)を約1000℃に加熱して融解させたものに酸化アルミニウムを少しずつ溶かして，溶融塩電解を行っている。

私たちは，日常生活でさまざまなアルミニウム製品を利用している。窓枠や自動車の車体といった③アルミニウム製品の多くは，アルマイト処理がなされ，耐食性に優れている。また，アルミニウムには④電気を通しやすいという特徴があり，送電線などの電気材料に用いられている。アルミニウムは合金としても利用されており，アルミニウムに銅やマグネシウム，マンガンを添加した(　c　)は，軽量で強度が大きいため，鞄や航空機の機体などに用いられている。

図

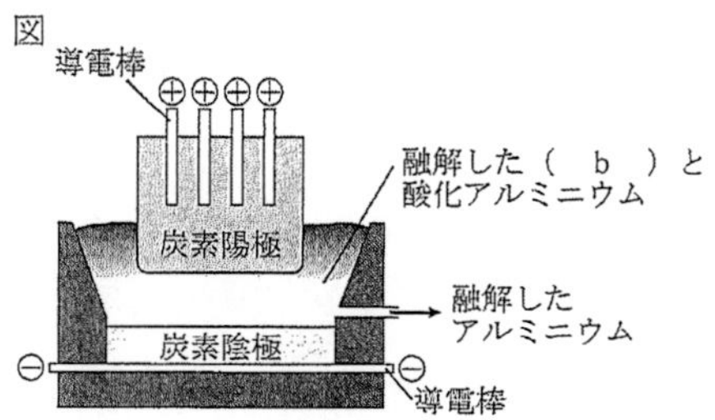

1　空欄(　a　)～(　c　)にあてはまる最も適切な数字や語を，それぞれ書きなさい。

2　下線部①について，不純物をとり除く際，水酸化ナトリウム水溶液を加えて酸化アルミニウムを加熱溶解している。酸化アルミニウムと水酸化ナトリウム水溶液の反応を，化学反応式で表しなさい。

3　下線部②について，次の問いに答えなさい。ただし，原子量は

Al＝27.0，ファラデー定数は$F = 9.65 \times 10^4$C/molとする。

(1) 陽極で起こる反応を，電子e^-を含むイオン反応式で表しなさい。

(2) 容量500mLのアルミ缶に使用されているアルミニウムをすべて電気分解で得るためには，理論上，5.00Aの直流電流で何秒間電気分解する必要があるか，求めなさい。ただし，答えの数値は有効数字3桁で書くこと。また，容量500mLのアルミ缶の質量は20.0gとし，アルミ缶はアルミニウムだけで構成されているものとする。

4 下線部③について，アルマイトが耐食性に優れるのはなぜか，アルマイトの構造に着目して簡潔に説明しなさい。

5 下線部④に関連して，20℃での電気抵抗率が最も小さい金属はどれか，次のア～エの中から一つ選び，記号で答えなさい。

ア アルミニウム　　イ 金　　ウ 銀　　エ タングステン

(☆☆☆◎◎◎)

【2】次の文章を読んで，あとの問いに答えなさい。

①物質量がn[mol]の，ある理想気体Xについて，圧力をP[Pa]，体積をV[L]，気体定数をR[Pa・L/(K・mol)]，絶対温度をT[K]とする。このとき，

$$PV = nRT$$

が成り立つ。これを気体の状態方程式といい，理想気体はあらゆる条件下において気体の状態方程式に従う。そのため，

$$\frac{PV}{nRT} = Z$$

としたとき，Zの値は常に1となる。一方，理想気体に対して実際に存在する気体を実在気体という。実在気体では，気体の種類や温度，圧力などの条件によってZの値は1からずれてくるが，②高温，低圧では，理想気体とみなして扱うことができる。図は，一定温度において，それぞれn[mol]のH_2，CH_4，NH_3について，圧力に対するZの値を表したグラフである。H_2のZの値は，圧力の増加にともなって単調に増加しているのに対し，③CH_4とNH_3のZの値は，圧力の増加にともなって減少

し，その後，増加するという傾向を示すことがわかる。また，④Zが1より小さい範囲で，同じ圧力におけるCH_4とNH_3のZの値を比較すると，CH_4よりもNH_3の方が理想気体からのずれが大きいことがわかる。

図

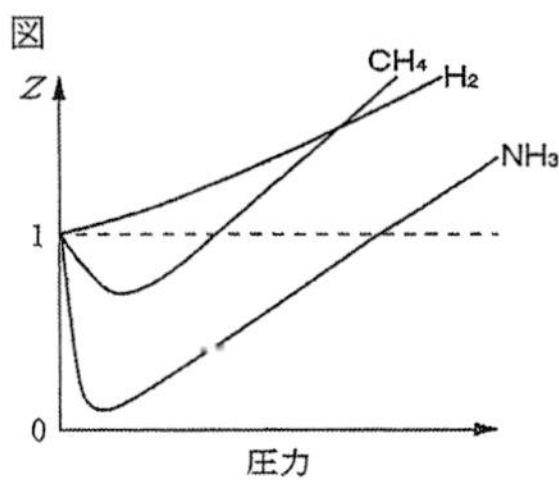

1　下線部①について，理想気体Xの密度をρ[g/cm^3]としたとき，分子量はいくらか。ρ，P，R，Tを用いて表しなさい。

2　下線部②について，高温，低圧の状態では実在気体を理想気体とみなして扱うことができるのはなぜか，高温，低圧それぞれの理由を簡潔に説明しなさい。

3　下線部③について，CH_4とNH_3のZの値が圧力の増加にともなって減少するのはなぜか，理由を簡潔に説明しなさい。

4　下線部④について，CH_4よりもNH_3の方が理想気体からのずれが大きいのはなぜか，理由を簡潔に説明しなさい。

(☆☆☆◎◎◎)

【3】次の文章を読んで，あとの問いに答えなさい。

結晶は，構成粒子の種類とその結びつき方によって，金属結晶，イオン結晶，分子結晶，共有結合の結晶の4種類に大別される。金属結晶は①金属結合でできている結晶であり，金属結晶の主な構造には，体心立方格子，面心立方格子，六方最密構造がある。体心立方格子と面心立方格子はそれぞれ立方体であり，体心立方格子の配位数は(　ア　)，面心立方格子の配位数は(　イ　)である。金属結晶は，展性・延性に富むという特徴がある。イオン結晶は，イオンの価数や陽イオンと陰イオンの大きさの比などによってさまざまな構造をとり，その構造には，塩化ナトリウム型，塩化セシウム型，閃亜鉛鉱型などがある。塩化ナトリウム型の配位数は陽イオン，陰イオンともに(　ウ　)であり，塩化セシウム型の配位数は陽イオン，陰イオンともに(　ア　)である。イオン結晶は比較的硬いがもろく，②構成するイオンの種類によって性質は異なる。分子結晶は，多数の分子が規則正しく配列してできた結晶であり，一般に融点が低く，やわらかい。共有結合の結晶には黒鉛や③ダイヤモンド，二酸化ケイ素などがあり，黒鉛は例外でやわらかいが，共有結合の結晶は一般に非常に硬い。

1　空欄(　ア　)～(　ウ　)にあてはまる適切な数字を，それぞれ書きなさい。

2　下線部①について，金属結合とはどのような結合のことか，陽性という語を用いて，書きなさい。

3　下線部②に関連して，表は，ハロゲン化ナトリウムについてイオン半径とその融点をまとめたものである。表から，陰イオンであるハロゲン化物イオンのイオン半径が大きくなるほどハロゲン化ナトリウムの融点が低くなることがわかるが，それはなぜか，理由を書きなさい。

表

化合物	陽イオン半径［nm］	陰イオン半径［nm］	融点［℃］
NaF	0.116	0.119	993
NaCl	0.116	0.167	801
NaBr	0.116	0.182	747
NaI	0.116	0.206	651

4　下線部③について，図1は，一辺が$a$nmの立方体であるダイヤモンドの単位格子を模式的に表したものである。図2は，図1の単位格子を8個の小立方体に分けたうちの一つを模式的に表したものである。あとの問いに答えなさい。ただし，アボガドロ定数＝6.02×10^{23}mol^{-1}，原子量はC＝12.0，円周率π＝3.14とし，$\sqrt{2}$＝1.41，$\sqrt{3}$＝1.73とする。また，単位格子において，最近接の原子は互いに接しているものとする。

図1

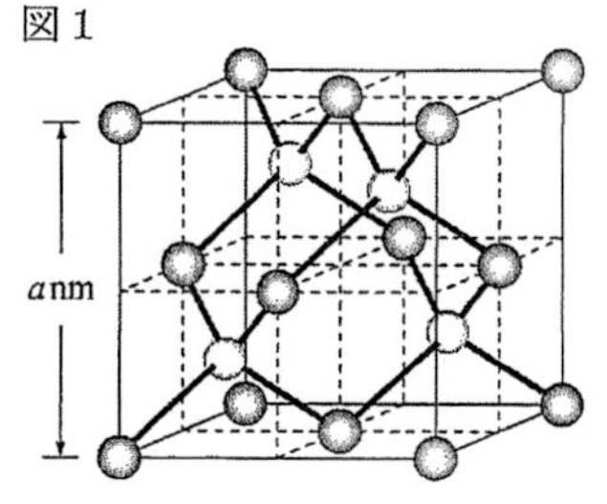

図2

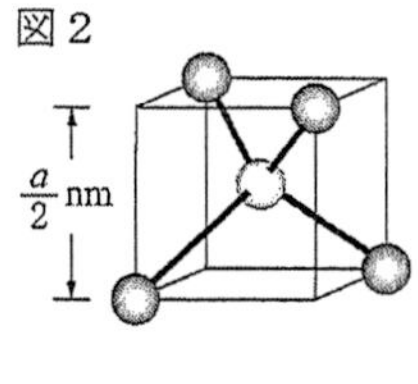

(1) ダイヤモンドの単位格子における充填率は何％か，求めなさい。ただし，答えの数値は有効数字3桁とし，求め方も書きなさい。

(2) ダイヤモンドの密度は何g/cm^{3}か，求めなさい。ただし，a＝0.356とする。また，答えの数値は有効数字3桁とし，求め方も書きなさい。

(☆☆☆◎◎◎)

【4】次の文章を読んで，あとの問いに答えなさい。

代表的な天然高分子化合物として，①タンパク質がある。タンパク質は，多数のアミノ酸分子が(　a　)結合で結合した高分子化合物である。タンパク質は加熱や化学物質の作用によって凝固し，タンパク質特有の性質や生理的な機能が失われることがある。このような現象をタンパク質の変性という。また，②タンパク質は特有の呈色反応を示すことから，その呈色反応はタンパク質の検出や構造推定に利用される。

天然高分子化合物には，タンパク質のほかに多糖類がある。多糖類にはデンプンやセルロースなどがあり，デンプンはα－グルコースが，セルロースはβ－グルコースがそれぞれ縮合重合したものである。③デンプンは，ヨウ素デンプン反応で特有の呈色反応を示すが，セルロースはヨウ素デンプン反応を示さない。デンプンは，枝分かれが多い構造の(　b　)と直鎖状構造の(　c　)からなり，アミラーゼによって加水分解すると，最終的に二糖の(　d　)となる。デンプンの加水分解を途中で中止すると，デンプンよりもやや分子量が小さな多糖の混合物であるデキストリンとなる。近年，6〜8個のグルコースが環状に結合した構造をもつ④シクロデキストリンが注目されており，食品や日用品の分野で幅広く利用されている。

1　空欄(　a　)〜(　d　)にあてはまる最も適切な語を，それぞれ書きなさい。

2　下線部①について，表1は，タンパク質とそのタンパク質の説明をまとめたものである。タンパク質は単純タンパク質と複合タンパク質に分類されるが，複合タンパク質とその複合タンパク質の説明の組み合わせを，表1のア〜エの中から一つ選び，記号で答えなさい。

表1

	タンパク質	タンパク質の説明
ア	グルテリン	小麦、米などの穀類に含まれ、水に不溶である。
イ	ケラチン	動物体の保護の役目をする爪や毛などに多く含まれる。
ウ	フィブロイン	絹糸やクモの糸を構成し、溶媒に不溶である。
エ	ムチン	生体から分泌される粘液中に存在する。

3　下線部②に関連して，あるタンパク質について，キサントプロテイン反応とビウレット反応についてそれぞれ調べたところ，結果は表2のようになった。表2から，このタンパク質の構造はどのようになっているか，書きなさい。

表2

反応	反応の様子
キサントプロテイン反応	反応しなかった。
ビウレット反応	赤紫色になった。

4　下線部③について，デンプンもセルロースもそれぞれグルコースからなる物質であるが，デンプンのみがヨウ素デンプン反応を示すのはなぜか，デンプン分子の構造に着目して，理由を簡潔に書きなさい。

5　下線部④に関連して，シクロデキストリンを「チューブ入りわさび」や「芳香剤」など一部の製品に用いることで，風味や香りを長続きさせている。シクロデキストリンを加えると風味や香りを長続きさせることができるのは，シクロデキストリンにどのような性質があるからか，書きなさい。

(☆☆☆◎◎◎)

解答・解説

中高理科

【1】1　ホーキング　　2　レアアース　　3　iPS細胞　　4　潜熱
　5　ラムサール条約

〈解説〉1　特異点定理とは「エネルギー密度が正で重力によって光束が収縮するほど時空が歪んでいる場合(ブラックホールなど)には，一般相対性理論が破綻する密度または時空の曲率が無限大となる特異点が必ず存在する」というもので，イギリスの物理学者スティーヴン・ホーキングとやはりイギリスの物理学者であるロジャー・ペンローズによって証明された。ホーキングは20代で筋萎縮性側索硬化症にかかりながらも研究を続けた。　2　レアアースは，Sc；スカンジウム，Y；イットリウムと，次の15元素からなるランタノイド－La；ランタン，Ce；セリウム，Pr；プラセオジム，Nd；ネオジム，Pm；プロメチウム，Sm；サマリウム，Eu；ユウロピウム，Gd；ガドリニウム，Tb；テルビウム，Dy；ジスプロシウム，Ho；ホルミウム，Er；エルビウム，Tm；ツリウム，Yb；イッテルビウム，Lu；ルテチウム－の合計17元素を言う。近年のエレクトロニクス製品の性能向上には欠かせない材料である。　3　京都大学の山中教授がノーベル賞を受賞したことは有名である。設問に述べられた細胞は「人工多能性幹細胞」－Induced Pluripotent Stem Cell；iPS細胞と呼ばれる。　4　物質が温度を変えずに，その状態－固体，液体，気体－を変えるために吸収するあるいは放出する熱のことを潜熱と言う。蒸発潜熱，融解潜熱などと言う。それに対して温度変化が現れる時に出入りする熱は顕熱と呼ばれる。
5　その正式名称は「特に水鳥の生息地として国際的に重要な湿地に関する条約」である。この条約が採択された地イランのラムサールにちなんでラムサール条約と呼ばれる。国際的に，湿地及びその動植物の保全を目的として制定された。

中　学　理　科

【1】1　(1)　a　進んで　　b　意欲的　　c　方法　　(2)　エネルギーの総量が保存されること，エネルギーを利用する際の効率
2　(1)　d　尊重　　e　寄与　　f　総合的　　(2)　季節による昼夜の長さの変化，季節による気温の変化　　3　問題を見いだし観察，実験を計画する学習活動

〈解説〉1，2　解答参照。　3「問題を見いだし観察，実験を計画する学習活動」，「観察，実験の結果を分析し解釈する学習活動」，「科学的な概念を使用して考えたり説明したりする学習活動」の3つから1つを挙げることができる。

【2】1　a　イ　　b　エ　　c　ク　　d　カ　　2　黄色　　3　$HCl + NaOH \rightarrow NaCl + H_2O$，$HCl + Na_2CO_3 \rightarrow NaCl + NaHCO_3$　　4　(1)　1.20g
(2)　水溶液Y20.0mL中で考えると，図より，水酸化ナトリウムの質量は，$0.100 \times \frac{6.0}{1000} \times 40 = 0.0240$gである。また，炭酸ナトリウムの質量は，$0.100 \times \frac{5.0}{1000} \times 106 = 0.0530$gである。よって，含まれる水酸化ナトリウムの割合は，$\frac{0.0240}{0.0240 + 0.0530} \times 100 = 31.16 \cdots \fallingdotseq 31.2$%

〈解説〉1　フェノールフタレインは，酸塩基指示薬であり，酸性では無色，pH8.0～9.8で変色し，アルカリ性では赤色を呈する。メチルオレンジは，酸の滴定に使用され，酸性から中性になるにしたがって，赤色からオレンジ色，さらに黄色を呈する。　2　ナトリウムは，炎色

反応によって，微量であっても強い黄色を呈する。 3 炭酸ナトリウムNa_2CO_3の中和反応では，炭酸ナトリウムNa_2CO_3が2価の塩基であるため，一旦，炭酸水素ナトリウム$NaHCO_3$の1価の塩基に変化し，さらに炭酸H_2CO_3になる。水酸化ナトリウムと炭酸ナトリウムの混合物の中和滴定では，水酸化ナトリウムの中和反応と炭酸ナトリウムから炭酸水素ナトリウムを生成する反応とが混在する第1段階の滴定と，炭酸水素ナトリウムから炭酸を生成する反応の第2段階の滴定が存在する。 4 (1) 炭酸ナトリウムの第1段階と第2段階の中和滴定に要する塩酸の体積V_1とV_2が同じであると仮定すると，$V_1-V_2=5$〔mL〕であり，水酸化ナトリウムの中和滴定に要する塩酸の体積は$V_3=6$〔mL〕である。水酸化ナトリウムの濃度をx〔mol/L〕とすると，$20\times\frac{x}{1000}=0.100\times\frac{6}{1000}$ $\therefore x=0.03$〔mol/L〕，その質量は，0.03×40＝1.20〔g〕である。 (2) 解答参照。

【3】1 (1) 媒質の振動方向と波の進む向きが平行な波のこと。
(2) 音の高さ，音色 (3) 680Hz (4) 61.0cm 2 (1) 放物線 (2) $\frac{(v_0\sin\theta)^2}{2g}$〔m〕 (3) $\frac{2v_0^2\sin\theta\cos\theta}{g}$〔m〕

〈解説〉1 (1) 波には横波と縦波の2種類ある。横波は媒質の振動方向と波の進行方向が垂直であり，縦波は媒質の振動方向と波の進行方向が平行である。音波は縦波である。 (2) 音の大きさ，音の高さ，音色を音の三要素という。 (3) 図2で気柱が共鳴しているとき，定常波の振動は基本振動であり開口端補正の長さと管の長さを合わせて，$\frac{1}{4}$波長に等しい。ピストンを遠ざけていき次に共鳴するとき，定常波の振動は3倍振動であり，開口端補正の長さと管の長さを合わせて，$\frac{3}{4}$波長に等しい。よって，基本振動のときと3倍振動のときの管の長さの差が$\frac{1}{2}$波長に等しくなる。これより波長は，2×(36.0－11.0)＝50.0〔cm〕となる。「波の速さ＝振動数×波長」の関係があるので，振動数は$\frac{340}{0.500}=680$〔Hz〕である。 (4) 3回目の共鳴は5倍振動であり，管の長さを$\frac{1}{2}$波長だけ長くすればよい。よって，36.0＋25.0＝61.0〔cm〕である。　2　(1)　小球の運動を水平方向と鉛直方向に分けて考えると，水平方向は等速度運動，鉛直方向は等加速度運動を行う。また，水平方向は時間の1次関数，鉛直方向は時間の2次関数になる。それらを合わせると，鉛直方向の位置は水平方向の位置の2次関数と表すことができるので，これは放物線である。　(2)　鉛直方向の加速度は$-g$，初速度は$v_0\sin\theta$だから，投げた時刻を$t=0$として鉛直方向の速度は$v_0\sin\theta-gt$　…①　とかくことができる。小球が最高点に達したとき鉛直方向の速さは0になっているので，①より$v_0\sin\theta-gt=0$となり，このときの時刻は$t=\frac{v_0\sin\theta}{g}$　…②　である。

のまた，鉛直方向位置は$v_0t\sin\theta-\frac{1}{2}gt^2$とかくことができる。この式に②を代入して，$h=v_0\sin\theta\times\frac{v_0\sin\theta}{g}-\frac{1}{2}g\left(\frac{v_0\sin\theta}{g}\right)^2=\frac{(v_0\sin\theta)^2}{2g}$〔m〕となる。　(3)　水平方向の初速度は$v_0\cos\theta$であり，等速度運動を行う。よって水平方向の移動距離は，$v_0t\cos\theta$とかくことができる。

(1)で述べたように小球の運動は放物線なので，小球の最高点が放物線の頂点である。よって，最高点に達してから地面に落下するのにかかる時間も②である。これより，水平方向の移動距離は，$l=v_0\cos\theta\times\frac{2v_0\sin\theta}{g}=\frac{2v_0^2\sin\theta\cos\theta}{g}$〔m〕となる。

【4】1　(1)　W　(2)　血液が逆流することを防ぐはたらき。

(3)　イ　(4)　毛細血管から組織液がしみ出しやすく，酸素や栄養分，老廃物を交換しやすい。　2　(1)　a　視床　b　交感　(2)　アドレナリン…副腎髄質　糖質コルチコイド…副腎皮質　(3)　ウ

〈解説〉1　(1)　図で，Wは右心房，Xは右心室，Yは左心室，Zは左心房である。心臓は自動的に拍動するしくみ(刺激伝導系)をもっていて，拍動数は自律神経などにより調節されている。刺激伝導系で右心房に存在する洞房結節が心臓全体の拍動をつくりだしている。　(2)　体循環の静脈は血液を心臓に戻す血圧が低下しており，血液が逆流しない

ように静脈弁がついている。 (3) 閉鎖血管系は脊椎動物，環形動物(ミミズ，ゴカイなど)，軟体動物の頭足類(イカ，タコ)である。

(4) 組織液は，毛細血管から血液の血漿成分がしみ出て，組織の細胞を満たしているものである。毛細血管内の血流速度が遅いことで，赤血球のヘモグロビンの酸素と組織から出た二酸化炭素との交換がしやすくなる。 2 (1) 自律神経のはたらきはすべて間脳の視床下部によって支配されている。立毛筋の収縮や体表の血管収縮，心臓の拍動促進，消化管のぜん動運動の抑制などは，自律神経の交感神経のはたらきによる。 (2) 内分泌腺とホルモンの関係は次の通りである。副腎髄質(アドレナリン)，副腎皮質(糖質コルチコイド，鉱質コルチコイド)。 (3) チロキシンの血中濃度の調節のしくみは，血中のチロキシン濃度を視床下部が感知し，濃度が低下すると視床下部から甲状腺刺激ホルモン放出ホルモンを分泌し脳下垂体前葉を刺激する。刺激をうけた脳下垂体前葉は甲状腺刺激ホルモンを分泌し，それが甲状腺を刺激してチロキシンの分泌を促進する。脳下垂体前葉を除去すると，甲状腺刺激ホルモンの分泌が行われなくなるので，甲状腺はチロキシンを分泌しなくなる。

【5】1 a 地層累重 b リプルマーク 2 砂 3 ク
4 粒径の異なる砕屑物が混ざった水流が発生したあと，粒径の大きいものから再び堆積するため。 5 粒子間に炭酸カルシウムや二酸化ケイ素などが沈殿することで固まる作用。 6 3番目に古いもの…Ⓐ 最も新しいもの…Ⓒ

〈解説〉1 a 地層累重の法則とは，地層は基本的に下から上に向かって堆積するという層序における大原則である。デンマークの地質学者ニコラウス・ステノが1669年に最初に提唱し，次の3つの法則からなる。第1法則：地層は水平に堆積する。第2法則：その堆積は側方に連続する。第3法則：古い地層の上に新しい地層が累重する。 b リプルマークとは，水底(堆積面上)の水流や波によって堆積物の表面に波模様ができ，その上に別の堆積物がのって地層中に波模様が残されたもので，漣痕ともいう。　2　図1上で流水の平均流速を表す水平線を徐々に上げていくとき，最初に曲線Ⅱと交わるのは，粒径0.5mm程度の砂である。堆積してしまった泥粒子は粘着性が強く，より粒径が小さい泥粒子ほど運搬・侵食には大きな流速を必要とすることに注意する。3　上盤(断層面の上側の岩盤)がのし上がっているので逆断層である。岩盤に圧縮の力がはたらいたときにできる。　4　粒径が様々な粒子の混合物が水中を落下するとき，大きな粒子ほど速く落下し沈殿する。その結果，下部ほど礫や砂などの大きな粒子，上部ほど泥などの粒径が小さい粒子が堆積する。　5　問題文にある物理的なプロセスを圧密作用，問題で問われた化学的な作用，すなわち間隙水から$CaCO_3$やSiO_2などが晶出して間隙を充填し，堆積物粒子が硬く結び付けられる作用をセメンテーションまたは膠結作用という。　6　地層の逆転がなければ，地層累重の法則に従う。また，切っている地層(地質構造)は，切られている地層よりも新しい。したがって，図3中の地層・地質構造を古いものから並べると，Ⓑ→Ⓓ→Ⓐ→Ⓔ→Ⓕ→Ⓖ→Ⓒである。ちなみに，地層面を横切る方向の割れ目を満たしたマグマが冷えて固化したものが岩脈，地層面に平行な方向の割れ目を満たしたマグマが冷えて固化したものが岩床である。

高　校　理　科

【共通問題】

【1】1　a　基本的な概念　　b　科学的な思考力　　c　判断力　d　表現力　　2　(1)　エ　　(2)　発表を行う機会　　(3)　情報の収集，仮説の設定，実験データの分析・解釈

〈解説〉解答参照。

【物理】

【1】1 (1) $\sqrt{2gh}$ (2) 衝突後の小球Aの速さがv_1'で，衝突後の小球Bの速さをv_2とすると，運動量保存の法則より，$mv_1=mv_1'+Mv_2$である。弾性衝突だから，$1=-\frac{v_1'-v_2}{v_1}$である。これらと，速さv_1'が正であることから，$v_1'=\left|\frac{m-M}{m+M}\right|\sqrt{2gh}$ 2 (1) $\sqrt{v_2{}^2-4gr}$

(2) $M\frac{v_2{}^2}{r}-5Mg$ (3) $\sqrt{5gr}$

〈解説〉1 (1) 斜面はなめらかなので，小球Aの力学的エネルギーは保存される。はじめの位置と点Qにおいて力学的エネルギー保存の式を立てると，$mgh=\frac{1}{2}mv_1{}^2$となる。これより，$v_1=\sqrt{2gh}$を得る。

(2) 解答参照。 2 (1) 点Qから点Sまではなめらかであるから，小球Bの力学的エネルギーは保存される。点Rと点Sにおいて力学的エネルギー保存の式を立てると，$\frac{1}{2}Mv_2{}^2=2Mgr+\frac{1}{2}Mv_3{}^2$となる。これを解いて，$v_3=\sqrt{v_2{}^2-4gr}$ …① を得る。 (2) 小球Bは点Rを通過後，垂直抗力を向心力とした円運動を行う。小球Bが点Sにあるときの円運動の運動方程式を立てると，$M\frac{v_3{}^2}{r}=N+Mg$となる。この式に①を代入して整理すれば，$N=M\frac{v_2{}^2}{r}-5Mg$ …② を得る。 (3) 垂直抗力の大きさが0になったとき，小球Bは半円筒の内面から離れてしまう。点Sに達するには$N\geqq0$であればよいから，②より$N=M\frac{v_2{}^2}{r}-5Mg\geqq0$となる。これを満たす最小の$v_2$は$v_2=\sqrt{5gr}$である。

【2】1 (1) 張力 (2) 糸が導体棒PQを引く力をTとする。導体棒PQの運動より，$ma=T$である。おもりの運動より，$Ma=Mg-T$が成り立つ。これらより，$a=\frac{M}{m+M}g$〔m/s²〕 (3) 誘導起電力は，誘導電流のつくる磁場が閉回路PQabを貫く磁束の変化を妨げる向きに生じるから。 2 (1) vBl〔V〕 (2) 導体棒PQに流れる電流の大きさをIとすると，閉回路PQabにキルヒホッフの法則を適用し，$E-vBl=RI$が成り立つ。したがって，$I=\frac{E-vBl}{R}$〔A〕

3　(1)　$\frac{1}{2}C(u_1Bl)^2$〔J〕　　(2)　$\frac{1}{2}mu^2-\frac{1}{2}mu_1{}^2-\frac{1}{2}C(u_1Bl)^2$〔J〕

〈解説〉1　(1)　糸がたるまずに張っているときにかかる力を張力という。(2)(3)　解答参照。　2　(1)　導体棒が磁束を横切るときの誘導起電力の大きさは，「速さ×磁束密度の大きさ×導体棒の長さ」で表される。よってvBl〔V〕である。　(2)　解答参照。　3　(1)　導体棒に発生する誘導起電力の大きさはu_1Bl〔V〕である。この電圧がコンデンサーにかかり充電される。蓄えられた電気量をqとすると，$q=C\times u_1Bl=Cu_1Bl$になる。蓄えられた静電エネルギーは，$U=\frac{1}{2}q\times u_1Bl=\frac{1}{2}C(u_1Bl)^2$〔J〕である。　(2)　エネルギーの保存を考える。導体棒がもっている運動エネルギーが減少した量は，$\frac{1}{2}mu^2-\frac{1}{2}mu_1{}^2$である。これがコンデンサーの静電エネルギーと抵抗Xで発生した熱量の和に等しい。よって，$\frac{1}{2}mu^2-\frac{1}{2}mu_1{}^2=\frac{1}{2}C(u_1Bl)^2+Q$になる。これより，$Q=\frac{1}{2}mu^2-\frac{1}{2}mu_1{}^2-\frac{1}{2}C(u_1Bl)^2$〔J〕である。

【3】1　(1)　光Ⅰ…エ　　光Ⅱ…ア　　(2)　$\frac{\lambda}{n}$

(3)　$2nd=\left(m+\frac{1}{2}\right)\lambda$　　2　(1)　$\frac{\sin i}{n_1}$　　(2)　$\frac{n_1}{n_2}\sin(90^\circ-r_1)$

(3)　コアからクラッドに入射する単色光の入射角が臨界角であるとき，$r_2=90^\circ$となるから，$\sin r_2=1$である。また，$\sin r_1=\frac{\sin i_0}{n_1}$，$\sin r_2=\frac{n_1}{n_2}\sin(90^\circ-r_1)$より，$\sin i_0=\sqrt{n_1{}^2-n_2{}^2}$

〈解説〉1　(1)　屈折率が小さい物質から大きい物質へ光が進み反射するとき，境界面は固定端となり位相はπだけ変化する。反対に，屈折率が大きい物質から小さい物質へ光が進み反射するとき，境界面は自由端となり位相は変化しない。光Ⅰは空気(屈折率1)→薄膜(屈折率$n>1$)の反射であり，固定端反射となるから位相がπだけ変化する。光Ⅱは薄膜→空気の反射であり，自由端反射となるから位相は変化しない。

(2)　光が屈折率nの媒質中を進むとき，速さと波長は$\frac{1}{n}$になる。よって，$\lambda_1=\frac{\lambda}{n}$である。　(3)　反射するとき，光Ⅰは位相が$\pi$だけ変化し，光Ⅱは位相が変化しないことに注意すれば，2つの光が強め合うのは，光の経路差が波長の$m+\frac{1}{2}$倍($m=0$，1，2，…)に等しいときである。よって，$2nd=\left(m+\frac{1}{2}\right)\lambda$が条件になる。　2　(1)　スネルの法則(光の屈折の法則)より，$\frac{\sin i}{\sin r_1}=\frac{n_1}{1}$となり，これより$\sin r_1=\frac{\sin i}{n_1}$である。(2)　クラッドとの境界で屈折するときの入射角は，図より$90^\circ-r_1$である。(1)と同様に光の屈折の法則を適用して，$\frac{\sin(90^\circ-r_1)}{\sin r_2}=\frac{n_2}{n_1}$となる。これより，$\sin r_2=\frac{n_1}{n_2}\sin(90^\circ-r_1)=\frac{n_1}{n_2}\cos r_1$を得る。　(3)　屈折角が90°になるとき，すなわち光が屈折するかどうかぎりぎりのときの入射角を臨界角という。入射角が臨界角よりも大きいとき，光は屈折せずに全て反射する(全反射)。

【化学】

【1】1　a　3　　b　氷晶石　　c　ジュラルミン　　2　$Al_2O_3+2NaOH+3H_2O \rightarrow 2Na[Al(OH)_4]$　　3　(1)　$C+O^{2-} \rightarrow CO+2e^-$　(2)　4.29×10^4秒間　　4　緻密な被膜が表面にあり，内部が保護されているから。　　5　ウ

〈解説〉1　アルミニウムは，地殻中に，酸素，ケイ素に次いで3番目に多く存在する元素である。溶融塩の電解によって酸化アルミニウムからアルミニウムの単体を製造する方法をホール・エルー法という。ジュラルミンは，アルミニウムと，銅，マグネシウムなどを含むアルミニウム合金の一種である。　2　水酸化ナトリウム水溶液は，酸化アルミニウムを溶かしてアルミン酸ナトリウム$Na[Al(OH)_4]$を形成する。

3　(1)　陽極では，炭素が酸化されて一酸化炭素が生成する。

(2)　20.0gのアルミニウムの物質量は$\frac{20.0}{27}$〔mol〕であるため，電子の物質量は$3\times\frac{20.0}{27}$〔mol〕であり，電子の電気量は$96500\times3\times\frac{20.0}{27}$〔C〕となる。したがって，5.00Aの直流電流を流した時間をx〔秒間〕とすると，$5\times x=96500\times3\times\frac{20.0}{27}$　$\therefore x \fallingdotseq 4.29\times10^4$〔秒間〕である。

4　アルミニウムを陽極酸化処理(アルマイト)すると，表面に酸化被膜

が形成される。この酸化被膜の形成によって，アルミニウムは，優れた耐食性や耐磨耗性を有する。　5　電気抵抗率の順位は，銀＜金＜アルミニウム＜タングステンである(導電率は逆の順序である)。

【2】1　$\frac{\rho RT\times 10^3}{P}$　　2　高温…分子の熱運動が激しくなるため，分子間力の影響が小さくなるから。　低圧…単位体積中に存在する分子数が少なくなり，分子の体積の影響が小さくなるから。　3　分子どうしが接近することで分子間力の影響が強くあらわれ，同条件における理想気体よりも体積が減少するから。　4　NH_3は極性分子であり，無極性分子であるCH_4よりも分子間力が強くはたらくから。

〈解説〉1　分子量をM，質量をw〔g〕とすると，$PV=nRT=\frac{wRT}{M}$，$\therefore M=\frac{wRT}{PV}$である。一方，密度$\rho=\frac{w}{V\times 10^3}$〔g/cm³〕であるため，$M=\frac{wRT}{PV}=\frac{\rho RT\times 10^3}{P}$となる。　2　実在気体では，低温・高圧になるほど，分子間力や分子の体積の影響によって理想気体からのずれが大きくなる。　3　圧力を増加させると，分子の接近によって分子間力が大きくなり，同条件の理想気体に比べて体積が減少する。

4　NH_3は分子間水素結合を形成するために，CH_4よりも分子間力が大きくなり，理想気体からのずれが大きくなる。

【3】1　ア　8　　イ　12　　ウ　6　　2　陽性が強い金属原子から離れた電子をすべての原子で共有することでできる結合のこと。　3　陽イオンと陰イオンの中心間距離が大きくなると，クーロン力が減少して不安定になるから。　4　(1)　炭素原子の半径をrとすると，$4r=\frac{\sqrt{3}}{2}a$が成り立つ。また，単位格子には8個の炭素原子が含まれるので，充填率は，$\frac{\frac{4\pi}{3}\left(\frac{\sqrt{3}}{8}a\right)^3\times 8}{a^3}\times 100=33.951\cdots\fallingdotseq 34.0\%$　　(2)　単位格子内の炭素原子の質量は，$\frac{8}{6.02\times 10^{23}}\times 12.0$gと求められるから，ダイ

ヤモンドの密度は，$\dfrac{\dfrac{8}{6.02\times10^{23}}\times12.0}{(0.356\times10^{-7})^3}=3.534\cdots\fallingdotseq3.53\text{g/cm}^3$

〈解説〉1　配位数は，注目する原子に結合している原子の数である。体心立方格子構造，面心立方格子構造，六方最密充填構造の単結晶の配位数は，それぞれ8，12，12である。また，塩化ナトリウム型結晶構造，塩化セシウム型結晶構造，硫化亜鉛型結晶構造の配位数は，それぞれ6，8，4である。　2　省略。　3　イオン結合性化合物であるハロゲン化ナトリウムでは，陽イオンや陰イオンのイオン半径(または中心間距離)が大きくなればなるほど，クーロン力が弱まって融点が低下する。　4　省略。

【4】1　a　ペプチド　　b　アミロペクチン　　c　アミロース　d　マルトース　　2　エ　　3　ベンゼン環を含まず，アミノ酸3分子以上からなる。　4　デンプン分子はらせん構造をもち，らせん構造の内部にヨウ素分子が取りこまれるから。　5　環状の部分に特定の物質を包接する性質があるから。

〈解説〉1　省略。　2　単純タンパク質は，アミノ酸だけから構成されるタンパク質である。ケラチン，コラーゲン，フィブロイン，プロタミンなどが含まれる。複合タンパク質は，加水分解してアミノ酸以外にも他の化合物を生成するタンパク質である。ムチン，ヘモグロビン，カゼインなどが含まれる。　3　キサントプロテイン反応は，タンパク質の検出に用いられる化学反応の1つであり，硝酸の芳香族求電子置換反応によりタンパク質の芳香族アミノ酸残基が変性して黄変する性質を利用する。したがって，キサントプロテイン反応が陽性の場合，分子内に芳香族構造があることを示唆する。また，ビウレット反応は，タンパク質やポリペプチドを検出する方法の1つであり，アミノ酸が3つ以上結合した(トリペプチド以上の)ペプチドは，ビウレットに似た構造を有し，アルカリ性溶液中で銅(Ⅱ)イオンに配位し，赤紫色から青紫色に呈色する。　4　デンプンは，らせん構造を有し，加熱すると水素結合が切れてらせん構造が崩れるが，冷却によって，らせん構造が再び形成される。　5　シクロデキストリンは，D－グルコースの α －1,4グリコシド結合によって形成された環状構造を有する環状オリゴ糖である。シクロデキストリンは，環状構造の空孔内に他の原子や分子を包み込むことができる包接化合物である。

2018年度　実施問題

中 高 理 科

【1】次の問いに答えなさい。

1　太陽光の連続スペクトルに見られる多数の暗線は，その発見者にちなんで名付けられた。その名称は何か，書きなさい。

2　理化学研究所が「ニホニウム」と命名した元素の原子番号は何番か，書きなさい。

3　イギリスの生物学者で，自分で組み立てた複合顕微鏡を用いてコルク片の微細構造を観察し，「cell」と名付けた人物は誰か，その人物の名前を書きなさい。

4　アメリカ航空宇宙局により1977年に打ち上げられ，2012年に太陽圏の端に達した惑星探査機の名称は何か，書きなさい。

5　国連気候変動枠組条約第21回締約国会議で採択され，2016年11月に発効した，地球温暖化対策の枠組みを取り決めた協定を何というか，書きなさい。

(☆☆☆◎◎◎)

中 学 理 科

【1】「中学校学習指導要領」(平成20年3月告示)〔理科〕に関して，次の問いに答えなさい。

1　〔第1分野〕について，次の問いに答えなさい。

(1)　次の文は，「(5)　運動とエネルギー」の内容である。空欄(a)，(b)にあてはまる語句を，それぞれ書きなさい。

> 物体の運動やエネルギーに関する観察，実験を通して，物体の(　a　)やエネルギーの基礎について理解させるとともに，(　b　)と関連付けて運動とエネルギーの初歩的な見方や考え方を養う。

(2) 「(5)　運動とエネルギー　イ　力学的エネルギー　(ア)　仕事とエネルギー」の内容の取扱いにおいて，触れることとされていることを書きなさい。

(3) 「(7)　科学技術と人間　ア　エネルギー　(イ)　エネルギー資源」の内容の取扱いにおいて，触れることとされていることを書きなさい。

2　〔第2分野〕において，次の問いに答えなさい。

(1)　次の文は，「(7)　自然と人間」の内容である。空欄(　c　)，(　d　)にあてはまる語句を，それぞれ書きなさい。

> 自然環境を調べ，自然界における(　c　)や自然界のつり合いについて理解させるとともに，自然と人間のかかわり方について認識を深め，自然環境の保全と科学技術の利用の在り方について科学的に考察し(　d　)態度を養う。

(2) 「(7)　自然と人間　イ　自然の恵みと災害　(ア)　自然の恵みと災害」の内容の取扱いにおいて，扱うこととされていることを書きなさい。

3 「第3　指導計画の作成と内容の取扱い」において，観察，実験，野外観察の指導においては，特に事故防止に十分留意するとされている。観察，実験を安全に行うために，事前に行う理科室内の環境整備として適当であることを，二つ書きなさい。

(☆☆◎◎◎)

【2】次の文章を読んで，あとの問いに答えなさい。ただし，原子量はH＝1.00，O＝16.0，S＝32.0，ファラデー定数はF＝9.65×10^4C/molとする。

私たちの身のまわりでは，さまざまな電池が使用されている。電池とは，酸化還元反応によって(　a　)エネルギーを(　b　)エネルギーに変換して取り出す装置である。例えば，電解質水溶液にイオン化傾向が異なる2種類の金属を浸し，導線で結ぶと電流が流れる。このとき，イオン化傾向が(　c　)方の金属が(　d　)され，電子を放出する。もう一方の金属の表面では，電子を受け取る変化が起こる。電池の歴史は古く，1800年にイタリアの科学者であるボルタは，希硫酸に亜鉛板と銅板を浸し，導線で結んだ①ボルタ電池を発明した。ボルタ電池は分極を起こすなど実用的ではなかったため，その後，1836年にボルタ電池を改良したダニエル電池が発明された。現在では，マンガン乾電池や酸化銀電池，②鉛蓄電池などが使用されている。さらに，携帯電話やノートパソコンの電源としてリチウムイオン電池が広く普及しているほか，③燃料電池も家庭用の電源や自動車の動力源として開発や普及が進められている。

1　空欄(　a　)，(　b　)にあてはまる語を，それぞれ書きなさい。

2　空欄(　c　)，(　d　)にあてはまる語句の組み合わせとして最も適切なものを，次のア～エの中から一つ選び，記号で答えなさい。

ア　c　小さい　　d　酸化
イ　c　大きい　　d　酸化
ウ　c　小さい　　d　還元
エ　c　大きい　　d　還元

3　下線部①について，ボルタ電池を電池式で表しなさい。

4　下線部②について，次の問いに答えなさい。

(1)　放電時に負極で起こる反応を，電子e^-を含むイオン反応式で表しなさい。

(2)　質量パーセント濃度33.0％の希硫酸800gを電解質水溶液として，1.93Aの電流を100分間取り出した。電流を取り出した後の電解質水溶液中の硫酸は何gか，求めなさい。ただし，答えの数値は小数第2位を四捨五入し，小数第1位まで書き，答えの求め方も書きなさい。

5　下線部③について，図は，リン酸型燃料電池を模式的に示したものである。下の問いに答えなさい。

図

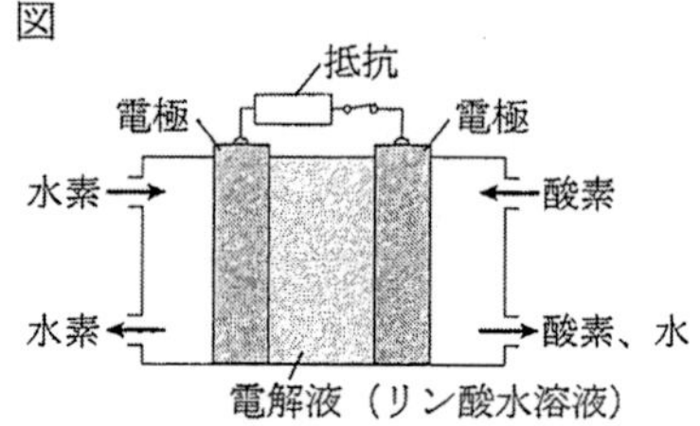

(1)　放電時に正極で起こる反応を，電子e^-を含むイオン反応式で表しなさい。

(2)　近年，燃料電池をコージェネレーションに組み込むことも注目されている。コージェネレーションとはどのようなものか，簡潔に書きなさい。

(☆☆☆◎◎)

【3】次の問いに答えなさい。

1　図1は，起電力の大きさがE[V]，内部抵抗の大きさがr[Ω]の電池に，抵抗値R[Ω]の抵抗器をつないだ回路を示している。下の問いに答えなさい。

図1

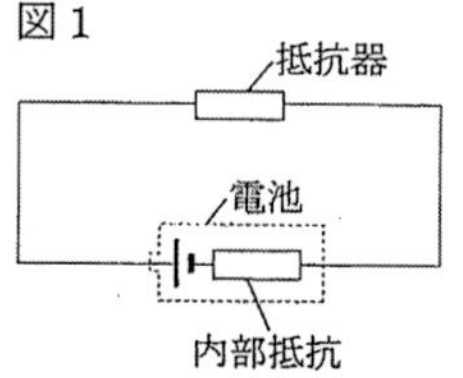

(1)　回路の全抵抗は何Ωか。R，rを用いて表しなさい。

(2)　抵抗器にかかる電圧は何Vか。R，r，Eを用いて表しなさい。

(3)　抵抗器の抵抗値を変え，抵抗器で消費される電力を最大にしたとき，抵抗器で消費される電力は何Wか。r，Eを用いて表しなさい。ただし，求め方も書くこと。

(4)　電力を，エネルギーという語を用いて，簡潔に説明しなさい。

2　次の文章を読んで，あとの問いに答えなさい。ただし，答えの数値は，有効数字2桁で書くこと。

エレベーターの床の上に質量50kgの物体Aが静止している。その後，物体Aはエレベーター内から見て静止したまま，エレベーターと一緒に鉛直方向に上昇した。図2は，このエレベーターが動き始めてから10秒間の間に，エレベーターの速度が時間とともに変化する様子を示したグラフであり，鉛直上向きを正として表している。ただし，重力加速度の大きさを$10m/s^2$とし，物体の大きさは無視できるものとする。

図2

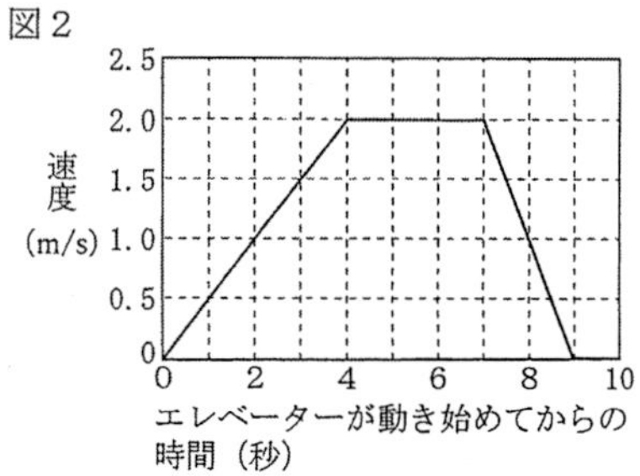

(1)　エレベーターが動き始めてから2秒経過したとき，物体Aの加速度の大きさは何m/s^2か，求めなさい。

(2)　エレベーターが動き始めてから8秒経過したとき，物体Aがエレベーターの床から受ける垂直抗力の大きさは何Nか，求めなさい。

(3)　エレベーターが最も上昇した地点は，エレベーターが動き始めた地点から何mか，求めなさい。

(4)　エレベーターが最も上昇した地点における，物体Aがもつ重力による位置エネルギーの大きさは何Jか，求めなさい。

ただし，物体Aがもつ重力による位置エネルギーの基準点は，エレベーターが動き始めた地点とする。

(☆☆☆◎◎◎)

【4】次の文章を読んで，あとの問いに答えなさい。

種子植物の花は生殖器官であり，栄養器官である①葉と起源を同じくする。アブラナの花芽形成は日長に大きく影響されるが，エンドウは，②日長とは関係なく，ある程度成長すると花芽が形成される。エンドウの花のめしべの柱頭におしべの③花粉がつくと，めしべの子房は果実となり，子房の中にある胚珠は種子になる。乾燥したエンドウの種子には，丸い種子と④しわのある種子がある。メンデルは，エンドウの種子の形や色などの形質に注目して交配実験を行い，⑤遺伝の規則性を調べた。図は，果実を縦に切ったエンドウの花の模式図である。

図

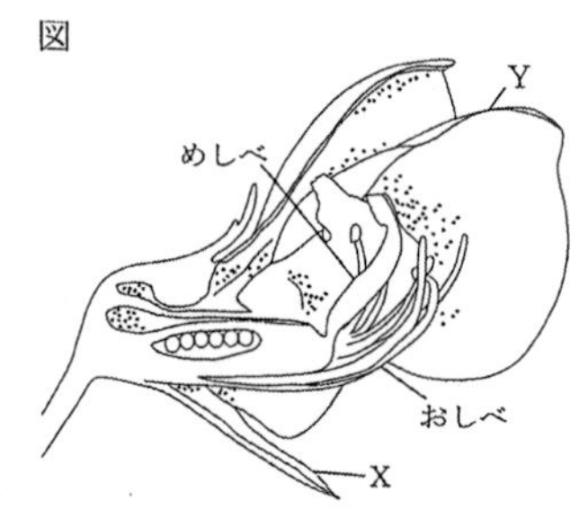

1　図のX，Yの名称を，それぞれ書きなさい。

2　下線部①について，葉の細胞を電子顕微鏡で観察した場合，葉の細胞には見られ，一般的な動物細胞では観察されない細胞小器官がある。その細胞小器官として適切なものを，次のア～カの中から二つ選び，記号で答えなさい。

ア　細胞壁　　イ　細胞膜　　ウ　小胞体　　エ　ミトコンドリア
オ　葉緑体　　カ　リボソーム

3　下線部②について，日長とは関係なく，ある程度成長すると花芽を形成する植物を何というか，書きなさい。

4　下線部③について，花粉母細胞から花粉ができる過程を，減数分裂という語を用いて簡潔に書きなさい。

5　下線部④について，乾燥すると種子にしわができるのはなぜか，胚に含まれるデンプンの性質に着目して書きなさい。

6　下線部⑤について，次の問いに答えなさい。

(1)　遺伝の規則性を調べるとき，ある形質について純系とよばれる株を用いることがある。純系とはどのような系統のことか，簡潔に説明しなさい。

(2)　エンドウの対立形質として，さやの色には黄色と緑色，種子の形には丸としわ，子葉の色には緑色と黄色があり，それぞれ1組の対立遺伝子によって形質が決まることが知られている。さやの色が黄色で，種子が丸く，子葉の色が緑色の親と，さやの色が緑色で，種子にしわがあり，子葉の色が黄色の親を用いて交配し，雑種第一代の個体を多数得た。その結果，雑種第一代の個体はすべて，さやの色が緑色で，種子が丸く，子葉の色が黄色であった。この雑種第一代の個体を自家受精して雑種第二代の個体を得た場合，雑種第二代に，さやの色が黄色で，種子が丸く，子葉の色が黄色の個体が生じる割合は理論上いくらか，分数で答えなさい。ただし，さやの色，種子の形，子葉の色に関する対立遺伝子は，すべて独立しているものとする。

(☆☆☆☆◎◎)

【5】次の文章を読んで，あとの問いに答えなさい。

①太陽系の天体のうち，自ら光を出して輝く恒星は太陽だけで，その他の天体は(　a　)が小さすぎるため，中心部の温度が低く核融合が起こらず，光を出すことはできない。太陽は，水素を主成分とする巨大なガス球であり，(　a　)は地球の約33万倍あると推定されている。太陽系において光を出さない天体のうち，(　a　)の比較的大きい天体が②惑星である。太陽を含め太陽系の天体は，約46億年前に，ゆっくりと回転する原始太陽系星雲からほぼ同時にできたと考えられている。最初に中心部に太陽ができ，その引力や星間物質の回転による遠心力のため円盤状に集積した固体微粒子などから，惑星などの天体が誕生した。そのときの太陽からの(　b　)の違いによって，大きさや組

成の異なる③地球型惑星や木星型惑星ができたと考えられている。地球型惑星の地球には水が存在しており，それは，太陽の明るさ，太陽からの(　b　)，地球の大きさなど，さまざまな要素が関連して保たれている。

④惑星が星座の間を複雑に動いていく様子は，紀元前より知られており，その見かけの動きから惑星の名でよばれるようになったといわれている。惑星の見かけの動きの特徴として，星座に対して順行や逆行などをすることや，星座の間を動く見かけの速さが一定でないことなどがある。

1　空欄(　a　)，(　b　)にあてはまる語を，それぞれ書きなさい。

2　下線部①について述べた文として最も適切なものを，次のア～エの中から一つ選び，記号で答えなさい。

　ア　太陽系は銀河系の中心核に位置しており，「天の川」とは，銀河系の周辺にある別の銀河のことをいう。

　イ　太陽系は銀河系の中心核に位置しており，「天の川」とは，銀河系のことをいう。

　ウ　太陽系は銀河系の円盤部に位置しており，「天の川」とは，銀河系の周辺にある別の銀河のことをいう。

　エ　太陽系は銀河系の円盤部に位置しており，「天の川」とは，銀河系のことをいう。

3　下線部②について，2006年に開かれた国際天文学連合の総会で太陽系の惑星の定義が採択され，長い間惑星とされてきた冥王星は準惑星の一つとされた。採択された定義において，冥王星が太陽系の惑星と異なる点は何か，書きなさい。

4　下線部③について，図は，地球型惑星と木星型惑星の内部構造の模式図である。地球型惑星の特徴を，一つ書きなさい。

図

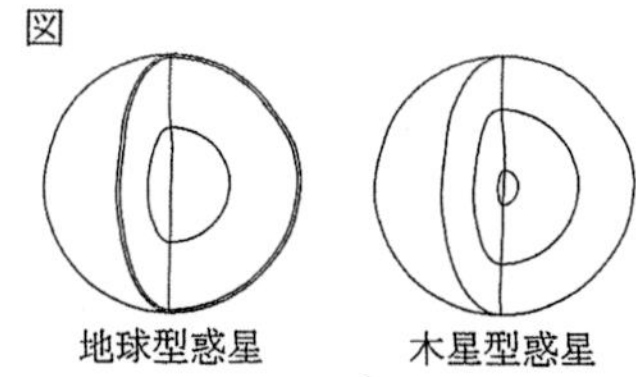

5　下線部④について，2017年7月頃，日本において木星は黄道十二星座のうち，どの星座の中にあるように見えるか，その星座名を書きなさい。

6　地球から見て，外惑星が太陽と同じ方向にあるときを合，外惑星が太陽と反対の方向にあるときを衝とよび，衝から衝までの時間を会合周期という。表は，地球および火星の公転周期を示したものである。地球と火星の会合周期は何年か，求めなさい，ただし，答えの数値は小数第2位を四捨五入し，小数第1位まで書き，答えの求め方も書きなさい。

表

	公転周期（年）
地球	1.00
火星	1.88

(☆☆☆◎◎◎)

高　校　理　科

【共通問題】

【1】「高等学校学習指導要領」(平成21年3月告示)「第2章　第5節　理科　第2款　各科目」「第1　科学と人間生活」に関して，次の問いに答えなさい。

1　次の文は，「2　内容」の(1)，(3)に記載されている内容である。空欄(　a　)～(　d　)にあてはまる語句を，それぞれ書きなさい，

(1)　科学技術の発展 　科学技術の発展が今日の人間生活に対してどのように(a)してきたかについて理解させる。

(3)　これからの科学と人間生活 　自然と人間生活との(b)及び科学技術が人間生活に果たしてきた(c)についての学習を踏まえて，これからの科学と人間生活との(b)方について(d)させる。

2　「3　内容の取扱い」について，次の問いに答えなさい。

(1) 「(1)　科学技術の発展」については，この科目の授業展開においてどのように位置付けられているか，書きなさい。

(2) 「(2)　人間生活の中の科学　エ　宇宙や地球の科学　(イ)　身近な自然景観と自然災害」について，次の問いに答えなさい。

①　地域の自然景観，その変化と自然災害に関して，何を中心に扱うこととされているか，書きなさい。

②　「自然景観の成り立ち」については，何と関連付けて扱うこととされているか。その内容を二つ書きなさい。

③　「自然災害」について，触れることとされている内容を書きなさい。

(☆☆◎◎◎)

【物理】

【1】次の文章を読んで，あとの問いに答えなさい。ただし，重力加速度の大きさをgとする。

長さがL，質量がMである台Aが摩擦のない水平な床の上で静止している。点P，点Q，点Rは台A上にあり，点Pから点Qまでは摩擦のない曲面で，点Qから点Rまでは摩擦のない水平面である。また，点Qで曲面と水平面は，なめらかにつながっている。点Pは床面からの高さが$H+h$であり，点Rは床面からの高さがHである。

いま，質量がmの小物体Bを点Pに静かに置いたところ，小物体Bは，曲面上をすべり出し，水平面を移動した後，台A上の点Rから飛び出した。その間，台Aも床面上を移動した。小物体Bは，点Rから飛び出した後，床面と衝突してはね返り，床面と何度も衝突を繰り返しながら運動し，最終的に床面上をすべった。図は，小物体Bが点Rを通過した瞬間を模式的に示したものであり，点Rを通過した後の小物体Bの運動の軌跡を示している。小物体Bの大きさと台Aおよび小物体Bにはたらく空気抵抗は無視できるものとし，小物体Bが床面とはね返る際，床面と小物体Bとの摩擦はないものとする。また，小物体Bと床面との反発係数をeとする。なお，図の右向きを正とし，台Aと小物体Bの運動は，図の平面内で起こるものとする。

図

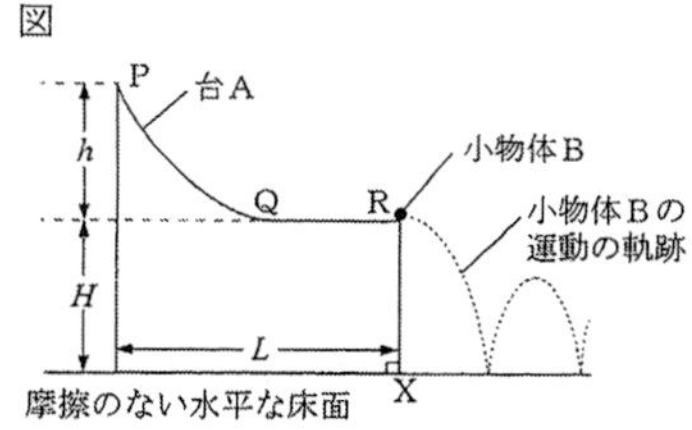

1　小物体Bが台A上を運動しているとき，次の問いに答えなさい。

(1)　小物体Bが台A上の点Rを通過した瞬間の床面上から見た台Aの速度をV，小物体Bの速度をvとしたとき，V，vはいくらか。g，M，m，hを用いて，それぞれ表しなさい。

(2)　小物体Bが台A上の点Pから点Rまで移動したとき，台Aが床面上を移動する距離はいくらか。M，m，Lを用いて表しなさい。

2　小物体Bが台Aを飛び出したとき，点Rの真下にある床面上の点を点Xとする。次の問いに答えなさい。

(1)　小物体Bが台Aを飛び出してから床面と1回目の衝突をするまでの時間と，点Xから小物体Bが床面と1回目の衝突をした地点までの距離はいくらか。v，g，Hから必要なものを用いて，それぞれ表しなさい。

(2)　小物体Bが床面と1回目の衝突をしてはね返った後に，最高点に達したときの床面からの高さはいくらか。H，eを用いて表しなさい。

(3)　小物体Bが台Aを飛び出してから，小物体Bが床面と衝突してはね返らなくなるまでの時間はいくらか。g，H，eを用いて表しなさい。ただし，答えには考え方や求め方も書くこと。

(4)　点Xから小物体Bが床面上をすべり出した地点までの距離はいくらか。v，g，H，eを用いて表しなさい。

(☆☆☆◎◎◎)

【2】次の文章を読んで，あとの問いに答えなさい，ただし，気体定数をR，理想気体の定積モル比熱をC_V，自然対数の底をeとする。

図は，1molの理想気体を状態変化させたときの圧力と体積の関係を示したものである。まず，状態Aにおいて，気体の圧力はP_0，体積はV_A，絶対温度はT_1であった。気体の絶対温度をT_1に保ち，体積をV_AからV_Bまで変化させた。この状態を状態Bとし，この状態変化の過程を過程①とする。過程①では，気体は外部からQ_1の大きさの熱量を吸収し，気体が外部にした仕事は，W_{AB}であった，次に状態Bから，体積をV_Bに保ち，絶対温度をT_1からT_2まで下降させた。この状態を状態Cとし，この状態変化の過程を過程②とする。過程②では，気体は外部にQ_2の大きさの熱量を放出した。状態Cから，絶対温度をT_2に保ち，体積をV_BからV_Aまで変化させた。この状態を状態Dとし，この状態変化の過程を過程③とする。過程③では，気体は外部にQ_3の大きさの熱量を放出し，気体が外部からされた仕事は，W_{CD}であった。状態Dから，体積をV_A，に保ち，絶対温度をT_2からT_1まで上昇させ，気体の状態を状態Aにもどした。この過程を過程④とする。過程④では，気体は外部からQ_4の大きさの熱量を吸収した。

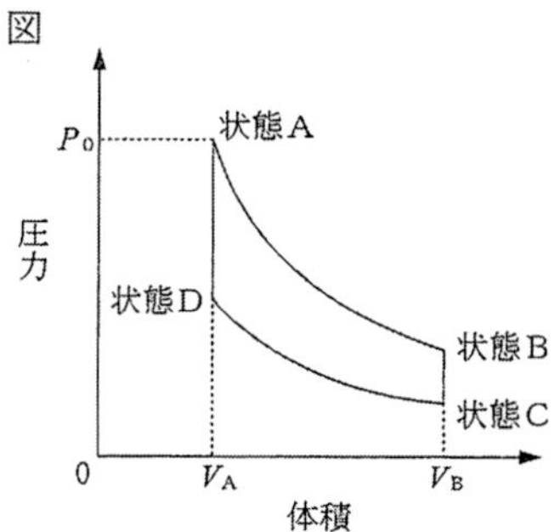

1　状態B，状態C，状態Dにおける気体の圧力はいくらか。P_0，T_1，T_2，V_A，V_Bから必要なものを用いて，それぞれ表しなさい。

2　過程①について，次の問いに答えなさい。ただし，答えには考え方や求め方も書くこと。

(1)　W_{AB}をQ_1を用いて表しなさい。

(2)　W_{AB}はいくらか。T_1，V_A，V_B，R，eを用いて表しなさい。

3　過程②におけるQ_2はいくらか。C_V，T_1，T_2を用いて表しなさい。

4　スターリングサイクルとよばれる熱機関サイクルでは，過程②で熱機関が放出する大きさQ_2の熱量を，過程④で熱機関が吸収する熱量として利用し，熱効率を向上させている。このとき，過程②で熱機関が放出する熱量のすべてを，過程④で熱機関が吸収する熱量として利用できるとすると，スターリングサイクルの熱効率はいくらか。T_1，T_2を用いて表しなさい。ただし，W_{AB}とW_{CD}の比は，$\dfrac{W_{AB}}{W_{CD}}=\dfrac{T_1}{T_2}$として与えられるものとする。

5　1molの理想気体について，等温変化では気体が膨張するときに気体の温度は変化しないが，断熱変化では気体が膨張するときには気体の温度が低下する。その理由を内部エネルギーという語を用いて説明しなさい。

(☆☆☆◎◎◎)

【3】次の文章を読んで，あとの問いに答えなさい。

内部抵抗がr[Ω]であり，最大I[A]まで測ることのできる電流計Pがある。測定できる電流の範囲を拡大するために，電流計Pと並列に(　a　)[Ω]の抵抗を接続すると，測定できる電流の範囲が5倍に拡大された電流計となる。また，電流計を用いて電圧を測定することもできる。しかし，電流計の内部抵抗は小さいため，電圧を測定しようとする回路上の2点間に電流計を並列に接続してしまうと，測定しようとする電圧を大きく変化させてしまうことがある。そこで，電流計Pに直列にr'[Ω]の抵抗を接続し，電流がi[A]のときの電流計Pの針の振れの位置に(　b　)[V]の目盛りをつけると，接続したr'[Ω]の抵抗を含めて，内部抵抗が(　c　)[Ω]の電圧計となる。

図1，図2は，電流計の示す値と電圧計の示す値によって，抵抗Xで①消費される電力や抵抗Xの抵抗値を求めるための回路の模式図である。しかし，図1の回路では，抵抗Xを流れる電流は電流計を流れる電流よりも小さく，図2の回路では，抵抗Xの両端の電圧は電圧計の電圧よりも小さくなり，どちらの回路を用いても正確に測定することができない。そのため，より精密な抵抗値を測定する場合には，②ホイートストンブリッジ回路が用いられることがある。

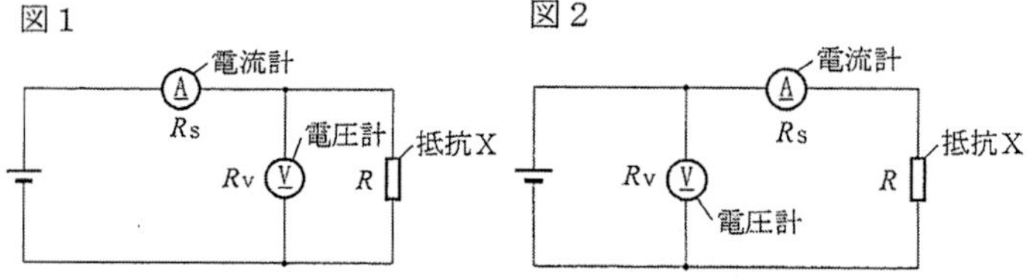

1　文章中の空欄(　a　)～(　c　)に適する数式を，r，I，i，r'から必要なものを用いて，それぞれ表しなさい。

2　下線部①について，図1の回路が図2の回路に比べ，より正確に抵抗Xで消費する電力を測定できるのは，どのような場合か。抵抗Xの抵抗値をR[Ω]，電流計の内部抵抗をR_S[Ω]，電圧計の内部抵抗をR_V[Ω]として，相対誤差をもとに，その条件をR，R_S，R_Vを用いて表しなさい。ただし，答えには考え方や求め方も書き，電流計と電圧計の接続方法以外の誤差は無視できるものとする。なお，相対誤差は，真の値に対する誤差の割合で示されるものとする。

3　下線部②について，次の文章を読んで，あとの問いに答えなさい。

図3は，温度により抵抗値が変化する抵抗Tの抵抗値を求めるためのホイートストンブリッジ回路の模式図である。回路は，内部抵抗が無視できる起電力2.0Vの電池E，検流計，抵抗R_1，抵抗R_2，抵抗線K，抵抗Tからできている。抵抗R_1と抵抗R_2は，それぞれ900Ωと300Ωの固定抵抗であり，抵抗線Kは，AB間に設置され，太さが一様で抵抗値が500Ω，長さが50cmの直線の抵抗線である。抵抗Tは，ある金属からできている太さが一様な金属線であり，その金属の抵抗率の温度係数をα，0℃での抵抗率をρ_0とすると，t[℃]での抵抗率ρは，$\rho = \rho_0(1+\alpha t)$で与えられるものとする。ただし，抵抗率の温度係数$\alpha$は一定であり，抵抗線$K$および抵抗$T$の温度変化による膨張や導線の抵抗は無視できるものとする。

図3

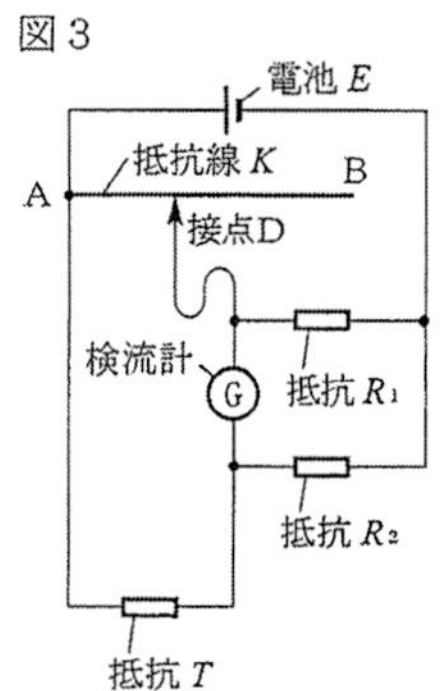

(1)　抵抗Tを0℃の液体Lに浸し，接点Dを調整すると，接点DがAから30cmのところで検流計の針が振れなかった。抵抗Tの抵抗値は何Ωか，求めなさい。ただし，液体Lには電流が流れないものとする。

(2)　抵抗Tを100℃の液体Lに浸したとき，抵抗Tの抵抗値は150Ωであった。次に，ある温度の液体Lに浸し接点Dを調整すると，接点DがAから36cmのところで検流計の針が振れなかった。この液体Lの温度は何℃か，求めなさい。ただし，液体Lには電流が流れないものとする。

(3)　抵抗Tの材料を，ある温度における抵抗率が$\frac{1}{4}$の金属線にかえた。その温度で同じ抵抗値を得るには，金属線の半径を元の金属線の半径の何倍にすればよいか，求めなさい。ただし，金属線の長さは，元の金属線の長さと同じとする。

(4)　温度が上昇すると金属の抵抗率が大きくなるのはなぜか。その理由を，陽イオンという語を用いて簡潔に書きなさい。

(☆☆☆◎◎◎)

【化学】

【1】次の文章を読んで，あとの問いに答えなさい。ただし，原子量は H＝1.00，N＝14.0，O＝16.0とする。

植物の生育を促して野菜や果物などの収穫量を増やすため，土壌などに加える物質を肥料という。化学的に合成された肥料を無機質肥料といい，窒素肥料，リン酸肥料，カリ肥料などがある。

窒素肥料としてはチリ硝石が用いられていたが，①<u>アンモニアの酸化によって硝酸を合成する</u>工業的手法である(　a　)法が完成したり，窒素と水素からアンモニアを合成する(　b　)法が工業化されたりして，硝安や硫安といった無機質肥料が大量生産されるようになった。この他に，炭酸ナトリウムを(　c　)法で工業的に製造する際の副産物である塩安や，アンモニアと二酸化炭素を高温・高圧で反応させて尿素を得る手法も発見され，窒素肥料として使用されるようになった。

リン酸肥料は，リン鉱石(主成分　$Ca_3(PO_4)_2$)を原料とする。②<u>リン鉱石を硫酸と反応させて過リン酸石灰とする</u>ことによって，③<u>リン鉱石をそのままリン酸肥料として使用できない欠点</u>を補っている。

カリ肥料は，草木灰(主成分　K_2CO_3)が用いられてきたが，現在は，カリ岩塩を精製した塩化カリウムや硫酸カリウムなどが用いられている。

1　チリ硝石，硝安，硫安，塩安を，それぞれ化学式で書きなさい。

2　空欄(　a　)～(　c　)にあてはまる人物の名前を，それぞれ書きなさい。

3　下線部①について，図は，硝酸の工業的製法を模式的に示したものである。下の問いに答えなさい。

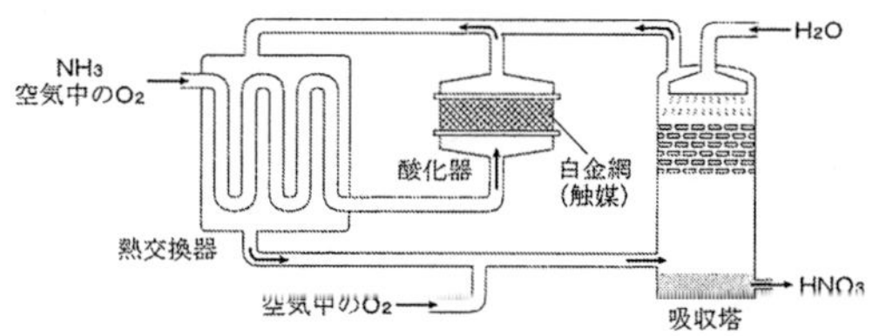

(1)　酸化器では，白金網を触媒として用いている。触媒は化学反応においてどのような働きをしているか，反応速度，活性化エネルギーという二つの語を用いて，簡潔に書きなさい。

(2)　質量パーセント濃度63.0％の硝酸10.0kgを得るために必要な空気は標準状態で少なくとも何Lか，求めなさい。ただし，答えの数値は有効数字3桁で書くこと。また，体積百分率で空気の20.0％が酸素であるものとし，硝酸の収率は100％とする。

4　下線部②の反応を，化学反応式で表しなさい。

5　下線部③について，リン鉱石をそのままリン酸肥料として使用できないのはなぜか，理由を簡潔に書きなさい。

(☆☆☆◎◎)

【2】次の文章を読んで，あとの問いに答えなさい。

人の健康維持や病気の治療などに役立つ化合物は，医薬品として利用されている。医薬品として用いられる物質の多くは$_{①}$<u>有機化合物</u>である。医薬品の歴史は古く，古代ギリシャ時代にはヤナギの樹皮を解熱や鎮痛に使っていたと伝えられている。19世紀になってから，ヤナギの樹皮の抽出物から針状結晶である化合物Aが分離された。化合物Aは体内に入ると加水分解されて，$_{②}$<u>グルコース</u>と化合物Bに変化する。化合物Bは体内で酸化され，化合物Cに変化することがわかった。やがて化合物Cを合成する方法が開発され，化合物Cは医薬品として使用されるようになった。しかし，化合物Cは不快な味をもつだけでなく，胃に対して悪影響を及ぼすことが問題となった。その後，ヘリクス＝ホフマンが，体内で加水分解されるように化合物Cをアセチル化した化合物Dを合成することに成功し，化合物Dは薬として世界中で用いられるようになった。一方，化合物Cにメタノールと少量の③濃硫酸を作用させると，特有の強い芳香がある無色の液体である化合物Eが得られる。化合物Eも消炎鎮痛剤として利用されている。④化合物A～Eそれぞれに塩化鉄(Ⅲ)水溶液を加えると，化合物B，化合物C，化合物Eが呈色反応を示す。

1　化合物A～Eの構造式を，それぞれかきなさい。ただし，構造式は，例に示された構造式にならってかくこと。

例

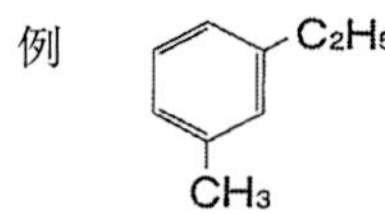

2　下線部①について，有機化合物の成分元素に硫黄が含まれていることを金属ナトリウムを用いて検出する場合，どのような操作を行えばよいか，実験の手順を簡潔に書きなさい。

3　下線部②について，グルコースは水溶液中において，鎖状構造または環状構造をとることがわかっている。その環状構造には，α－グルコースおよびβ－グルコースの二つがある。α－グルコースおよびβ－グルコースの結晶を25℃の水にそれぞれ溶かした直後の比旋光度を測定すると，α－グルコースは＋110°，β－グルコースは＋19.0°であった。十分に時間が経つとどちらも一定になり，その比旋光度は＋52.5°になった。比旋光度が一定になったとき，水溶液中にα－グルコースは何％存在しているか，求めなさい。ただし，答えの数値は有効数字3桁とし，答えの求め方も書きなさい。また，水溶液中の鎖状構造のグルコースの割合は無視できるものとする。

4　下線部③について，濃硫酸は「毒物及び劇物取締法」によって劇物に指定されている。濃硫酸の容器への表示のしかたとして最も適切なものを，次のア～エの中から一つ選び，記号で答えなさい。

ア　赤地に白色の文字で「医薬用外劇物」と表示する。

イ　白地に赤色の文字で「医薬用外劇物」と表示する。

ウ　黒地に黄色の文字で「医薬用外劇物」と表示する。

エ　黄地に黒色の文字で「医薬用外劇物」と表示する。

5　下線部④について，塩化鉄(Ⅲ)水溶液を加える場合，中性に近い条件で行う。強酸性や強塩基性では呈色反応が見られないのはなぜか，理由を簡潔に書きなさい。

(☆☆☆◎◎◎)

【3】次の文章を読んで，あとの問いに答えなさい。ただし，原子量はH＝1.00，C＝12.0，O＝16.0，K＝39.0とする。

動植物中に含まれる疎水性の物質を油脂といい，植物では主に種子の中に，動物では主に皮下組織に蓄えられている。油脂は，3価アルコールである(　a　)と脂肪酸からなるエステルであり，水よりも軽く，水に溶けにくく有機溶媒には溶けやすい。油脂の性質は，構成する脂肪酸の構造などによって決まる。天然の油脂を構成する脂肪酸のうち，不飽和脂肪酸は炭素間に二重結合をもっている。また，その形状はすべてシス形であるといわれている。不飽和脂肪酸で構成される液体の油脂に触媒を用いて水素を付加させると，飽和脂肪酸で構成される固体の油脂に変わる。このようにしてつくった油脂は(　b　)とよばれる。一般的に，<u>油脂の融点は，炭素間の二重結合の数が多いほど低くなる</u>。

油脂に水酸化ナトリウムや水酸化カリウムなどの強塩基を加えて加熱すると(　a　)と脂肪酸のアルカリ金属塩が得られる。この脂肪酸のアルカリ金属塩をセッケンといい，油脂からセッケンを得ることをけん化という。油脂1.00gを完全にけん化するために必要な水酸化カリウムの質量(mg)の数値はけん化価とよばれ，油脂の平均分子量の大小の目安となる。

1　空欄(　a　)，(　b　)にあてはまる最も適切な語句を，それぞれ書きなさい。

2　下線部について，炭素間の二重結合の数が多いほど油脂の融点が低いのはなぜか，理由を簡潔に書きなさい。

3　2種類の脂肪酸からなる純粋な油脂Aについて，次の①～③の手順で実験を行った。あとの問いに答えなさい。

【実験】

① 油脂A5.00gにニッケルを触媒として水素を完全に付加して，油脂Bをつくった。

② ①でつくった油脂B1.00gを0.0500mol/L水酸化カリウム水溶液で完全にけん化した。

③ ②でつくった混合液を酸性にして，得られた脂肪酸を調べた。

(1) ②でけん化するために必要な水酸化カリウム水溶液は67.4mLであった。このときのけん化価を求めなさい。ただし，答えの数値は有効数字3桁で書くこと。

(2) 得られた脂肪酸は1種類であった。油脂Bの分子量を求めなさい。ただし，答えの数値は有効数字3桁で書くこと。

(3) ①で油脂Bをつくるために必要な水素は標準状態で126mLであった。油脂Aを構成する2種類の脂肪酸の分子式を，それぞれ書きなさい。

(☆☆☆◎◎◎)

【4】次の文章を読んで，あとの問いに答えなさい。

緩衝液とは，①弱酸とその塩または弱塩基とその塩を含む水溶液で，酸や塩基を加えてもpHがほとんど変化しないものをいう。酢酸と酢酸ナトリウムからなる緩衝液について考えた場合，②酢酸は，水中ではその一部が電離して電離平衡の状態にある。また，③酢酸ナトリウムは，水中では完全に電離しているとみなすことができる。水溶液中には，酢酸ナトリウムが電離して生じた多量の酢酸イオンが存在するため，酢酸の電離平衡が移動する。そのため，酢酸と酢酸ナトリウムからなる緩衝液では，酢酸はほぼ電離していないと考えることができる。この水溶液と同体積の水に少量の酸を加えるとpHが変化するのに対して，④酢酸と酢酸ナトリウムからなる緩衝液に少量の酸を加えてもpH

はほとんど変化しない。

1　下線部①について，弱酸とその塩となる化合物の組み合わせまたは弱塩基とその塩となる化合物の組み合わせとして適切なものを，次のア～カの中からすべて選び，記号で答えなさい。

ア　塩酸と塩化ナトリウム

イ　シュウ酸とシュウ酸ナトリウム

ウ　水酸化バリウムと硝酸バリウム

エ　硫酸と硫化カリウム

オ　アンモニアと塩化アンモニウム

カ　酒石酸と酒石酸カリウム

2　下線部②，③を，イオン反応式でそれぞれ表しなさい。

3　下線部④について，酢酸と酢酸ナトリウムからなる緩衝液に少量の酸を加えたときにpHがほとんど変化しない理由を，中和反応という語を用いて，書きなさい。

4　25℃において，0.200mol/L酢酸水溶液100mLと0.100mol/L酢酸ナトリウム水溶液100mLを混合して緩衝液をつくった。次の問いに答えなさい。ただし，酢酸の電離定数は$K_a = 2.69 \times 10^{-5}$mol/Lとし，混合による溶液の体積変化はないものとする。また，$\log_{10}2 = 0.301$，$\log_{10}2.69 = 0.430$，$\log_{10}7 = 0.845$とする。

(1)　メスフラスコを用いて0.100mo1/L酢酸ナトリウム水溶液100mLを作成するとき，酢酸ナトリウムをメスフラスコ内で直接溶かさずに，ビーカーなどで酢酸ナトリウムを水に溶かしてからメスフラスコに移すのはなぜか，理由を書きなさい。

(2)　この緩衝液のpHを求めなさい。ただし，答えの数値は有効数字3桁で書くこと。

(3)　この緩衝液に1.00mol/Lの水酸化ナトリウム水溶液4.00mLを加えたときのpHを求めなさい。ただし，答えの数値は有効数字3桁とし，答えの求め方も書きなさい。

(☆☆☆◎◎◎)

【生物】

【1】次の文章を読んで，あとの問いに答えなさい。

生物は，原核生物と真核生物に2分される。aマーグリスらは，細胞内(　ア　)説を提唱した。細胞内(　ア　)説とは，嫌気性細菌に好気性細菌や(　イ　)など別の原核生物が(　ア　)することで，真核生物が誕生したとする説である。現在では遺伝子レベルの研究から，ミトコンドリアはある種の好気性細菌と，葉緑体は(　イ　)と，DNAの塩基配列がそれぞれ類似していることがわかっている。

(　イ　)は，水と二酸化炭素から光エネルギーを使って有機物を合成する(　ウ　)栄養生物の原核生物である。その仲間であるイシクラゲは日本でも見られる。イシクラゲの細胞や真核生物の葉緑体などの大きさを光学顕微鏡で測定する際は，bミクロメーターを使う。

リボソームRNAの塩基配列の研究等から，原核生物は細菌，古細菌の2群に分けられることがわかってきた。そのため，ウーズは，界よりさらに上位の分類階級である(　エ　)を設定し，全生物を細菌，古細菌，真核生物の三つの(　エ　)に分ける説を提唱した。

1　空欄(　ア　)～(　エ　)にあてはまる最も適切な語句を，それぞれ書きなさい。

2　下線部aについて，マーグリスは五界説を提案した。五界説では，生物はどのような界に分けられるか，原核生物界，動物界，植物界以外の名称を，二つ書きなさい。

3　下線部bについて，ある生物の細胞の長さを測定するために，次の①，②の手順で実験を行った。あとの問いに答えなさい。ただし，対物ミクロメーターには1mmを100等分した目盛りがついている。

【実験】

①　接眼ミクロメーターを入れた接眼レンズを光学顕微鏡に取りつけた後，対物レンズを取りつけ，ステージに対物ミクロメーターをのせ，ピントを合わせた。

②　対物ミクロメーターをステージからおろし，倍率を変えずに，ある生物の細胞を観察した。

(1) 視野の中にゴミが見えたとき，そのゴミは，プレパラートではなく接眼レンズや対物レンズについている場合もある。対物レンズではなく接眼レンズにゴミがついていることを，レンズを拭かずに確かめるためにはどのようにすればよいか，簡潔に書きなさい。

(2) ①では，接眼ミクロメーターの目盛り20目盛りと対物ミクロメーターの目盛り7目盛りが一致していた。②で観察された細胞の長さは，接眼ミクロメーターの目盛り75目盛り分であった。観察された細胞の長さは何μmか，求めなさい。ただし，答えの数値は小数第1位を四捨五入し，整数で書くこと。

(3) 対物ミクロメーターの上に直接試料をおいて観察しないのはなぜか，理由を二つ書きなさい。

(☆☆◎◎◎)

【2】次の文章を読んで，あとの問いに答えなさい。

①細胞膜は，主にリン脂質とタンパク質からできている。リン脂質は，親水性の部分と疎水性の部分からできている。図は，リン脂質分子のモデルである。細胞膜のタンパク質は，特定の物質の選択的透過，輸送，細胞の接着，情報の伝達など，さまざまな働きに関与している。

図

細胞の接着には，カドヘリンというタンパク質が関わっている。カドヘリンにはいくつかのタイプがあり，同じタイプのカドヘリンを細胞表面にもつ細胞どうしが強く接着する。ニワトリの神経管形成の過程において，E－カドヘリンが上皮で，N－カドヘリンが神経板で，カドヘリン－6Bが神経しゅうで，それぞれ見られる。神経胚の中期に左右の神経しゅうが正中線で出合うと，表皮の内側に神経管が形成され，神経管の背側から②神経冠細胞が生じて遊走を始める。カドヘリンの接着には，③あるイオンが必要である。

情報の伝達には，ホルモンが関わっており，標的細胞における特定の遺伝子の発現を調節している。ホルモンには④脂溶性ホルモンと，水溶性ホルモンがある。脂溶性ホルモンは，標的細胞の細胞膜を通り抜けて作用する。⑤水溶性ホルモンは，一般に細胞膜を通り抜けることができないが，標的細胞の細胞膜の内側でcAMPなどの低分子物質をつくらせるように作用する。

1　下線部①について，細胞膜のリン脂質のみの部分はどのような構造をしているか。その一部の断面を，図のモデルを用いてかきなさい。

2　下線部②について，N－カドヘリンおよびカドヘリン－6Bの発現量はどのようになっているか，それぞれ書きなさい。

3　下線部③について，あるイオンとして最も適切なものを，次のア～オの中から一つ選び，記号で答えなさい。

ア　Na^{+}　　イ　K^{+}　　ウ　Ca^{2+}　　エ　Zn^{2+}　　オ　Fe^{3+}

4　下線部④について，脂溶性ホルモンとして適切なものを，次のア～オの中から二つ選び，記号で答えなさい。

ア　アドレナリン　　イ　グルカゴン　　ウ　甲状腺刺激ホルモン
エ　チロキシン　　オ　糖質コルチコイド

5　下線部⑤について，水溶性ホルモンの情報は，標的細胞内にどのように伝えられるか，簡潔に書きなさい。

(☆☆☆☆◎)

【3】次の問いに答えなさい。

1　図1は，年平均気温および年降水量とバイオームの関係を示したものである。あとの問いに答えなさい。

図1

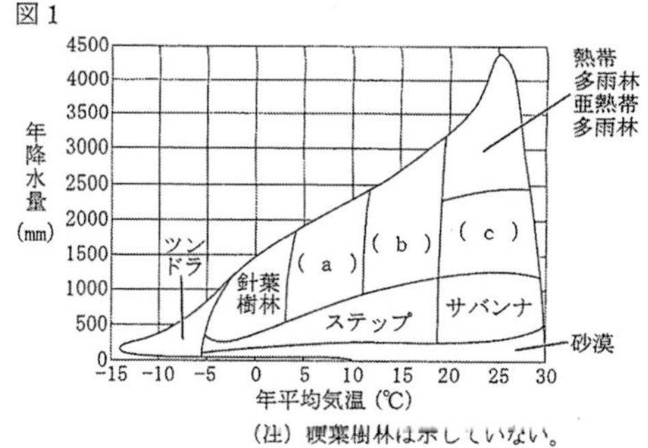

(注) 硬葉樹林は示していない。

(1) 空欄(a)～(c)にあてはまるバイオームの名称を，それぞれ書きなさい。

(2) ステップやサバンナでは，森林が成立せず，草原が極相となる。ステップやサバンナで森林が成立しないのはなぜか，理由を書きなさい。

2 同じ緯度における標高に応じたバイオームの分布を垂直分布という。日本の本州中部に見られる垂直分布では，2500m付近に森林限界がある。森林限界より標高が高い場所では高木が見られないのはなぜか，理由を書きなさい。

3 図2のように，純生産量は，幼齢林のうちは大きく，高齢林になると減少していく。その理由として最も適切なものを，下のア～エの中から一つ選び，記号で答えなさい。

図2

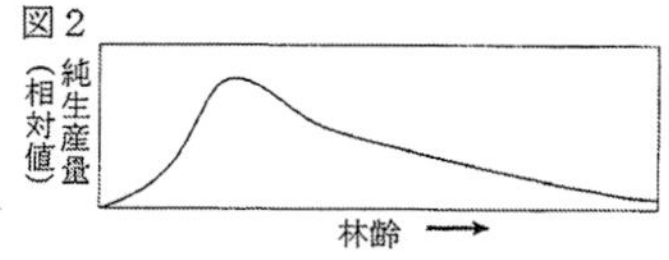

ア 遷移の初期に比べ極相では，総生産量は大きくなるが，総呼吸量も大きくなるから。

イ 極相林では，光が地表近くまで入るため，下層に同化器官が多く，中層や下層でも光合成が行われるから。

ウ 枯死量が大きい幼齢林では純生産量の多くが成長量になるが，

枯死量が小さい高齢林では成長量にあてられないから。

エ　遷移の初期はさまざまな植物や動物が生息することができるが，極相になるとある特定の樹木や動物しか生育できないから。

4　次の文章を読んで，下の問いに答えなさい。

資源を求めて種間競争が起こると，その環境で有利に生育できたり，繁殖できたりする種だけが生き残る。遷移において植物種の交代が起こるのは，生育に必要な資源をめぐる植物種間の競争の結果と考えることができる。図3は，異なる植物種について，生育条件と植物種間の競争の結果について示したものである。ただし，両種の競争において，光の量と栄養塩類の量以外の影響は無視できるものとする。

図3

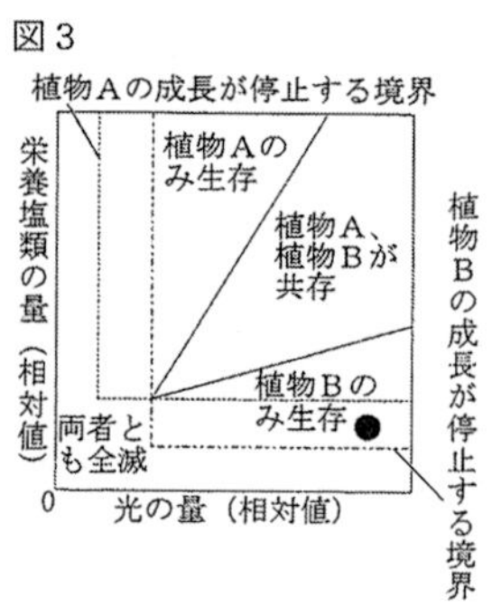

(1)　図3において，植物A，植物Bのどちらが，裸地や荒原で生活を始める先駆種となることができる植物か，AまたはBのいずれかを選び，記号で答えなさい。また，選んだ理由も書きなさい。

(2)　一般に，遷移の初期には陽樹が出現し，遷移が進むにつれて陰樹へと交代する。資源をめぐる競争の観点から，陽樹が陰樹に交代する理由を，図3をもとに書きなさい。ただし，遷移の初期における資源量は，図3において●で示した量とする。

(☆☆☆◎◎◎)

【4】遺伝子の発現に関して，次の問いに答えなさい。

1　次の文章を読んで，あとの問いに答えなさい。

サットンらによって，染色体に遺伝子があるという説が提唱された。染色体は主にDNAとタンパク質から構成されているため，そのどちらが遺伝子の本体かが議論された。肺炎双球菌には，マウスに感染させると肺炎を発病するS型菌と，感染させても発病しないR型菌がある。1944年，(　ア　)らは，S型菌をすりつぶして得た抽出液をR型菌に混ぜて培養すると，R型菌からS型菌に$_a$形質転換するものが出現し，いったんS型菌に形質転換した菌は，S型菌の性質を維持して増殖することを発見した。また，$_b$2種類の分解酵素を用いて，それぞれ実験を行い，DNAが遺伝子の本体であることを示した。

クリックは，DNAからRNAがつくられ，その配列をもとにアミノ酸配列が指定されてタンパク質が合成されるというように，遺伝情報は一方向に伝達されると考えた。このような考えを(　イ　)とよぶ。テミンは，ある種のRNAウイルスの増殖が，RNAからタンパク質を合成する過程を阻害する薬物によって抑制されることを発見した。そして，このRNAウイルスの増殖にはDNAが関与するはずであり，RNAを鋳型としてDNAが合成される(　ウ　)の過程があるはずだと主張した。1970年，水谷哲は，(　ウ　)を証明する実験結果を出した。その後，(　ウ　)酵素が発見され，試験管内で，RNAに相補的なDNAであるcDNAを合成することができるようになった。

現在では，$_c$ヒトのインスリン遺伝子のcDNAをベクターに組み込み，大腸菌にヒトのインスリンを合成させることができるようになっている。

(1)　空欄(　ア　)～(　ウ　)にあてはまる最も適切な語句を，それぞれ書きなさい。

(2)　下線部aについて，形質転換とはどのような現象か，説明しなさい。

(3)　下線部bについて，2種類の分解酵素を用いた実験によって得られた結果を，それぞれ書きなさい。

(4)　下線部cについて，ヒトの正常なインスリンを大腸菌に合成させるとき，ヒトのインスリン遺伝子のcDNAをベクターに組み込むのはなぜか，理由を書きなさい。

2　大腸菌の形質転換を利用し，次の①～⑤の手順で遺伝子組換えに関する実験を行った。下の問いに答えなさい。

【実験】

① 緑色蛍光タンパク質であるGFPをつくる遺伝子，アンピシリンという抗生物質を分解する酵素を合成する遺伝子，GFPをつくる遺伝子の調節遺伝子を含む，pGLOというプラスミドを大腸菌K12株に取り込ませた。

② ①の大腸菌を，アンピシリンのみを加えた培地およびアンピシリンとL－アラビノースを加えた培地に，それぞれ同量塗布した。

③ ②の培地を37℃の定温器に入れ，一晩培養した。

④ 培地表面に形成されたコロニーの色を明所で観察した。

⑤ ④の後，暗所でコロニーに紫外線を当て，観察した。

(1) アンピシリンを培地に加えるのはなぜか，理由を書きなさい。

(2) 表は，実験の結果である。アンピシリンのみを加えた培地でコロニーが蛍光色を発しなかったのはなぜか。その理由を，GFPをつくる遺伝子の調節遺伝子に着目して書きなさい。

表

培地に加えた物質	明所でのコロニーの色	コロニーに紫外線を当てた結果
アンピシリンのみ	白	蛍光色を発しない。
アンピシリンとL－アラビノース	白	蛍光色を発する。

(3) この実験のような遺伝子組換え実験を行うときは，遺伝子組換え生物等の使用等の規制による生物多様性の確保に関する法律など関連法令に従い，実験に用いる遺伝子組換え生物を実験室の外に拡散させないことが最も大事である。遺伝子組換え実験を行う際に，遺伝子組換え生物の拡散を防止するための措置として適切なものを，次のア～ケの中から三つ選び，記号で答えなさい。

ア　実験において，菌のついた白金耳は，焼いて滅菌する。

イ　実験室の扉については，緊急時に避難がしやすいように，開けたままにしておく。

ウ　実験室では，実験中に髪を触らないようにしたり，実験の前後に手洗いしたりする。

エ　実験台は，実験を行った日における実験の終了後のみ70%アルコールによる拭浄を行う。

オ　実験中は，実験室の入口に「遺伝子組換え実験中につき関係者以外立入禁止」等の表示を行う。

カ　実験室の窓等は，昆虫が侵入することを防ぐための網戸がある場合，換気のために定期的に開ける。

キ　遺伝子組換え生物等を含む廃棄物は，廃棄の前に高圧滅菌器を用いた滅菌や70%アルコールによる殺菌を行う。

ク　遺伝子組換え生物等の漏出や拡散が起こらない構造の容器に入れても，実験の過程において遺伝子組換え生物等を実験室から持ち出してはならない。

ケ　実験に用いた器具を廃棄または再使用する前に，遺伝子組換え生物等の付着の有無に関わらずすべて，高圧滅菌器を用いた滅菌や70%アルコールによる殺菌を行う。

(☆☆☆☆◎◎◎)

解答・解説

中高理科

【1】1　フラウンホーファー線　　2　113番　　3　フック　　4　ボイジャー1号　　5　パリ協定

〈解説〉1　ドイツの物理学者であるフラウンホーファーが1814年に発見した。太陽光が太陽の大気を通過する時，その中にあるいろいろな原子やイオンによってそれぞれに固有の波長の光が吸収されることでこれらの暗線が生じることを突き止め，太陽を構成する元素の解明につながった。
2　森田浩介氏を中心とした理化学研究所の研究チームが2004年に発見した。元素は非常に不安定でその寿命は$\frac{1}{1000}$秒以下というものである。そのこともあって「ニホニウム」が正式名称として決定されるまでに時間を要し，2016年に決定されるに至った。原子番号113，質量278の元素である。　3　イギリスのロバート・フックは物理学，化学の分野で研究を行い，ばねの弾性に関して“フックの法則”を発見した。また顕微鏡や望遠鏡での観察研究を行い，コルクを観察した際に“cell”と名付けるに至る小さい部屋(cellはギリシア語で“小さな部屋”を意味する)が連なっている構造を発見した。その他にもいろいろな研究をしている。　4　ボイジャー1号はアメリカ航空宇宙局(NASA)によって惑星探査機として1977年に打ち上げられた。2012年には太陽圏の境界近くまで到達し現在も太陽圏外に出ながら運用されている。
5　2015年にフランス・パリ近郊にて開催された第21回国連気候変動枠組条約締結国会議(COP21)で採択され，2016年11月に協定として発効され，“パリ協定”と呼ばれる。2020年以降の地球温暖化対策の国際的な枠組みを定めた協定であり，全ての国が参加し「世界の平均気温の上昇を産業革命前に比べて2℃未満に抑える(努力目標1.5℃未満)」とし，「21世紀後半に温室効果ガス発生を0にすることを目標にする」というものである。

中学理科

【1】1　(1)　a　運動の規則性　　b　日常生活や社会　　(2)　仕事の原理　　(3)　放射線の性質と利用　　2　(1)　c　生物相互の関係　d　判断する　　(2)　地球規模でのプレートの動き　　3　・使い易い

場所に薬品や機器を配置し周知すること。　・換気に注意を払うこと。

〈解説〉1，2は，「中学校学習指導要領(平成20年3月告示)」の「第2章 各教科　第4節　理科　第2　各分野の目標及び内容」からの出題。3は，「第2章 各教科　第4節 理科　第3　指導計画の作成と内容の取扱い」に書かれている文に関連しての出題であるが，解答するには「中学校学習指導要領解説　理科編」に書かれていることを理解していないと答えられない。各分野の内容については，指導計画，内容の取扱い，解説とも関連づけて整理し，理解しておきたい。

【2】1　a　化学　　b　電気　　2　イ　　3　(－) Zn｜H_2SO_4 aq｜Cu (＋)　　4　(1)　$Pb+SO_4^{2-} \rightarrow PbSO_4+2e^-$　　(2)　電解質水溶液中に含まれる硫酸は，800×33.0％＝264g　　1.93Aの電流を100分間取り出したときに流れた電子は，$\frac{1.93\times100\times60}{9.65\times10^4}=0.12$mol　　流れた電子と消費した硫酸のモル数は等しいから，消費した硫酸は，0.12×98＝11.76g　よって，電解質水溶液中に残っている硫酸は，264－11.76＝252.24≒252.2g　　(答)　252.2g　　5　(1)　$O_2+4H^++4e^- \rightarrow 2H_2O$

(2)　発電する際に生じる熱を熱源として利用するようなシステム。

〈解説〉1　エネルギーには，位置エネルギー，運動エネルギー，力学的エネルギー，熱エネルギー，電気エネルギー，化学エネルギー，光エネルギー，核エネルギーなどがある。　2　電位放出＝酸化反応＝負極。イオン化傾向が大きいと電子を放出しやすい。　3　イオン化傾向はZn＞Cuである。　4　①　電極の鉛が電子を失い硫酸イオンと反応し，$PbSO_4$が生成する。　②　$Pb+PbO_2+2H_2SO_4 \rightarrow 2PbSO_4+2H_2O$の反応が電子2molで起こることから，電子が1mol流れると硫酸は1mol消費される。　5　(1)　吹き付けられた水素がイオン化し，酸素と反応して水ができる。　(2)　解答参照。

【3】1　(1)　$R+r$ Ω　　(2)　$\frac{RE}{R+r}$ V　　(3)　消費される電力をPとすると

$$P=\frac{R}{(R+r)^2}E^2=\frac{E^2}{\left(\sqrt{R}+\frac{r}{\sqrt{R}}\right)^2}=\frac{E^2}{\left(\sqrt{R}-\frac{r}{\sqrt{R}}\right)^2+4r}$$

$\sqrt{R}-\frac{r}{\sqrt{R}}=0$のとき，分母が最小になり電力は最大になる。ゆえに，$R=r$のとき，$P=\frac{E^2}{4r}$　　(答)　$\frac{E^2}{4r}$〔W〕

(4)　単位時間あたりに電源が供給する電気エネルギーのこと。

2　(1)　0.50m/s^2　　(2)　4.5×10^{2}N　　(3)　12m　　(4)　6.0×10^{3}J

〈解説〉1　(1)　内部抵抗と抵抗器が直列につながれているので，全抵抗は$R+r$〔Ω〕　(2)　オームの法則より，電流は$\frac{E}{R+r}$なので，抵抗器にかかる電圧は，$R\times\frac{E}{R+r}$〔V〕　(3)　解答参照。　(4)　解答参照。

2　(1)　v-tグラフの傾きより，$\frac{2.0}{4}=0.50$〔m/s^2〕　(2)　垂直抗力の大きさをN〔N〕とする。8秒経過したときの加速度の大きさは，v-tグラフの傾きより，1.0m/s^{2}で，下向きである。よって，運動方程式は，$50\times(-1.0)=N-50\times10$　∴　$N=4.5\times10^2$〔N〕　(3)　エレベーターの速さが再び0になったとき(9秒後)が，最も上昇している。したがって，0～9秒の間のv-tグラフの面積を求めると，$\frac{1}{2}\times(3+9)\times2.0=12$〔m〕　(4)　$50\times10\times12=6.0\times10^3$〔J〕

【4】1　X　がく　　Y　花弁　　2　ア，オ　　3　中性植物

4　花粉母細胞が減数分裂して花粉四分子となり，それぞれの花粉四分子はさらに体細胞分裂を1回行って，花粉になる。　5　アミロースはアミロペクチンより水分を多く含むことができるため，乾燥により，アミロースを多く含む種子はアミロペクチンを多く含む種子よりも水分を多く失うから。　6　(1)　注目する形質に関する遺伝子がホモ接合になった生物の系統。　(2)　$\frac{9}{64}$

〈解説〉1　エンドウはマメ科植物で，マメ科植物のカワラケツメイ属は例外として，花弁は図Yのようにチョウの様な形をしているのが特徴

で蝶形花(ちょうけいか)とよんでいる。Xはがく片である。おしべとめしべをもつ両性花で，花弁が閉じた状態で自家受粉をし，その後に開花する。　2　細胞壁は動物細胞にはない。葉緑体は植物の同化組織にだけ存在する。細胞膜，小胞体，ミトコンドリア，リボソームはすべての真核細胞に含まれている。　3　花芽形成に日長が関係ない植物を中性植物という。ただし，花芽形成には成長期のある時期に一定以上の低温により花芽形成(春化)する植物もある。　4　植物の世代交代では種子植物本体は胞子体($2n$)の世代である。減数分裂により花粉四分子となる。これが胞子(小胞子)に相当する。胞子はその後，細胞分裂をして花粉となる。花粉は配偶体に相当し，精細胞という配偶子をつくる。　5　アミロースとアミロペクチンのどちらもグルコースがつながったもので，おもに植物に含まれる物質であるが，前者はグルコースが直鎖状につながり，後者はグルコースの鎖が枝分かれする，という構造上の違いがある。　6　(1)　純系は対立遺伝子が同じホモ接合体なので，自家受精で生じた次代の個体も親と同じ遺伝子型になる。　(2)　各遺伝子記号を次の通りとする。さやの色…緑色(A)・黄色(a)，種子の形…丸(B)・しわ(b)，子葉の色…黄色(C)・緑(c)。交雑した2つの親の遺伝子型は，aaBBccとAAbbCCで，雑種第一代の遺伝子型はAaBbCcである。雑種第一代を自家受精して得られる第二代の表現型は，それぞれの対立形質は優性形質と劣性形質が3：1に分離するので，3組の対立形質の組み合わせは下の図のようになる。さやの色が黄色・種子の形が丸・子葉の色が黄色の個体(aBC)の出現の割合は，$\frac{9}{4^3}$である。

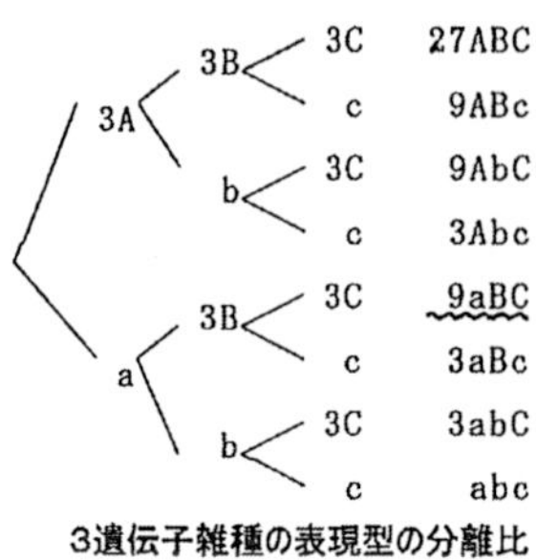

3遺伝子雑種の表現型の分離比

【5】1　a　質量　　b　距離　　2　エ　　3　軌道近くに天体が複数あること。　　4　地殻があること。　　5　おとめ座　　6　会合周期をS，地球の公転周期をE，外惑星の公転周期をPとすると，$\frac{1}{E}-\frac{1}{P}=\frac{1}{S}$が成り立つので，$\frac{1}{S}=\frac{1}{1.00}-\frac{1}{1.88}=\frac{0.88}{1.88}$　よって，

$S=\frac{1.88}{0.88}=2.13\cdots\fallingdotseq$

2.1　　(答)　2.1〔年〕

〈解説〉1　太陽のように中心核で水素の核融合反応が起こるには，中心温度が1000万Kに達しなければならない。この温度に達するには質量が太陽質量の0.08倍なくてはならない。太陽系の惑星は原始太陽系星雲から形成されたが，原始太陽に近い領域では温度が高く岩石主体の固体粒子が，遠い領域では温度が低いため氷主体の固体粒子からなっていたと考えられている。これらの微粒子から微惑星ができ，その衝突，合体から惑星が形成されたが，太陽から遠い原始惑星は太陽に近い惑星より大きくなり，その重力によって多量のガスをとらえて木星型惑星ができたと考えられている。　2　太陽系は，約2000億個の恒星の集団で半径5万光年の銀河系に属する。銀河系は渦巻き星雲で，太陽はその円盤部の，中心から2.8万光年の所に位置している。夜空に見える天の川は，地球から見た円盤部の恒星や諸天体が淡く見える雲状のものである。　3　2006年8月，プラハで開催された国際天文学連合第26回総会において，「惑星」の定義に関する決議が採択された。

それまで惑星の明確な定義は存在せず，水星から冥王星までの9つとされていた。ところが，1992年以降，太陽系の外縁部に数多くのエッジワース・カイパーベルト天体，あるいはトランス・ネプチュニアン天体と呼ばれる天体が発見され，冥王星も，これらの天体群のひとつであることがはっきりしてきた。さらに2005年には，冥王星よりも大きな天体，2003UB313(Eris)が存在することも明らかになった。惑星よりも大きな(旧来の分類上での)小惑星が出現してしまったわけである。このことから 国際天文学連合では惑星の定義として，(a)太陽の周りを回り，(b)十分大きな質量を持つ球状の形を有し，(c)自分の軌道の周囲から他の天体をきれいになくしてしまった天体，とした。冥王星は(a),(b)の条件を満たすが，冥王星と同じような天体が似たような場所に次々と発見されたため(c)が当てはまらず，準惑星と分類されることになった。　4　地球型惑星と木星型惑星の違いは，質量，密度，自転周期，衛星数，環の有無，大気組成などがあげられるが，内部構造では，①地球型惑星は金属の核を，木星型惑星は岩石質の核を有する。②地球型惑星はケイ酸質の岩石質からなり，木星型惑星は水素やヘリウムからなり，地球より太陽に近い組成をもつ。このことより地球型惑星の表面は硬い固体の表面をもつ。　5　2017年7月頃，木星は6月10日の留を終え，おとめ座を順行中である。　6　解答参照。

高　校　理　科

【共通問題】

【1】1　a　貢献　　b　かかわり　　c　役割　　d　考察

2　(1)　導入　　(2)　①　観察，実験　　②　・流水の作用　　・火山活動　　③　防災

〈解説〉「高等学校学習指導要領(平成21年3月告示)」の「第2章　第5節　理科　第2款　各科目」から「第1　科学と人間生活」についての出題

である。解答が記述式なので，各科目の目標，内容，内容の取扱いについて，関連づけをして整理し，しっかりと覚えておくようにしたい。また，内容，内容の取扱いについては，「高等学校指導要領解説　理科編」にある具体例なども参考にしながら，記憶を定着させるようにしたい。

【物理】

【1】1　(1)　$V\cdots -\dfrac{m}{M}\sqrt{\dfrac{2Mgh}{M+m}}$　$v\cdots\sqrt{\dfrac{2Mgh}{M+m}}$　(2)　$\dfrac{mL}{M+m}$

2　(1)　時間…$\sqrt{\dfrac{2H}{g}}$　距離…$v\sqrt{\dfrac{2H}{g}}$　(2)　e^2H

(3)　最初に床に衝突するときの鉛直方向の速さをv_0，衝突までの時間をT_0，1回目の衝突後の鉛直方向の速さをv_1，最高点までの時間をT_1とし，同様にしてn回目の衝突時の鉛直方向の速さをv_n，最高点までの時間をT_nとする。$v=v_0-gt$より$0=v_1-gT_1$，$0=v_2-gT_2$，

$0=v_n-gT_n$である。

反発係数の定義より，$e=\dfrac{v_{n+1}}{v_n}=\dfrac{gT_{n+1}}{gT_n}=\dfrac{T_{n+1}}{T_n}$となり，$T_{n+1}=eT_n$である。

よって，すべるまでの時間Tは，

$T=T_0+2eT_0+2eT_1+2eT_2+\cdots=T_0+2eT_0(1+e+e^2+\cdots)$

$n\to\infty$のとき，$e^n\to 0$となることを考慮して，

$T=T_0+2eT_0\left(\dfrac{1}{1-e}\right)=\dfrac{1+e}{1-e}T_0=\dfrac{1+e}{1-e}\sqrt{\dfrac{2H}{g}}$　(答)　$\dfrac{1+e}{1-e}\sqrt{\dfrac{2H}{g}}$

(4)　$\dfrac{1+e}{1-e}v\sqrt{\dfrac{2H}{g}}$

〈解説〉1　(1)　水平方向の運動量保存より，$0=MV+mv$

力学的エネルギー保存則より，$mgh=\dfrac{1}{2}MV^2+\dfrac{1}{2}mv^2$

これら2式を解いて，$V=-\dfrac{m}{M}\sqrt{\dfrac{2Mgh}{M+m}}$，$v=\sqrt{\dfrac{2Mgh}{M+m}}$

(2)　運動量保存より$\left|\dfrac{V}{v}\right|=\dfrac{m}{M}$となり，A，Bの進んだ距離もこの速さの比に比例する。よって，求める距離は$\dfrac{mL}{M+m}$

2　(1)　自由落下と同様に考えて，求める時間をtとすれば，

$\frac{1}{2}gt^2=H \quad \therefore \quad t=\sqrt{\frac{2H}{g}}$

水平方向は等速だから，求める距離は$vt=v\sqrt{\frac{2H}{g}}$

(2)　衝突によって鉛直方向の速さがe倍になるから，最高点に到達するまでの時間は(1)のときのe倍になる。よって，距離は(1)のときのe^2倍だから，e^2H　(3)　解答参照。　(4)　水平方向の速さは，衝突によって変化しないから，$v\times\frac{1+e}{1-e}\sqrt{\frac{2H}{g}}=\frac{1+e}{1-e}v\sqrt{\frac{2H}{g}}$

【2】1　状態B…$\frac{V_A}{V_B}P_0$　　状態C…$\frac{V_A}{V_B}\frac{T_2}{T_1}P_0$　　状態D…$\frac{T_2}{T_1}P_0$

2　(1)　過程①は等温変化なので，内部エネルギー変化量ΔUは，$\Delta U=0$である。熱力学第1法則より，$\Delta U=Q_1-W_{AB}=0$　よって，$W_{AB}=Q_1$　　(答)　$W_{AB}=Q_1$

(2)　体積vのときの気体の圧力Pはvの関数として，$P=p(v)$として示される。

$$W_{AB}=\int_{V_A}^{V_B}P(v)dv=\int_{V_A}^{V_B}\frac{RT_1}{v}dv=RT_1\int_{V_A}^{V_B}\frac{dv}{v}$$

$$=RT_1\Big[\log_e v\Big]_{V_A}^{V_B}=RT_1\log_e\frac{V_B}{V_A}\qquad(答)\quad RT_1\log_e\frac{V_B}{V_A}$$

3　$C_v(T_1-T_2)$　　4　$1-\frac{T_2}{T_1}$

5　断熱変化では$Q=0$であり，気体は膨張するときに外部に正の仕事をする。熱力学第1法則より，$\Delta U=Q-W<0$となり，内部エネルギーが減少した。内部エネルギーは気体の物質量と絶対温度に比例するが，物質量は変化しないので，気体の絶対温度が低下したことがわかる。

〈解説〉1　(1)　状態B，C，Dの圧力をそれぞれP_B，P_C，P_Dとする。

状態A→状態Bは等温変化だから，ボイルの法則より，

$P_0V_A=P_BV_B \quad \therefore \quad P_B=\frac{V_A}{V_B}P_0$

状態B→状態Cは定積変化だから，ボイル・シャルルの法則より，

$\frac{P_B V_B}{T_1}=\frac{P_C V_B}{T_2} \quad \therefore \quad P_C=\frac{P_B T_2}{T_1}=\frac{V_A}{V_B}\frac{T_2}{T_1}P_0$

状態C→状態Dは等温変化だから，ボイルの法則より，

$P_C V_B = P_D V_A$　∴　$P_D = \frac{P_C V_B}{V_A} = \frac{T_2}{T_1} P_0$

2　(1)　解答参照。　(2)　解答参照。

3　定積変化では仕事が0になる。よって，Q_2は内部エネルギーの減少分に等しいから，$Q_2 = C_v(T_1 - T_2)$

4　Q_2がQ_4としてサイクルに戻ってくることを仮定すれば，このサイクルでは，Q_1の熱を吸収し，Q_3の熱を放出することになる。

$Q_1 = W_{AB}$，$Q_3 = W_{CD}$だから，求める効率は，

$$\frac{Q_1 - Q_3}{Q_1} = \frac{W_{AB} - W_{CD}}{W_{AB}} = 1 - \frac{W_{CD}}{W_{AB}} = 1 - \frac{T_2}{T_1}$$

5　解答参照。

【3】1　a　$\frac{1}{4}r$ Ω　　b　$(r'+r)i$ V　　c　$r'+r$ Ω

2　抵抗にかかる電圧をV，流れる電流をIとする。図1，図2での真の値に対する誤差の比をそれぞれε_1，ε_2とする。

$$\varepsilon_1 = \frac{\left|\left(I + \frac{V}{R_V}\right)V - IV\right|}{IV} = \frac{\frac{V^2}{R_V}}{\left(\frac{V}{R}\right)V} = \frac{R}{R_V},\quad \varepsilon_2 = \frac{|I(V + R_S I) - IV|}{IV} = \frac{R_S I^2}{I(RI)}$$

$= \frac{R_S}{R}$　図1が図2よりも正確に測定できるためには，$\varepsilon_1 < \varepsilon_2$であることが必要だから，$\frac{R}{R_V} < \frac{R_S}{R}$が成り立つ。したがって，$R^2 < R_S R_V$となる。

(答)　$R^2 < R_S R_V$

3　(1)　100 Ω　　(2)　40 ℃　　(3)　$\frac{1}{2}$倍

(4)　温度が上昇すると，金属中の陽イオンの熱振動が激しくなるため，電流として金属内を移動する自由電子の運動が妨げられるから。

〈解説〉1　a　電流計に流れ込む電流を$\frac{1}{5}$にすれば，測定範囲は5倍になる。つまり，流れ込む電流のうち，$\frac{4}{5}$が並列につながれた抵抗に流れ込むから，求める抵抗値は$\frac{1}{4}r$〔Ω〕　b　r'〔Ω〕の抵抗を接続すると，合成抵抗は$r'+r$〔Ω〕となる。電圧計と抵抗を一体として考えると，これらの両端にかかる電圧は，電流iより，$(r'+r)i$〔V〕　c　前

問より，$r'+r$〔Ω〕

2　解答参照。　3　(1)　AD間の抵抗は300Ωであるから，R_1との比は900：300＝3：1である。検流計に電流が流れないので，R_2と抵抗Tとの抵抗比も3：1になるから，求める抵抗値は，$300\times\frac{1}{3}=100$〔Ω〕

(2)　100℃で抵抗値が1.5倍になるから，1℃上がるごとに0.005倍ずつ抵抗が増えることを示している。AD間の抵抗値が360Ωなので，(1)と同様に考えると，Tの抵抗値は$300\times\frac{360}{900}=120$〔Ω〕　よって，0.2倍だけ増えているから，求める温度は$\frac{0.2}{0.005}=40$〔℃〕

(3)　抵抗値は断面積に反比例するから，断面積を$\frac{1}{4}$倍にすれば，抵抗値は4倍になる。一方，断面積は半径の2乗に比例するから，半径を$\frac{1}{2}$倍にすればよいことがわかる。

(4)　解答参照。

【化学】

【1】1　チリ硝石…$NaNO_3$　硝安…NH_4NO_3　硫安…$(NH_4)_2SO_4$　塩安…NH_4Cl　2　a　オストワルト　b　ハーバー　c　ソルベー　3　(1)　化学反応において，活性化エネルギーが小さい反応経路を経由し，反応速度を大きくする働き。　(2)　2.24×10^4　L

4　$Ca_3(PO_4)_2+2H_2SO_4\rightarrow Ca(H_2PO_4)_2+2CaSO_4$　5　水に溶けにくいから。

〈解説〉1　チリ硝石は硝酸ナトリウム。以下順に，硝酸アンモニウム，硫酸アンモニウム，塩化アンモニウム。

2　cの炭酸ナトリウムの製法は，アンモニアソーダ法ともいう。

3　(1)　自らは変化しないが，活性化エネルギーを抑え，反応速度を大きくする働きを持つもの。　(2)　$NH_3+2O_2\rightarrow HNO_3+H_2O$より必要な酸素は，$\frac{6.3\times10^3}{63}\times2\times22.4=4.48\times10^3$〔L〕　よって空気は$\frac{4.48\times10^3}{0.2}=2.24\times10^4$〔L〕　4　リン鉱石の主成分はリン酸カルシウム。生成した混合物を過リン酸石灰という。　5　リン酸カルシウムは歯や骨の主成分である。

【2】1　A

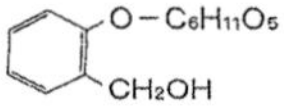

$O-C_6H_{11}O_5$
CH_2OH

B

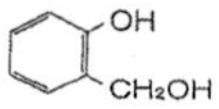

OH
CH_2OH

C

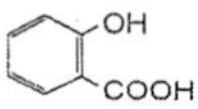

OH
COOH

D

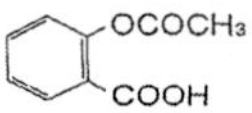

$OCOCH_3$
COOH

E

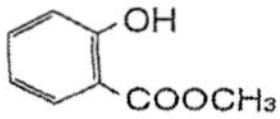

OH
$COOCH_3$

2　試料に金属ナトリウムを加えて融解させ，生成物を水に溶かしたのち酢酸と酢酸鉛(Ⅱ)水溶液を加える。　3　水溶液中に存在する α－グルコースの割合をXとすると，β－グルコースの割合は$(1-X)$となる。平衡に達すると比旋光度が＋52.5°で一定になることから，$110X+19.0(1-X)=52.5$が成り立つ。これを解いて，$X=0.3681\cdots\fallingdotseq 0.3681$　(答)　36.8％　4　イ　5　強酸性ではフェノール性ヒドロキシ基の電離が進まず，呈色しなくなる。また，強塩基性では水酸化鉄(Ⅲ)が沈殿してしまい，呈色しなくなるから。

〈解説〉1　ヤナギの樹皮から得られる針状結晶はサリシン(A)であり，加水分解するとグルコースとサリチルアルコール(B：$C_6H_4(OH)CH_2-OH$)になり，さらに酸化されるとサリチル酸(C：$C_6H_4(OH)COOH$)になる。サリチル酸をアセチル化するとアセチルサリチル酸(D：$C_6H_4(OCOCH_3)COOH$)が，メタノールを作用させると，サリチル酸メチル(E：$C_6H_4(OH)COOCH_3$)が生成する。以上からサリシンの構造式を推定すると$C_6H_4(O-C_6H_{11}O_5)CH_2OH$　2　有機化合物をNaの小片とともに加熱して水に溶かす。それに酢酸鉛(Ⅱ)水溶液を加えると，PbSの黒色沈殿が生成する。　3　解答参照。　4　劇物の表示は白地に赤字。　5　$3C_6H_5-OH+FeCl_3\rightarrow Fe(C_6H_5O)_3+3HCl$と反応する。強塩基性では，$Fe^{3+}+3OH^-\rightarrow Fe(OH)_3$の反応が起こる。

【3】1　a　グリセリン　b　硬化油　2　炭素間の二重結合が多いほど折れ曲がった構造で分子どうしの接近が妨げられ，分子間力が弱くなるから。　3　(1)　189　(2)　890　(3)　・$C_{18}H_{36}O_2$

・$C_{18}H_{34}O_2$

〈解説〉1　解答参照。　2　解答参照。　3　(1)　けん化価は，油脂1gをけん化するのに必要なKOHのmg数。$\frac{0.05\times67.4}{1000}\times56\times10^3=188.72≒189$　(2)　$\frac{3\times56\times10^3}{188.7}=890.3≒890$　(3)　$C_3H_5(OCOC_xH_{2x}+1)_3=890$より，$x=17$　また，水素は$\frac{126}{22400}=0.0056$〔mol〕　油脂5.00gも0.0056molなので，二重結合は1個含まれる。よって，$C_{17}H_{35}COOH$と$C_{17}H_{33}COOH$

【4】1　イ，オ，カ　2　②　$CH_3COOH \rightleftarrows CH_3COO^- + H^+$
③　$CH_3COONa \rightarrow CH_3COO^- + Na^+$　3　多量に存在する酢酸イオンと加えた酸の水素イオンの中和反応が起こるため，水素イオン濃度はほとんど増加しないから。　4　(1)　溶質を水に溶かすとき，発熱や吸熱によって溶液の体積が変わることがあるため。　(2)　4.27
(3)　緩衝液中の酢酸は，0.200×0.1＝0.0200molであり，緩衝液中の酢酸イオンは，0.100×0.1＝0.0100molである。加えた水酸化ナトリウムの分だけ，酢酸は減少して，酢酸イオンは増加するから，

$$pH=-\log_{10}[H^+]=-\log_{10}\frac{K_a[CH_3COOH]}{[CH_3COO^-]}$$
$$=-\log_{10}\left(\frac{0.0200-0.00400}{0.0100+0.00400}\times2.69\times10^{-5}\right)$$
$$=-0.301\times3+0.845-0.430+5=4.512≒4.51$$　(答)　4.51

〈解説〉1　アの塩酸は強酸，ウの水酸化バリウムは強塩基，エの硫酸は強酸。　2　平衡状態は両方向の矢印で表すことに留意。　3　解答参照。　4　(1)　解答参照。　(2)　②の反応式より，

$K_a=\frac{[CH_3COO^-][H^+]}{[CH_3COOH]}$　したがって，$[H^+]=\frac{K_a[CH_3COOH]}{[CH_3COO^-]}$

いま，溶液がそれぞれ100mLなので，モル数は

$[CH_3COOH]=0.2\times\frac{100}{1000}=0.02$，$[CH_3COO^-]=0.1\times\frac{100}{1000}=0.01$

よって，$[H^+]=2.69\times10^{-5}\times\frac{0.02}{0.01}$

$pH=-\log(2.69\times10^{-5}\times2)=-(0.430-5+0.301)=4.269≒4.27$

(3)　この緩衝液に塩基を加えると，$CH_3COOH + OH^- \rightarrow CH_3COO^- + H_2O$の変化が起こるため，酢酸イオンが増加し，酢酸が減少する。

【生物】

【1】1　ア　共生　　イ　シアノバクテリア　　ウ　独立　　エ　ドメイン　　2　・原生生物界　　・菌界　　3　(1)　接眼レンズを回し，ゴミが動くかを確かめる。　(2)　263 μm　　(3)　・試料に厚みがあり，試料と対物ミクロメーターの目盛りの両方に同時にピントを合わせることができないから。　　・長さを測定したい場所に対物ミクロメーターの目盛りを自由に移動させることができないから。

〈解説〉1　共生説は次のような根拠がある。ミトコンドリアや葉緑体は独自の環状のDNAをもつ。ミトコンドリアのゲノムはある種の好気性菌と，葉緑体のゲノムはシアノバクテリアと非常によく似ている。ミトコンドリアと葉緑体内のリボソームは原核生物と同じ70Sで，真核生物のリボソームの80Sと異なる。ある種の藻類の葉緑体にはシアノバクテリアの細胞壁にあるペプチドグリカン層がある，など。

2　五界説による分類は次の通りである。モネラ界(原核生物)，原生生物界(真核生物で，単細胞または胚形成をせず組織が未分化)，植物界(胚を形成し光合成を行い，組織が分化する)，菌界(従属栄養で，胞子形成をし，鞭毛を欠く)，動物界(多細胞の従属栄養生物で受精卵から発生する)。　3　(1)　レンズを回せばゴミも同時に回る。

(2)　細胞の長さ＝接眼ミクロメーターの1目盛りが示す長さ(A)×測定した細胞の目盛数，で求める。(A)の値は次のようにして事前に調べておく。対物ミクロメーター7目盛の長さは，(7×10＝)70〔μm〕であり，これと接眼ミクロメーターの20目盛が一致するので，

$(A) = \dfrac{7\times 10\ [\mu m]}{20}$である。よって，細胞の長さは次の式を計算して求めればよい。$\dfrac{7\times 10\ [\mu m]}{20}\times 75 = 262.5\ [\mu m]$より，263 μm

(3)　高倍率の対物レンズの場合，レンズの焦点距離は紙の厚さ1枚分もない距離である。対物ミクロメーターの目盛り部分は非常に狭い範囲である。また，対物ミクロメーターの目盛りは汚れやすく取り除き

にくい。

【2】1

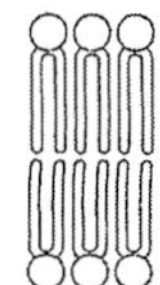

2　・N－カドヘリン…　0になっている。　・カドヘリン－6B…　0になっている。　3　ウ　4　エ，オ　5　水溶性のホルモンが細胞膜の表面にある受容体と特異的に結合すると，その受容体の立体構造が変化し，情報が細胞内に伝えられる。

〈解説〉1　疎水性の部分が向かい合って，二重層を形成している。

2　神経冠(神経堤)は脊椎動物において，神経板と表皮外胚葉の境界に誘導される上皮の高まりである。ここから脱上皮化し，遊走する細胞を神経冠細胞という。神経冠細胞になる細胞はN－カドヘリンおよびカドヘリン－6Bのどちらも発現せず，そのため神経管の間に出て移動し，様々な細胞に分化する。　3　カドヘリンはCa^{2+}の存在下ではたらく細胞表面のタンパク質である。　4　脂溶性ホルモンには，ステロイドホルモン，甲状腺ホルモンがある。　5　ホルモンが細胞膜受容体に結合すると，細胞膜の酵素が活性化される。その後セカンドメッセンジャーにより細胞内シグナルが伝達され，リン酸化キナーゼが活性化される。リン酸化により転写因子が活性化されタンパク質合成が行われる。

【3】1　(1)　a　夏緑樹林　b　照葉樹林　c　雨緑樹林　(2)　年平均気温は十分だが，樹木が生育できるほどの年降水量がないから。

2　低温で強風が吹くことが多いから。　3　ア

4　(1)　・記号…B　・理由…裸地や荒原では光の量は十分だが栄養塩類の量が非常に少ないため，より少ない栄養塩類でも成長できる植物Bが先駆種として適しているから。　(2)　遷移の初期は栄養塩類の量が少ないので，植物Bつまり陽樹が優占種となる。陽樹の落葉など

により土壌の栄養塩類が多くなると，植物Aつまり陰樹も共存できる条件となるので，混交林となる。やがて，林冠を葉が覆うと地表に届く光の量が少なくなり，陰樹だけが生育できる条件となるから。

〈解説〉1　(1)　夏緑樹林は広葉の落葉樹林。照葉樹林はクチクラが発達した常緑樹林である。雨緑樹林は乾期と雨期のある地帯で乾期には落葉する樹木林である。　(2)　年降水量が少ないと森林はできず，平原にまばらな木が点在する状態になる。　2　特に冬の低温は樹木の細胞を凍らせ生育を妨げる。　3　遷移の初期に比べ極相では，樹木が光を利用できるだけ葉を繁らせて，重なり合うので，光量は林冠に比べ下の方では少なくなり，補償点よりも光量が低い位置の葉は枯死する。そのために，同化部は上方部分に限られ，森林全体として非同化部が多くなり，呼吸量が増すことになる。　4　(1)　裸地や荒原は土壌形成が十分でなく，栄養塩類や水分保持力も十分でない。植物Bは，栄養塩類が少なくても生存できる。　(2)　植物の一次遷移は，初めは水や土壌の塩類をめぐる競争である。土壌がある程度形成されると，光をめぐる競争になる。森林が未発達な時期は十分な光があり補償点が高く光合成速度が速い陽樹が有利になる。しかし，葉が重なり合うようになると，補償点の低い陰樹が有利になる。

【4】1　(1)　ア　エイブリー　　イ　セントラルドグマ　　ウ　逆転写
(2)　細胞に，別の種や系統の細胞の遺伝子が入ることにより，その遺伝子の形質が発現する現象。　(3)　タンパク質分解酵素で処理したS型菌の抽出液をR型菌と混ぜたときはS型菌に形質転換するものが現れ，DNA分解酵素で処理したS型菌の抽出液を混ぜたときはS型菌に形質転換しない。　(4)　大腸菌ではスプライシングが行われないため，イントロンが含まれていない，インスリンのmRNAから作成したcDNAを用いることで正常なインスリンが合成されるから。
2　(1)　pGLOを取り込んだ大腸菌のみを培養するため。　(2)　GFPをつくる遺伝子の調節遺伝子はL－アラビノースがあるときのみ発現し，GFP遺伝子を発現させるように働くから。　(3)　ウ，オ，キ

〈解説〉1　(1)　グリフィスが肺炎双球菌のR型菌がS型菌に形質転換することを発見した。エイブリーは，S型菌のDNAが形質転換を起こすことを解明した。遺伝情報は，原則としてDNA→RNA→タンパク質へと一方向に伝えられる。この遺伝情報の流れに関する原則は，セントラルドグマと呼ばれる。しかし，逆転写酵素(RNAからDNAを作る酵素)やRNA編集(塩基の挿入，置換により，転写されたRNAが編集される)の発見によりセントラルドグマに修正が加えられている。

(2)　肺炎双球菌の場合は，S型菌のDNAがR型菌に取り込まれると，その一部はR型菌のDNAと組換えを起こす。組み込まれたDNAに被膜をつくる遺伝子が含まれていると，S型菌に形質転換する。

(3)　遺伝子の本体はDNAであるとする仮説のとき，DNA分解酵素で処理すれば遺伝子DNAは分解されてしまうので形質転換は起こらないことで，仮説の真と判断できる。　(4)　原核生物の遺伝子DNAにはイントロンがないが，真核生物の遺伝子DNAにはイントロンが含まれている。　2　(1)　pGLOを取り込めなかった大腸菌はアンシピリンで死滅する。死滅しなかった細胞はpGLOを取り込めた細胞であり，遺伝子組換えが生じた細胞だけを得ることができる。　(2)　GFP(green fluorescent protein)が遺伝子発現の解析に利用するうえで優れている点は次の通りである。①単一遺伝子でアミノ酸配列が指定されている。②紫外線を当てると単体で光る。③異種細胞での発現方法が開発されている(緑色以外の発色が開発されている)。　(3)「遺伝子組換え実験の規制について」文部科学省研究振興局ライフサイエンス課生命倫理・安全対策室を参照しておくとよい。

2017年度　実施問題

中 高 理 科

【1】次の問いに答えなさい。

1　超新星爆発で生じたニュートリノを，世界で初めて検出した日本の水チェレンコフ装置は何と呼ばれるか，書きなさい。

2　原子炉の核燃料に使用される元素で，原子番号92の元素は何か，元素名で書きなさい。

3　1992年にピーター＝アグレが発見した，細胞膜に存在する細胞内外への水の移動を担うタンパク質を何というか，書きなさい。

4　エッジワース・カイパーベルトよりさらに遠くに分布していると考えられている小天体の集まりのことで，彗星のもとになる想像上の雲のことを何というか，書きなさい。

5　新元素や化合物の命名法の規則を定めている国際機関は何か，その略称をアルファベット5文字で書きなさい。

(☆☆☆◎◎◎)

中 学 理 科

【1】「中学校学習指導要領」(平成20年3月告示)[理科]に関して，次の問いに答えなさい。

1　第1分野について，次の問いに答えなさい。

(1)　次の文は，第1分野の目標の一つである。空欄(　a　)，(　b　)にあてはまる語句を，それぞれ書きなさい。

物質やエネルギーに関する事物・現象を調べる活動を行い，これらの活動を通して(　a　)と人間生活とのかかわりについて認識を深め，科学的に考える態度を養うとともに，自然を(　b　)に見ることができるようにする。

(2) 「(2)　身の回りの物質　ウ　状態変化　(イ)　物質の融点と沸点」の内容の取扱いにおいて，中心に扱うこととされていることを書きなさい。

2　第2分野について，次の問いに答えなさい。

(1)　第2分野の内容の「地球と宇宙」，「気象とその変化」について，「3　内容の取扱い　(1)」において，取り扱うものとされている学年を，それぞれ書きなさい。

(2) 「(5)　生命の連続性　イ　遺伝の規則性と遺伝子　(ア)　遺伝の規則性と遺伝子」の内容の取扱いにおいて，触れることとされていることを，二つ書きなさい。

3 「第3　指導計画の作成と内容の取扱い」において，指導計画の作成に当たって配慮する事項の一つに「博物館や科学学習センターなどと積極的に連携，協力を図るよう配慮すること。」がある。この事項について，次の問いに答えなさい。

(1)　理科の授業を計画するに当たって，博物館や科学学習センター以外に連携することが考えられる施設を，一つ書きなさい。

(2)　理科の授業を行う上での連携，協力について，生徒を引率して見学や体験をさせることの他に，どのようなことが考えられるか，一つ書きなさい。

(☆☆☆◎◎◎)

【2】次の文章を読んで，あとの問いに答えなさい。

化学反応には様々あるが，①過酸化水素の水溶液に酸化マンガン(Ⅳ)を加えて分解させるような，一方向にしか進まない反応があるのに対して，②赤熱したコークスに二酸化炭素を反応させるような，どちらの方向にも進む反応がある。どららの方向にも進む反応を(　a　)という。容積一定の密閉容器に水素とヨウ素を入れて高温に保つと，ヨウ化水素が生成し，③十分に時間が経つと反応が止まったように見える。このような状態を平衡状態という。また，この反応に白金を触媒として加えると，反応時間に対するヨウ化水素の生成量を表すグラフは，触媒がないときに比べて大きく変化する。

1　下線部①，②の反応を，化学反応式でそれぞれ表しなさい。

2　空欄(　a　)にあてはまる最も適切な語を書きなさい。

3　下線部③について，ヨウ化水素が生成する反応をX，水素とヨウ素が生成する反応をYとしたとき，反応直後からの時間と反応の速さの関係を表すグラフとして，最も適切なものを，次のア～エの中から一つ選び，記号で答えなさい。

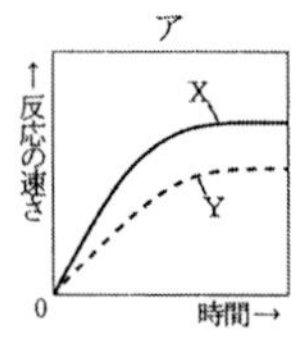

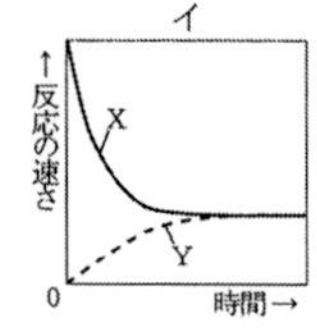

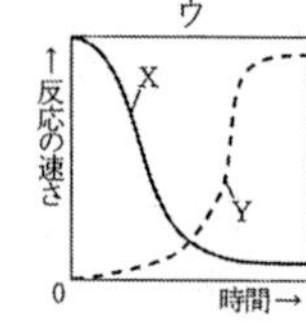

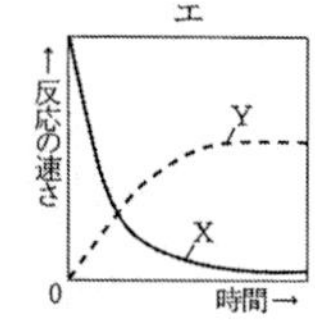

4　15Lの密閉容器に水素0.36molとヨウ素0.42molを入れて加熱し，平衡状態に達したとき，ヨウ化水素が0.60mol生成していた。容器内の水素のモル濃度を$[H_2]$，ヨウ素のモル濃度を$[I_2]$，ヨウ化水素のモル濃度を[HI]としたときの濃度平衡定数を求めなさい。ただし，答えの数値は有効数字2桁で書くこと。また，答えを求めるための，考え方や式も書きなさい。

5　容積一定の密閉容器を用いて，一定量の水素とヨウ素を入れて高温に保ち反応させた。図のAは，白金触媒がないときの，温度，圧力がある条件のもとにおける反応時間とヨウ化水素の生成量の関係を示したものである。この密閉容器を用いて，白金触媒を加えたこと以外は，Aのときと同じ条件で行った実験の結果として最も適切なグラフを，図のア～エの中から一つ選び，記号で答えなさい。また，選んだ理由を，触媒のはたらきに着目して，書きなさい。

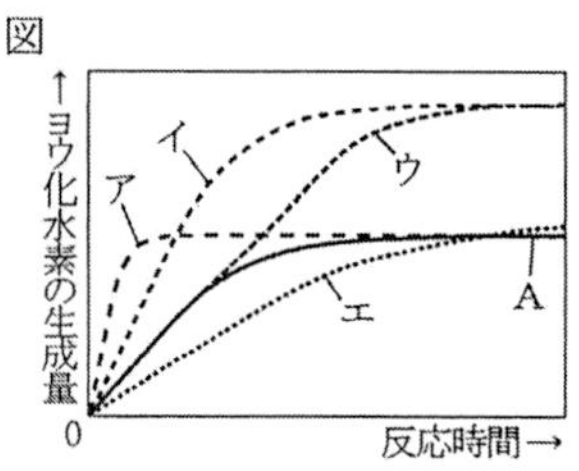

(☆☆☆◎◎◎)

【3】次の問いに答えなさい。

1 一次コイルの巻き数が1000回，二次コイルの巻き数が200回の変圧器がある。図1は，この変圧器の一次コイルに実効値100V，周波数50Hzの正弦波交流の電源，二次コイルに100Ωの抵抗を接続した装置の模式図である。変圧器は，エネルギーの損失がない理想的なものとして，下の問いに答えなさい。ただし，$\sqrt{2}=1.41$とする。

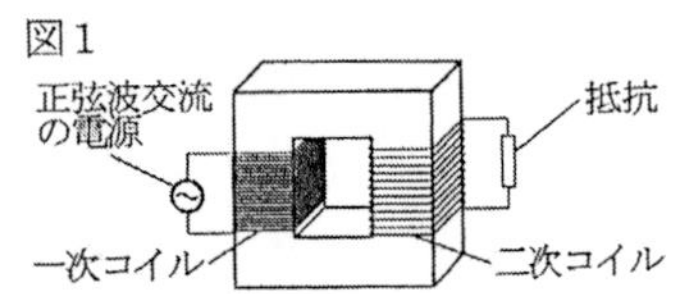

(1) 実効値100Vの正弦波交流の最大電圧は何Vか，求めなさい。ただし，答えの数値は有効数字3桁で書くこと。

(2) 100Ωの抵抗に流れる電流の実効値は何Aか，求めなさい。

(3) 二次コイルに生じている交流の周期は何秒か，求めなさい。

(4) 一次コイルから二次コイルへ伝達されるエネルギーの変換過程について，電気エネルギー，磁界のエネルギー，電磁石，電磁誘導という語をすべて用いて簡潔に書きなさい。

(5) 交流は，変圧器を用いて比較的簡単に電圧を変えられるという特徴がある。発電所から電力を送る場合，高い電圧で送ることにより送電線で損失するエネルギーを小さくしている。同じ距離を同じ送電線を用いて一定の電力を送る場合，低い電圧よりも高い電圧のほうが送電線で損失するエネルギーが小さい理由を，簡潔に書きなさい。

2　図2のように，振動数5.10×10^2Hzの音を発する音源A，観測者，振動数5.06×10^2Hzの音を発する音源Bが，十分に離れて一直線上にならんでいる。下の問いに答えなさい。ただし，音の速さを3.40×10^2m/sとし，風はないものとする。

図2

(1)　音源A，音源B，観測者が静止した状態で，音源A，音源Bから音を出すと，観測者に届く二つの音源の音によって，観測者は毎秒何回のうなりを聞くか，求めなさい。

(2)　音源A，音源Bが静止した状態で，観測者が音源Bに向かって一定の速さで近づいている。音源A，音源Bから音を出すと，観測者に届く二つの音源の音によるうなりは聞こえなかった。観測者が移動する速さは何m/sか，求めなさい。ただし，答えの数値は有効数字2桁で書くこと。

(3)　観測者が静止した状態で，音源Aが観測者に向かって一定の速さ20m/sで近づいているときの10秒間，音源Aだけから音を出した。観測者が音を観測するのは何秒間か，求めなさい。ただし，答えの数値は有効数字2桁で書くこと。

(☆☆☆◎◎◎)

【4】次の問いに答えなさい。

1　図1は，解剖したイカの模式図であり，図2はタコの目の網膜の断面の一部の模式図である。次の文章を読み，あとの問いに答えなさい。

無脊椎動物の中でも，イカやタコなどの，(　a　)をもち背骨や節がないという特徴をもつ動物をまとめて，(　b　)動物という。イカを解剖すると，胃，えら，肝臓などの内臓と，それをおおう(　a　)

というつくりを観察することができる。また，①タコの目は，ヒトの目によく似たカメラ眼であるが，ヒトの目とは違うところもある。イカやタコは，発生の過程で②トロコフォア幼生の時期を経る。

図1

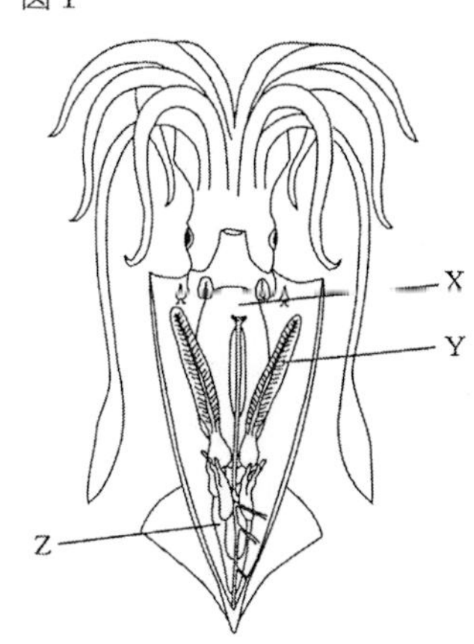

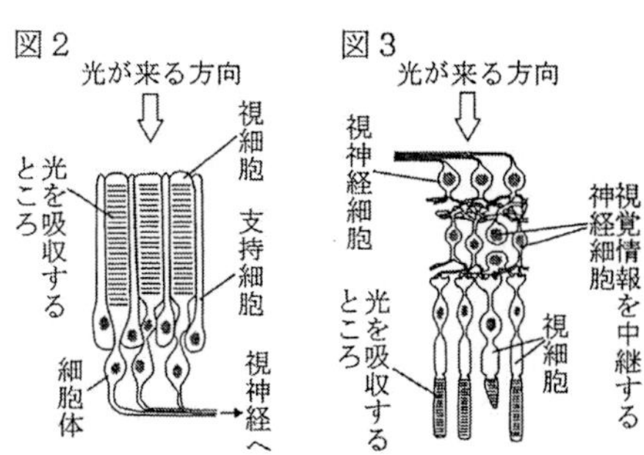

図2　図3

(1)　空欄(　a　)，(　b　)にあてはまる最も適切な語を，それぞれ書きなさい。

(2)　イカを解剖する際，解剖ばさみの先が丸いほうの刃を下にして持ち，切り開くのはなぜか。その理由を，内臓という語を用いて簡潔に書きなさい。

(3)　図1のX～Zは，胃，えら，肝臓のいずれかを示している。胃，えら，肝臓を，X～Zの中からそれぞれ一つずつ選び，記号で答えなさい。

(4)　下線部①について，図3はヒトの目の網膜の断面の一部の模式図である。タコの目には盲斑がないのに対して，ヒトの目に盲斑があるのはなぜか。その理由を，ヒトの目の視神経細胞の位置に着目して，書きなさい。

(5)　下線部②について，発生の過程で，イカやタコと同じくトロコフォア幼生の時期を経る生物として最も適切なものを，次のア～オの中から一つ選び，記号で答えなさい。

ア　イソガニ　　イ　ゴカイ　　ウ　ゾウリムシ

エ　ムラサキウニ　　オ　ユスリカ

2　ニューロンは，細胞体から普通1本の軸索と多数の樹状突起が突き出した形をしている。ニューロンを取り出し，液に浸す。この液を細胞外液とする。細い電極を軸索中に挿入すると，細胞外の電極を基準にして，細胞内の電位を測定することができる。ニューロンに興奮を生じさせる最小限の刺激の大きさを閾値(いき値)という。ニューロンの一部に閾値以上の強さで刺激を与えると，活動電位が記録される。次の問いに答えなさい。

(1)　細胞外液のナトリウムイオン濃度を低くすると，ニューロンの活動電位の最大値が低下するのはなぜか。その理由を簡潔に書きなさい。

(2)　1本の軸索に閾値以上の強さで弱い刺激と強い刺激を与えたとき，発生する活動電位の最大値の大きさと活動電位の頻度はどのようになるか，簡潔に書きなさい。

(☆☆☆☆◎◎)

【5】次の文章を読んで，あとの問いに答えなさい。

大気は地球全体を循環しながら低緯度から高緯度へ熱を運んでいる。このような地球規模の空気の流れのことを大気の大循環という。南北の温度差を解消するように，低緯度では，大気による大規模な熱対流として①ハドレー循環が促される。中緯度帯では南北半球ともハドレー循環のような大規模な鉛直面内の対流運動は存在せず，地表付近から上空まで西よりの風が吹いている。この風を偏西風とよぶ。

日本の②冬の天気は，偏西風が日本の南に下がった影響を受ける。大陸では，地表面が③放射冷却で低温になるため，地表面に接する空気が冷やされてシベリア高気圧が発達し，日本の東の海上には低気圧が発達する。このような冬型の気圧配置を(　a　)型といい，北西の季節風が吹く。

日本では春になると，④日射量が増え気温が上昇する。偏西風は，しだいに北へ移動して，低気圧が日本海を通過するようになる。南から暖かい空気が入ると，まだ冷たい大陸の空気とぶつかって⑤温帯低気圧が急速に発達し，低気圧に向かって暖かく強い南よりの風が吹き込むことがある。立春以後最初に吹くこのような風を(　b　)という。雪どけによる雪崩や河川の増水が起こることもあり，注意が必要である。

1　空欄(　a　)，(　b　)にあてはまる最も適切な語を，それぞれ書きなさい。

2　下線部①について，ハドレー循環の大気の流れについて述べた文として最も適切なものを，次のア～エの中から一つ選び，記号で答えなさい。

ア　赤道付近で上昇した大気は，上空で高緯度へ向かい，やがて西風となり亜熱帯で下降して亜熱帯高圧帯を形成する。

イ　赤道付近で上昇した大気は，上空で高緯度へ向かい，やがて東風となり亜熱帯で下降して亜熱帯高圧帯を形成する。

ウ　赤道付近で下降した大気は，地表にそって高緯度へ向かい，やがて西風となり亜熱帯で上昇して亜熱帯高圧帯を形成する。

エ　赤道付近で下降した大気は，地表にそって高緯度へ向かい，やがて東風となり亜熱帯で上昇して亜熱帯高圧帯を形成する。

3　下線部②について，冬には，山形県など日本海側の地域で降雪量が多くなる。日本海側で降雪量が多い理由を中学生にどのように説明するか，水蒸気，上昇気流という二つの語を用いて簡潔に書きなさい。

4　下線部③について，冬の夜に，放射冷却が特に強まるのは，天気，風がどのようなときか，簡潔に書きなさい。

5　下線部④について，地球が1秒間に受けとる太陽エネルギーの総量は何kWか，求めなさい。ただし，太陽定数を$1.4\mathrm{kW/m^2}$，地球の半径を$6.4\times10^6\mathrm{m}$，円周率を3.14とする。また，答えの数値は有効数字2桁で書くこと。

6　下線部⑤について，次の問いに答えなさい。

(1)　日本のある地域を温帯低気圧が通過した。この温帯低気圧は中心付近から南東側にのびる温暖前線と南西側にのびる寒冷前線をともなっていた。この温帯低気圧にともなう前線がちょうど通過しているとき，この地域の6カ所の観測点P～Uにおいて，風の分布は図のようになっていた。このときの前線を示したものとして最も適切なものを，下のア～エの中から一つ選び，記号で答えなさい。

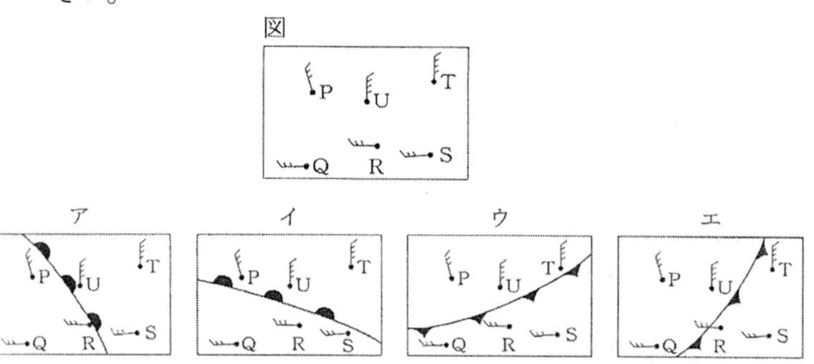

(2)　日本海にある温帯低気圧に太平洋側から多湿な空気塊が山脈を越えて吹き込んだとき，太平洋側よりも日本海側の気温が高くなっていた。このようになる理由を，乾燥断熱減率と湿潤断熱減率の違いに着目して，書きなさい。

(☆☆☆◎◎◎)

高校理科

【共通問題】

【1】「高等学校学習指導要領」(平成21年3月告示)[理科]に関して，次の問いに答えなさい。

1　次は「第2章　第5節　理科　第2款　各科目」「第4　化学基礎」及び「第6　生物基礎」の目標である。空欄(　ア　)～(　ウ　)にあてはまる言葉を，それぞれ書きなさい。

【化学基礎】

(　ア　)との関連を図りながら物質とその変化への関心を高め，目的意識をもって観察，実験などを行い，化学的に(　イ　)を育てるとともに，化学の基本的な概念や原理・法則を理解させ，(　ウ　)を養う。

【生物基礎】

(　ア　)との関連を図りながら生物や生物現象への関心を高め，目的意識をもって観察，実験などを行い，生物学的に(　イ　)を育てるとともに，生物学の基本的な概念や原理・法則を理解させ，(　ウ　)を養う。

2「第2章　第5節　理科　第2款　各科目　第10　理科課題研究」について，下の問いに答えなさい。

表

(1)　特定の(　a　)に関する研究 (2)　(　b　)や学際的領域に関する研究 (3)　(　c　)に基づく研究 (4)　(　d　)に関する研究

(1)　表は，「2　内容」の項目を示したものである。空欄(　a　)～(　d　)にあてはまる言葉を，それぞれ書きなさい。

(2) 「3　内容の取扱い」では，「指導に効果的な場合には，大学や研究機関，博物館などと積極的に連携，協力を図ること。」とされている。大学と連携，協力し生徒の研究を指導する場合，研究の質を高めるために連携や協力が有効な場面を一つあげ，その場面での連携，協力の方法を，具体的に一つ書きなさい。

(☆☆☆☆◎◎◎)

【化学】

【1】次の文章を読んで，あとの問いに答えなさい。

化合物A～Eは，分子式がいずれもC_6H_{10}で示され，五員環構造あるいは六員環構造をもつ①アルケンである。分子構造に注目すると，化合物Dのみ五つの炭素原子が同一平面上に存在する。化合物A，化合物C，化合物Eは対称な構造をもっていた。化合物A～Eに硫酸酸性の過マンガン酸カリウム水溶液を加え，加熱しながら酸化させたとき，化合物Aからは化合物Fが，化合物Bからは化合物Gが，化合物Cからは化合物Hが，化合物Dからは化合物Iが生成した。化合物Eからは化合物Jと化合物Kの2種類の物質が生成し，化合物Kはさらに酸化され二酸化炭素と水に変化した。化合物Fは，アメリカのカロザースが②工業生産を最初に成功させたポリアミド系合成繊維の原料としてよく知られている。また，化合物F～Kの中で，化合物Iだけが③ヨードホルム反応を示した。

図は，アルケンを硫酸酸性の過マンガン酸カリウム水溶液で酸化したときの反応を表している。アルケンを硫酸酸性の過マンガン酸カリウム水溶液で酸化すると，炭素原子間の二重結合が切れてカルボニル基に変わる。また，生成物がアルデヒドの場合は，さらに酸化されてカルボン酸を生成する。

図

$$(R^1)(R^2)C{=}C(R^3)(H) \xrightarrow{KMnO_4} (R^1)(R^2)C{=}O + O{=}C(R^3)(OH)$$

1　下線部①について，アルケンの反応ではマルコフニコフ則が成り立つことが多い。マルコフニコフ則に従ってプロペンと塩化水素が反応するとき，その化学反応を述べたものとして最も適切なものを，次のア～エの中から一つ選び，記号で答えなさい。

ア　塩素原子が，末端の炭素原子と置換する反応。

イ　水素原子が，末端の炭素原子と置換する反応。

ウ　塩素原子が，末端の炭素原子に付加する反応。

エ　水素原子が，末端の炭素原子に付加する反応。

2　下線部②について，この合成繊維の名称を書きなさい。

3　化合物A～Eの構造式を，それぞれかきなさい。ただし，構造式は例にならってかき，不斉炭素原子を○で囲むこと。

例

$$CH_3-\overset{\overset{\displaystyle O}{\|}}{C}-O-CH_2-CH_3$$

4　下線部③のうち，アセトンに水酸化ナトリウム水溶液とヨウ素を加えて温めたときにヨードホルムが生成する反応を，化学反応式で表しなさい。

(☆☆◎◎◎◎)

【2】陽イオン1種と陰イオン1種からなる化合物が4種ある。それぞれの水溶液を，水溶液Ⅰ，水溶液Ⅱ，水溶液Ⅲ，水溶液Ⅳとした。4種の化合物中のイオンは，ナトリウムイオン，カリウムイオン，アルミニウムイオン，鉄(Ⅱ)イオン，鉄(Ⅲ)イオン，銀(Ⅰ)イオン，塩化物イオン，酢酸イオン，硝酸イオン，硫酸イオンのいずれかである。また，4種の化合物を構成するイオンはすべて異なる。水溶液Ⅰ～Ⅳについて，それぞれ<実験1>～<実験7>を行い変化をみた。表は，その結果をまとめたものである。あとの問いに答えなさい。

表

実験	実験結果
＜実験１＞	水溶液Ⅱだけが赤色に変化した。
＜実験２＞	水溶液Ⅰだけから白色沈殿が生じ、沈殿はチオ硫酸ナトリウム水溶液に溶けた。
＜実験３＞	水溶液Ⅳだけから白色沈殿が生じた。
＜実験４＞	いずれも変化しなかった。
＜実験５＞	$NaOH$水溶液 数滴：水溶液Ⅰ、Ⅲ、Ⅳから沈殿が生じた。 $NaOH$水溶液 過剰：水溶液Ⅳだけ沈殿が溶けた。
＜実験６＞	$Ba(OH)_2$水溶液 数滴：水溶液Ⅰ、Ⅲ、Ⅳから沈殿が生じた。 NH_3水 過剰：Ⅰの沈殿の一部が溶け、白色沈殿が残った。
＜実験７＞	水溶液Ⅱから赤紫色の炎が出た。

＜実験1＞フェノールフタレイン溶液を数滴加えた。

＜実験2＞希塩酸を数滴加え，沈殿が生じた水溶液にチオ硫酸ナトリウム水溶液を加えた。

＜実験3＞硝酸銀水溶液を数滴加えた。

＜実験4＞希硝酸を数滴加えて加熱した。

＜実験5＞水酸化ナトリウム水溶液を数滴加え，その後，過剰に加えた。

＜実験6＞水酸化バリウム水溶液を数滴加え，沈殿が生じた水溶液にアンモニア水を過剰に加えた。

＜実験7＞水溶液を白金線につけ，バーナーの外炎に入れた。

1 ＜実験1＞で水溶液が赤色に変化した理由について，化合物の性質に注目して，簡潔に書きなさい。

2 ＜実験2＞について，次の問いに答えなさい。

(1)　水溶液Ⅰから生じた沈殿が，チオ硫酸ナトリウム水溶液に溶ける反応を，化学反応式で表しなさい。

(2)　チオ硫酸ナトリウム水溶液に溶けた後の水溶液の色について，最も適切なものを次のア～エの中から一つ選び，記号で答えなさい。

ア　深青色　　イ　黄褐色　　ウ　無色　　エ　血赤色

3 ＜実験7＞について，特定の元素によって炎色反応が起こる理由を，エネルギー，電子殻，励起状態という語をすべて用いて，書きなさい。

4　水溶液Ⅰ～Ⅳの溶質の化学式を，それぞれ書きなさい。

5　水溶液Ⅲに硫酸銅(Ⅱ)が混入した場合，陽イオンを分離するために硫化水素を用いるが，このときの実験条件として最も適切なものを次のア～ウの中から一つ選び，記号で答えなさい。また，その記号を選んだ理由を，簡潔に書きなさい。

ア　酸性条件　　イ　中性条件　　ウ　塩基性条件

(☆☆☆◎◎◎)

【3】次の文章を読んで，あとの問いに答えなさい。

私たちの身のまわりでは，光エネルギーを利用する材料や，無機物質からつくられる固体材料などが広く利用されており，私たちの生活をより豊かなものにしている。

太陽光発電は，太陽電池によって光エネルギーを電気エネルギーに変換して電力を生み出す発電システムである。太陽電池は，ケイ素を材料にした①半導体によって構成されるものなどがある。材料であるケイ素は地殻中に(　a　)番目に多く存在しているが，ケイ素の単体は天然に存在しないので，多量に存在している②二酸化ケイ素を電気炉で融解し，炭素を用いて還元してつくられる。③二酸化ケイ素はフッ化水素酸には溶けるが，それ以外の薬品には侵されにくい。高純度の二酸化ケイ素を融解し繊維状にしたものは(　b　)とよばれ，光通信に利用されている。一方，ケイ素を必ずしも含まず，高純度の無機材料を精密に制御された条件で焼結して成形した製品を(　c　)という。(　c　)は軽くて熱に強いものや，④生体との適合性に優れた性質を示すものなどがあり，用途は広範囲にわたっている。

また，光が当たると触媒作用を示す光触媒も注目されている。代表的な光触媒には酸化チタン(Ⅳ)がある。光エネルギーにより酸化チタン(Ⅳ)の中の電子は高エネルギー状態になり，物質中を自由に動きまわることができるようになる。一方で，電子があったところは正電荷を帯びた抜け殻となる。これを正孔といい，自由に振る舞うことができる。酸化チタン(Ⅳ)表面には吸着水とよばれる水があり，⑤正孔が水分子から電子を奪い，ヒドロキシルラジカルが生じる。生じた⑥ヒドロキシルラジカルの反応性が高いために，表面に付着した汚れや細菌などの有機物を酸化分解することができる。

1　空欄(　a　)～(　c　)にあてはまる最も適切な語または数字を，それぞれ書きなさい。

2　下線部①について，半導体とはどのようなものか，電気伝導性という語を用いて，簡潔に書きなさい。

3　下線部②，③の化学反応を，化学反応式でそれぞれ表しなさい。

4　下線部④について，生体との適合性に優れた性質とはどのような性質か，二つ書きなさい。

5　下線部⑤の化学反応を，イオン反応式で表しなさい。ただし，ヒドロキシルラジカルを・OHとして用いること。

6　下線部⑥について，水酸化物イオンよりもヒドロキシルラジカルの方が反応性が高い。その理由について，簡潔に書きなさい。

(☆☆◎◎◎◎)

【4】次の文章を読んで，あとの問いに答えなさい。ただし，原子量はH＝1.00，C＝12.0，O＝16.0，Na＝23.0，S＝32.0，Fe＝56.0，式量は$FeSO_4$＝152，$FeSO_4 \cdot 7H_2O$＝278とする。

濃度が分からない過マンガン酸カリウム水溶液，硫酸鉄(Ⅱ)七水和物と硫酸カリウムの混合物X，シュウ酸ナトリウムがある。これらについて，①～③の手順で＜実験1＞を行い，④～⑥の手順で＜実験2＞を行った。

＜実験1＞

①　シュウ酸ナトリウムを4.02gはかりとり，ビーカー内で純水を加えて完全に溶かした後，メスフラスコに入れ，さらに純水を加えて1000mLとした。

②　①で作成した水溶液20mLをホールピペットではかりとり，コニカ

ルビーカーに入れ，少量の希硫酸を加えた。

③　過マンガン酸カリウム水溶液をビュレットに入れ，コニカルビーカー内の水溶液を60～80℃に加温しながら，コニカルビーカー内の水溶液の色が無色からうすい赤紫色に変化したところまで滴下した。

<実験2>

④　混合物Xを2.00gはかりとり，ビーカー内で純水を加えて完全に溶かした後，メスフラスコに入れ，さらに純水を加えて100mLとした。

⑤　④で作成した水溶液10mLをホールピペットではかりとり，コニカルビーカーに入れ，少量の希硫酸を加えた。

⑥　<実験1>で用いた過マンガン酸カリウム水溶液をビュレットに入れ，コニカルビーカー内の水溶液の色が淡緑色からうすい赤紫色に変化したところまで滴下した。

1　塩基性水溶液における，過マンガン酸イオンの酸化剤としての反応を，電子を含むイオン反応式(半反応式)で表しなさい。

2　40℃の硫酸鉄(Ⅱ)飽和水溶液70gを20℃に冷却すると，析出する硫酸鉄(Ⅱ)七水和物は何gか，求めなさい。ただし，硫酸鉄(Ⅱ)の水100gに対する溶解度は，20℃で26，40℃で40として，答えの数値は有効数字2桁で書くこと。

3　⑥で生じている酸化還元反応を，化学反応式で表しなさい。

4　滴定に要した過マンガン酸カリウム水溶液は，③では12.0mL，⑥では4.2mLであった。混合物Xに含まれる硫酸鉄(Ⅱ)七水和物の質量パーセントは何%か，求めなさい。ただし，答えの数値は有効数字3桁とし，答えの求め方も書きなさい。

(☆☆☆☆◎◎◎)

【生物】

【1】下の問いに答えなさい。

表1

栄養段階	総生産量（同化量）	呼吸量	純生産量	被食量	枯死・死滅量	成長量
太陽エネルギー	499262.4	—	—	—	—	—
生産者	467.5	98.3	（　a　）	62.2	11.8	295.2
一次消費者	62.2	18.5	43.7	13.0	1.3	（　b　）
二次消費者	13.0	7.6	5.4	0.0	0.0	5.4

（数値の単位は J/(cm^2・年)）

1　表1は，ある湖沼におけるエネルギー量を食物連鎖の栄養段階ごとに示したものである。ある栄養段階に属する生物へ，一段階下位の栄養段階に属する生物がもつエネルギー量が，どの程度移動したのかを百分率で示したものをエネルギー効率という。次の問いに答えなさい。

(1)　表1の空欄(　a　)，(　b　)にあてはまる数値を求めなさい。

(2)　表1をもとに，栄養段階が上位になるとエネルギー効率はどのように変化するか，書きなさい。

(3)　自然界において，栄養段階が際限なく積み重なることはない。その理由を，表1をもとに，書きなさい。

2　次の文章を読み，あとの問いに答えなさい。

図は，ある海岸の岩礁潮間帯における食物網を模式的に示したものである。図の矢印は被食者と捕食者の関係を示しており，太い矢印は捕食者が主に捕食していることを示している。ヒトデの一種は主にフジツボの一種とムラサキイガイを捕食していた。固着性のフジツボの一種，ムラサキイガイ，カメノテは水中のプランクトンを食べていた。ヒザラガイの一種とカサガイの一種は移動しながら岩礁表面に生える藻類を食べていた。固着生物の中ではフジツボの一種が最も多かった。この岩礁の，ある調査区からヒトデを人為的に除去し続け，生物群集の様子の変化を調べた。表2はその結果をまとめたものである。

図

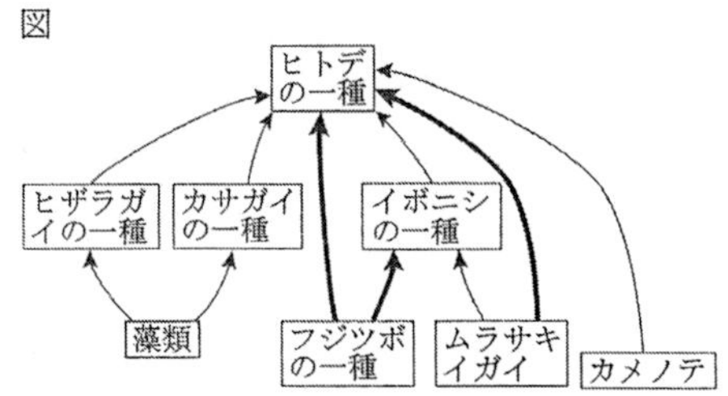

表2

	生物群集の様子
ヒトデ除去後3か月	フジツボの一種が岩礁の大部分を占めた。
ヒトデ除去後1年	フジツボの一種にかわってムラサキイガイが岩礁をほとんどおおいつくすようになり、ところどころにフジツボの一種とイボニシの一種が見られるだけになった。岩礁に生えていた藻類は定着できなくなり激減した。ヒザラガイの一種やカサガイの一種も見られなくなった。

(1) ヒトデ以外で，この岩礁における種間競争に強い種の組み合わせとして，最も適切なものを，次のア～エの中から一つ選び，記号で答えなさい。

ア フジツボの一種とイボニシの一種

イ フジツボの一種とムラサキイガイ

ウ ムラサキイガイとカサガイの一種

エ ヒザラガイの一種とカサガイの一種

(2) ヒトデが，この岩礁潮間帯の食物網において果たしている役割は何か，その役割を簡潔に書きなさい。

3 外来生物の移入や気候変動の他に，個体群の絶滅を起こす要因を，遺伝子という語を用いて書きなさい。

(☆☆☆◎◎◎)

【2】次の問いに答えなさい。

1 次の文章を読み，あとの問いに答えなさい。

ヒトの体液の濃度は，肝臓と腎臓の働きによって調節されている。

肝臓は，タンパク質や糖質などを合成したり分解したりすることによって，有機物の血中濃度を調節している。肝臓は，インスリンの作用により，グルコースを細胞内に取り込み，(　a　)を合成するよう促される。また，タンパク質の分解により生じたアンモニアは，肝臓で①オルニチン回路に入り，尿素に変えられる。生じた尿素は血液によって腎臓に運ばれ，尿の成分として体外に排出される。ヒトの腎臓は，(　b　)とよばれる単位が100万個ほど集合してできている。腎臓には(　c　)から分かれた腎動脈を通して大量の血液が流れこんでいる。表は，健康なヒトの血しょう，原尿，尿の成分の質量パーセント濃農を調べ，まとめたものである。測定に用いたイヌリンは，植物がつくる多糖類の一種で，ヒトの体内では，分泌も吸収も分解もされない物質である。②イヌリンを静脈に注射することによって，原尿の量を求めることができる。

図1

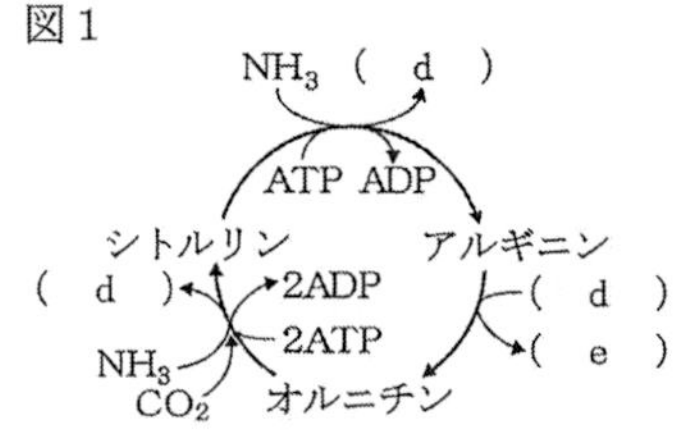

表

成分	血しょう	原尿	尿
タンパク質	7.2	0	0
グルコース	0.1	0.1	0
Na^+	0.3	0.3	0.34
尿素	0.03	0.03	2
イヌリン	0.1	0.1	12

(数値は質量パーセント濃度)

(1)　空欄(　a　)～(　c　)にあてはまる最も適切な語句を，それぞれ書きなさい。

(2)　下線部①について，図1はオルニチン回路を模式的に示したものである。図1の空欄(　d　)，(　e　)にあてはまる最も適切な分子式を，それぞれ書きなさい。

(3) 下線部②について，健康なヒトが1日あたり生成する原尿は何Lか，求めなさい。ただし，答えの数値は小数第2位を四捨五入し，小数第1位まで書くこと。なお，尿は1分間にlmL生成されるものとする。

(4) 健康なヒトでは，タンパク質やグルコースは尿中に排出されないのはなぜか。その理由を，タンパク質，グルコースについて，それぞれ書きなさい。

2 次の文章を読み，下の問いに答えなさい。

図2は，③ケアシガニとモクズガニについて，外液の塩類濃度と体液の塩類濃度の関係を示したものである。図2の塩類濃度は，海水の塩類濃度を1としたときの相対値で示している。ケアシガニは，図2に示した外液の塩類濃度において，実線の範囲でのみ生存できる。また，タイなどの海産硬骨魚類の体液の塩類濃度は海水よりも低く，体内から水が外部へと失われやすいが，外液の塩類濃度が変化しても④体液の塩類濃度を一定に保つ仕組みをもっている。

図2

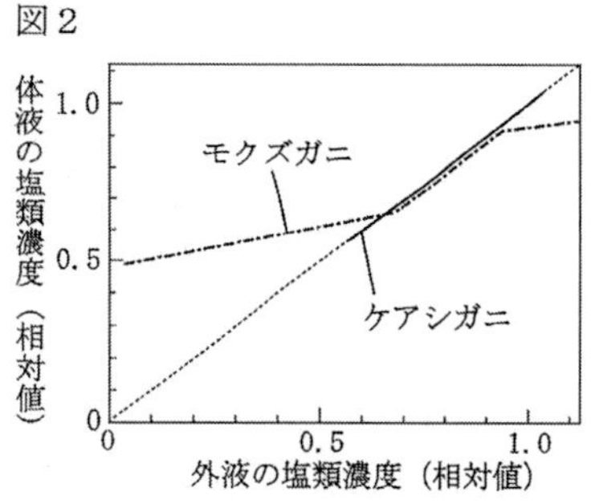

(1) 下線部③について，ケアシガニは外洋にすむのに対し，モクズガニはどのような環境にすむことができるか。図2をもとに，簡潔に書きなさい。

(2) 下線部④について，海産硬骨魚類が体液の塩類濃度を保つ仕組みを，えらと尿の二つの語を用いて書きなさい。

(☆☆☆◎◎◎)

【３】次の問いに答えなさい。

1　トウモロコシの根を用いて，次の＜実験1＞～＜実験5＞を暗所で行った。図1は，その根の様子を模式的に示したものである。表は，実験の結果をまとめたものである。下の問いに答えなさい。

＜実験1＞　図1のAのように，根冠を除去した根を垂直におき，根冠がある根を図1のBのように垂直においたものと比較した。

＜実験2＞　図1のCのように，垂直においた根の根冠の半分を除去した。

＜実験3＞　図1のDのように，根冠がある根の根冠のやや上の部分に金属の薄片を根の中心まで差し込み，垂直においた。

＜実験4＞　図1のEのように，根冠がある根を水平においた。

＜実験5＞　図1のFのように，根冠を除去した根を水平においた。

図１

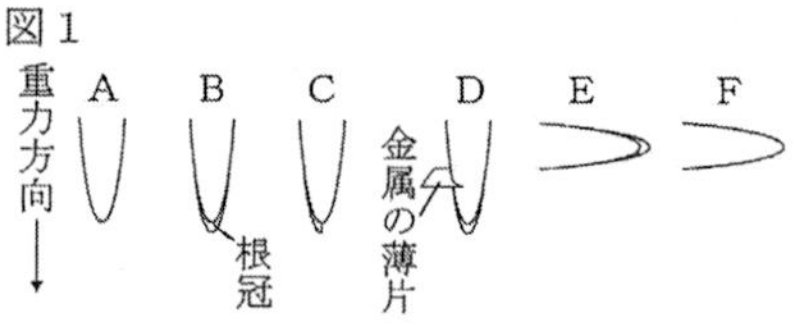

表

実験	結果
＜実験１＞	根は根冠がある根よりも根冠を除去した根の方が長く伸長した。
＜実験２＞	根は根冠の残っている方向に屈曲した。
＜実験３＞	根は薄片を差し込んだ反対側に屈曲した。
＜実験４＞	根は重力方向へ屈曲した。
＜実験５＞	根は水平方向に伸長した。

(1)　根の重力屈性には，オーキシンが関与している。植物が合成する天然のオーキシンは何か，その名称を書きなさい。

(2)　根冠には，根の分裂組織の保護の働きとそれ以外の働きがある。表をもとに，根冠の保護以外にどのような働きがあるか，簡潔に書きなさい。

2　アズキの芽ばえから一定の長さの茎を切り出し，切り出したものをオーキシンのみを含む液，またはオーキシンとジベレリンの両方を含む液に浸し，一定時間おいて，長さの増加と重さの増加を調べた。図2は，その結果をまとめたものである。下の問いに答えなさい。なお，図2の，実線は長さの増加を示し，破線は重さの増加を示している。

図2

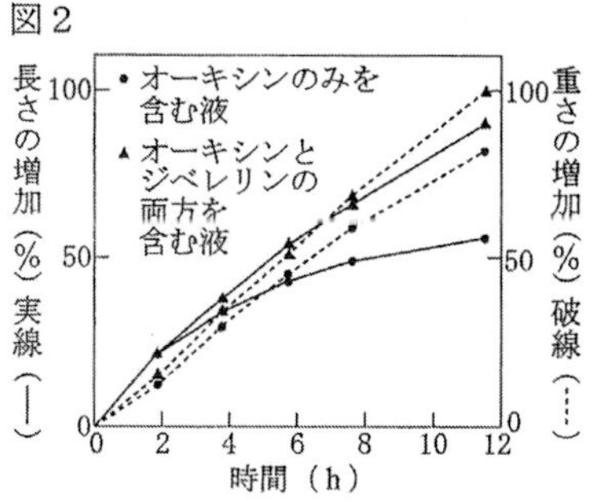

(1) 図2をもとに，実験の結果を高校生にどのように説明するか，簡潔に書きなさい。

(2) ジベレリンは，茎の成長にどのように関与していると考えられるか，簡潔に書きなさい。

(☆☆☆☆◎◎)

【4】呼吸について，次の問いに答えなさい。

1 図は，植物の種子が発芽するときに，放出する二酸化炭素の体積と吸収する酸素の体積について測定するための装置を模式的に示したものである。この装置を用いて，以下の①～③の手順で実験を行った。表は，その結果をまとめたものである。あとの問いに答えなさい。

図

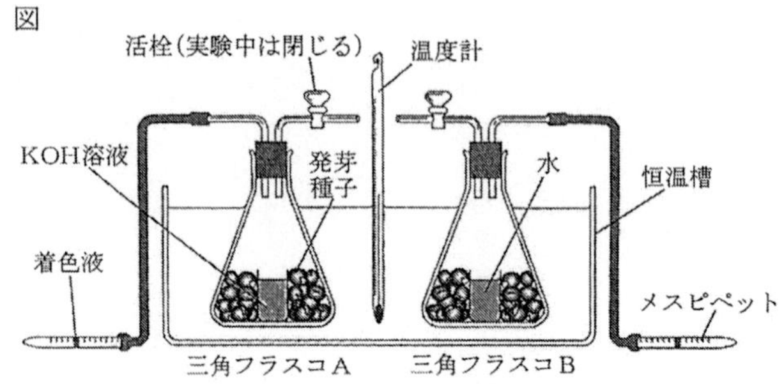

【実験】

① 図のように，三角フラスコA，三角フラスコBにコムギの発芽種子をそれぞれ同量ずつ入れた。

② 一定時間後に，三角フラスコA，三角フラスコBの気体の減少量を，メスピペット内の着色液の動きから測定した。

③ コムギの発芽種子をトウゴマの発芽種子にかえて，①，②と同様の実験を行った。

(1) 表をもとに，コムギの発芽種子の呼吸商を求めなさい。ただし，答えの数値は小数第3位を四捨五入し，小数第2位まで書くこと。

表

	コムギ	トウゴマ
三角フラスコA	982 mm^3	1124 mm^3
三角フラスコB	20 mm^3	326 mm^3

(2) トウゴマの種子が発芽するときの主な呼吸基質を，次のア～ウの中から一つ選び，記号で答えなさい。また，その記号を選んだ理由を，呼吸商に着目して書きなさい。

ア　炭水化物　　イ　脂肪　　ウ　タンパク質

2　次の文章を読み，あとの問いに答えなさい。

呼吸は，酸素が存在する条件下で行われ，グルコースなどの有機物が二酸化炭素と水に分解される過程でATPが合成される反応である。呼吸の過程は，(　a　)，クエン酸回路，電子伝達系に分けられる。グルコースを呼吸基質とした場合，まず，1分子のグルコースは，細胞質基質において，2分子の(　b　)に分解される。(　a　)で生じた(b)は，ミトコンドリアのマトリックスに運ばれ，クエン酸回路とよばれる経路に入る。クエン酸回路ではまず脱炭酸酵素の働きによって，(b)の炭素のうちの一つが，二酸化炭素として取り除かれる。また，生じた化合物は，脱水素酵素の働きによって酸化される。こうしてできた化合物はコエンザイムAと結合してアセチルCoAとなる。次に，アセチルCoAは，(c)と結合して，クエン酸となる。クエン酸は，脱炭酸酵素の働きによって段階的に二酸化炭素を放出し，また，脱水素酵素の働きによって酸化されて，(c)へ戻る。(a)とクエン酸回路で生じたNADHや$FADH_2$によって運ばれた電子は，ミトコンドリアの内膜にある電子伝達系に渡される。電子伝達系を流れた電子は，最終的にH^+とともに酸素と結合し，水を生じる。

(1) 空欄(a)～(c)にあてはまる最も適切な語句を，それぞれ書きなさい。

(2) 酸素がない状態では，電子伝達系だけではなくクエン酸回路も働かないのはなぜか。その理由を簡潔に書きなさい。

(3) 1molのグルコースが完全に酸化，分解されると，物質のもつエネルギーは2870kJ減少する。また，1molのATPをADPとリン酸から合成する反応では，30.5kJのエネルギーが増加する。呼吸により，グルコース1分子が完全に酸化され，二酸化炭素と水に分解されると，最大38分子のATPがADPとリン酸から生産される。呼吸において，グルコースのもつエネルギーのうち，ATPのエネルギーに移しかえることができるエネルギーの割合は何％か，求めなさい。ただし，答えの数値は小数第2位を四捨五入し，小数第1位まで書くこと。

(☆☆☆◎◎◎)

解答・解説

中　高　理　科

【1】1　カミオカンデ　2　ウラン　3　アクアポリン　4　オールトの雲　5　IUPAC

〈解説〉1　岐阜県飛騨市神岡の神岡鉱山茂住坑の地下1000mに，素粒子物理研究のために設置された観測装置である。2002年に，初めて自然に発生したニュートリノの観測に成功したことでノーベル賞を受賞した小柴昌俊さんが設計を指導した。その場所と内容に基づいた“神岡核子崩壊実験：Kamioka Nucleon Decay Experiment)” から “KamiokaNDE：カミオカンデ”と名付けられた。“神岡ニュートリノ検出実験：Kamioka Neutrino Detection Experiment” からのKamiokaNDEとするものもある。ニュートリノは宇宙空間に無数に存在しているが，その大きさは0.0000000000000001cmと非常に小さく，我々の体も通過してしまい気づくことはない。それを捉えるのは非常に難しい。光は真空中の速度に比べ水中では速度が落ちるがニュートリノは水中でも速度が落ちない。水中で光より速い粒子：ニュートリノがあることで，衝撃波が発生し“チェレンコフ光”と呼ばれる光が発生することから，カミオカンデでは3000トンの超純水を溜めたタンクの壁に光電子倍増管(photomultiplier tube:PMT)を数多く取り付けてこのチェレンコフ光を捉える仕組みとなっている。しかし不純物や宇宙線などが妨害となりそれを捉えるのは容易ではない。そこで高度の技術で超純水をつくり，宇宙線などの影響を避けるために地下深くの場所に設置された。小柴教授のグループは，1987年に大マゼラン星雲の超新星爆発が発生した際放出されたニュートリノをこのカミオカンデで捉えることに成功し，ノーベル賞受賞につながった。現在は，さらなる観測が大型化したスーパーカミオカンデに引き継がれている。　2　ウランの原子番号は，“92”である。地球上に現在天然で大量に存在する元素としてはウランが，その原子番号，原子量ともに最も大きい。ウランの同位体はすべて放射性核種である。その天然に存在するウランとしては，ウラン238，235，234の3種類がある。その存在率は，238が99.274%，235が0.7204%，234が0.0054%とされている。ウランは原子炉の材料として有名であるが，この3種の内，その用途に用いられるのは，ウラン235である。ウラン238は半減期が非常に長く核分裂しにくいためこの用途には向かない。ウラン235は上記のように存在量が少ないが，それを濃縮して材料として用いている。　3　生体膜を介して，輸送タンパク質によって行われる物質輸送には，受動輸送(物質の濃度勾配に応じて行われる)と能動輸送(エネルギーを使って積極的に物質の輸送を行う)がある。受動輸送には，Na^+，K^+，Ca^+などの特定のイオンを選択的に輸送する“イオンチャネル”というものと，糖やアミノ酸を輸送する“運搬体(担体)”というもの，水を輸送する“アクアポリン”というチャネルがある。そのアクアポリンの透過通路は真ん中付近で非常に狭くなっており，水より大きな分子や水とくっついたイオンなどは通過できないようになっている。動物の各種細胞や植物の浸透圧調節にはたらく細胞膜などにある。1992年，アメリカのピーター＝アグレ教授が発見し，アクアポリン(水の通り道)と名付けられた。教授は2003年，ノーベル化学賞を受賞した。　4　太陽系惑星において，天王星や海王星には軌道のずれがあり，それらの外側にさらに惑星がないと，そのずれが説明できない，という考えから，さらに大型の惑星が存在するという仮説，惑星X仮説が過去に論議されてきた。いろいろな調査によって紆余曲折はあったが，エッジワース・カイパーベルト(海王星軌道より外側にあって天体が密集した，穴の開いた円盤状の領域のことを言う)のさらに外側に円軌道を運動する外縁天体(散乱円盤天体)が存在する理由を説明するために，この惑星X仮説が論議されている。オランダの天文学者セン・オールトは，太陽系を球殻状に取り巻く仮想的な天体群が存在するとしており，“オールトの雲”と呼ばれている。それは，長周期彗星や非周期彗星の起源となっているとしている。　5　International Union of Pure and Applied Chemistry:

IUPAC　国際純正･応用化学連合　ー元の国際応用化学会議を前身として，1919年に設立された。各国の化学会や化学者などの組織が参加し，54か国の組織と3つの関連組織から成っている。IUPACの内部組織として命名法委員会があり，IUPAC命名法として，元素や化合物の命名に関して世界的な標準となっている。

中　学　理　科

【1】1　(1)　a　科学技術の発展　　b　総合的　　(2)　純粋な物質の状態変化　　2　(1)　地球と宇宙…第3学年　　気象とその変化…第2学年　　(2)　・遺伝子に変化が起きて形質が変化することがあること。・遺伝子の本体がDNAであること。　　3　(1)　動物園

(2)　標本や資料を借りること。

〈解説〉1　(1)　中学校学習指導要領「第2章　各教科　第4節　理科　第2　各分野の目標及び内容〔第1分野〕　1目標」からの出題。

(2)　内容の取扱いについては中学校学習指導要領解説理科編「第2節　各分野の目標及び内容　2　第1分野の内容」からの出題。

2　(1)　中学校理科の学年による学習項目は学習指導要領に規定されており，第2分野において学習する項目は，(1)植物の生活と種類，(2)大地の成り立ちと変化，(3)動物の生活と生物の変遷，(4)気象とその変化，(5)生命の連続性，(6)地球と宇宙，(7)自然と人間の7つである。(2)「(5)生命の連続性」では「ア　生物の成長と殖え方」と「イ　遺伝の規則性と遺伝子」の二つの項目を学習する。　3　(1)　問題の博物館や科学学習センターなどの活用については，中学校学習指導要領解説理科編の第3章の1の(5)に記載されている項目である。博物館や科学学習センター，プラネタリウム，植物園，動物園，水族館などの施設を活用することが考えられる。とある。そのほか，気象台や公立天文台なども考えられる。　(2)　このことも中学校学習指導要領解説理科編の第3章の1の(5)に記載されており，施設の利用の仕方には，生徒

を引率して見学や体験をさせることの他に，標本や資料を借り受けたり，専門家や指導者を学校に招いたりすること，受講者を募って公開講座や実習などを試みている大学や研究機関，高等学校，企業などもあり，これらと連携，協力しながら学習活動をさらに充実していくことが記載されている。

【2】1　①　$2H_2O_2 \rightarrow 2H_2O + O_2$　　②　C(固)＋CO_2(気)$\rightleftarrows$2CO(気)

2　可逆反応　　3　イ

4　$H_2 + I_2 \rightleftarrows 2HI$

反応前	0.36	0.42	0	mol
変化量	－0.30	－0.30	＋0.60	mol
平衡時	0.06	0.12	0.60	mol

濃度平衡定数K_cは，$K_c = \dfrac{[HI]^2}{[H_2][I_2]}$と表される。

$$K_c = \frac{[HI]^2}{[H_2][I_2]} = \frac{\left(\frac{0.60}{15}\right)^2}{\frac{0.06}{15} \times \frac{0.12}{15}} = 50$$　(答)　50

5　記号…ア　　理由…触媒は反応速度を大きくするはたらきがあるが，平衡は移動しないため，ヨウ化水素の生成量は触媒がないときと変わらないから。

〈解説〉1　①　酸化マンガン(Ⅳ)は触媒として作用する。　②　コークスとは，石炭を乾留して得られる炭素部分だけを残した固体のことである。一酸化炭素の製法。　2　化学反応において，原系から生成系へ向う正反応といい，逆に生成系から原系へ向う逆反応が同時に起る反応を可逆反応という。一方，正反応が起き，逆反応が起こらない反応を不可逆反応という。　3　Xの反応が遅くなり，Yの反応が速くなり平衡に達すると，見かけ上反応が停止した状態となる。　4　ヨウ化水素が0.60mol生成したことから，水素とヨウ素は0.30mol生成する。したがって，平衡時には，水素は，0.06mol，ヨウ素は0.12mol存在する。　5　触媒は，触媒自身は変化しないが反応速度を速める働きをもつ。また，平行移動には関係しない。

【３】１　(1)　141V　　(2)　0.200A　　(3)　0.020秒　　(4)　一次コイルに電流が流れることで一次コイルが電磁石となり，電気エネルギーが磁界のエネルギーに変換される。そして，二次コイル内部につくられる磁界によって電磁誘導が起こり，磁界のエネルギーが電気エネルギーに変換される。　　(5)　送電線の電気抵抗によって損失する電力は，送電線に流れる電流の2乗に比例する。電圧を高くすることで電流が小さくなるため，送電線でのエネルギー損失を小さくすることができるから。　　2　(1)　毎秒4回　　(2)　1.3m/s　　(3)　9.4秒間

〈解説〉１　(1)　交流電圧が，$V=V_0\sin\omega t$で表される時，交流の実効値V_eは，$V_e=\frac{1}{\sqrt{2}}V_0$なので，$V_0=\sqrt{2}\,V_e=1.41\times100=141$〔V〕　(2)　一次コイルと二次コイルの電圧比は，巻き数に等しいことから，$\frac{V_1}{V_2}=\frac{N_1}{N_2}=\frac{1000}{200}=5$　二次コイルの実効値は，$V_1=\frac{1}{5}=20$〔V〕となり，$I_2=\frac{V_2}{R}=\frac{20}{100}=0.200$〔A〕　(3)　一次コイルと二次コイルの交流の周期は等しいことから，$T=\frac{1}{50}=0.020$〔s〕　(4)　解答参照　(5)　送電線の抵抗をR_1とすると，送電ロスの電力は，$P_1=V_1I_1=I_1{}^2R_1$となる。よって，流れる電流が小さい方が送電ロスの電力は小さくなる。一方，送る電力がP_0の時，$P_0=VI$(＝一定)より電流が小さいほど電圧は大きくなる。したがって，高電圧の送電では，送電ロスが小さくなる。

２　(1)　うなりの振動数f'は，$f'=|f_A-f_B|=|510-506|=4$〔回／秒〕

(2)　AからBに向かう向き(右向き)を正とする。観測者が右向きに速さVで動く時，音源A，Bからの音はぞれぞれ次の振動数で聞こえる。

$f_A'=\frac{340-V}{340}\times510$, $f_B'=\frac{340+V}{340}\times506$　今，うねりが聞こえないので，$f_A'=f_B'$，よって，$V\fallingdotseq1.3$〔m/s〕　(3)　音源Aが近づく時，観測者が聞く音との振動数f_A'は，$f_A'=\frac{340}{340-20}f_A$である。音源が出す音と聞く音

の振動数は等しいため，$f_A \times 10$〔S〕$= f_A' \times t$〔s〕となり，$t = \frac{f_A}{f_A'} \times 10 \fallingdotseq$ 9.4〔s〕

【4】1 (1) a 外とう膜 b 軟体 (2) 内臓を傷つけないようにするため。 (3) 胃…Z えら…Y 肝臓…X (4) タコの目では視細胞の軸索は眼球の外側にあるが，ヒトの目では視神経細胞が光が来る側にあるため，視神経が脳へと出ていく部分には視細胞がないから。 (5) イ 2 (1) 活動電位は，ナトリウムイオンが細胞外から細胞内に濃度差にしたがって流入することで発生するので，細胞外液のナトリウムイオン濃度が低くなると細胞内に流れ込みにくくなるから。 (2) 弱い刺激でも強い刺激でも発生する活動電位の最大値の大きさは変わらないが，弱い刺激よりも強い刺激の方が活動電位が発生する頻度が高くなる。

〈解説〉1 (1) 軟体動物は外とう(套)膜に内臓が覆われていて，腹足類(タニシなど)，斧足類(二枚貝類)，頭足類(イカ・タコ)などに分けられる。血管系において頭足類は閉鎖血管系であるが，他は開放血管系である。 (2) 解答参照 (3) 頭足類のからだは頭足部と胴部とに区分され，さらに頭足部は頭部とその先につく足(腕)部とに分けられる。肝臓と足部との間に神経節がある。 (4) 脊椎動物の目は，光を感じる視細胞(網膜)で生じた興奮を脳に伝える視神経が，網膜の前(光が来る側)にあるので，視神経が集まり束になって眼球から脳に向かうとき，網膜を通り抜けるために視細胞の無い領域(盲斑)ができる。

(5) 軟体動物と環形動物の幼生は，輪形動物(ワムシなど)の成体とよく似ており，トロコフォアと呼ばれる。このことから，これらの動物は共通の祖先から進化したと考えられている。ゴカイは輪形動物，イソガニは甲殻類，ゾウリムシは原生生物，ムラサキウニは棘皮動物，ユスリカは昆虫の双翅目である。 2 (1) ニューロンの細胞膜では，ナトリウムポンプのはたらきによって，細胞外はNa^+イオン濃度が高く，細胞内はNa^+イオン濃度が低い状態が保たれている。刺激を受けた部位のNa^+チャネルが開きNa^+は濃度の高い細胞外から濃度の低い細胞内に拡散する。Na^+の流入によるわずかな電位変化(脱分極)の結果さらに多くのNa^+チャネルが開く。よって，細胞外のNa^+濃度が低いと，Na^+の流入が少なく相対的な電位差が小さくなる。　(2)　閾値以上の強さの刺激により，1本のニューロンで生じる興奮(活動電位)は，与える刺激の強さにかかわらず，その大きさは約100mVで一定である。刺激が強い場合は，興奮が生じる頻度が増すことにより，脳で刺激の強さを感じ分けることができる。

【5】1　a　西高東低　　b　春一番　　2　ア　　3　シベリア高気圧から吹き出す季節風は日本海で水蒸気を取り込み，山脈を越えるときに上昇気流が生じ，日本海側に雪を降らせる雲ができるため。

4　晴れていて，風が弱いとき。　　5　1.8×10^{14}kW　　6　(1)　ウ

(2)　水蒸気を含んだ湿った空気が高い山脈を越えるとき，山の斜面を上昇する空気は，初めは乾燥断熱減率にしたがい温度が下がるため，雲ができて雨を降らせながら上昇するようになると，湿潤断熱減率にしたがって温度が下がるため，温度が下がる割合は小さい。一方，山を越えて空気が下降するときには雲ができず，乾燥断熱減率と同じ割合で温度が上昇するため，温度が上がる割合は大きい。

〈解説〉1　冬季，シベリア大陸にシベリア高気圧が，北海道沖には発達した低気圧が位置すると冬型が強まり，北西の季節風が強く，日本海側および北海道に大雪が降る。このような冬型の気圧配置を西高東低型という。また，低気圧が日本海で発達すると，強い南寄りの風が吹く。立春以降の最初のこの南寄りの風を春一番という。気象庁では春一番を「立春から春分までの間に，広い範囲(地方予報区くらい)で初めて吹く，暖かく(やや)強い南よりの風」としている。　2　地球は太陽からの放射エネルギーを受け，また地球からは受け取った熱を赤外線の形で，大気および宇宙空間に放出している。この受け取るエネルギーと放出するエネルギーの熱収支は緯度35°付近でつり合っているが，これより低緯度では受け取るエネルギーが，高緯度では放出する

エネルギーが大きくなる。この結果，低緯度地方の大気は暖められ，上昇気流になる。上昇した気流は圏界面で高緯度方向へ流れを変える。この気流が北上すると転向力の影響を受け，右側に向きを変え，最終的に中緯度上空で西風なる。この気流が地表面に下り，一部は赤道方向への貿易風として吹く。この低緯度地域に見られる大気の垂直方向の循環を，ハドレー循環という。 3 シベリア高気圧から吹き出した寒冷，乾燥した北西の季節風は，日本海を通過するうちに海面から蒸発した大量の水蒸気を含む。この水蒸気を含む空気が山脈にぶつかり上昇気流となる。この空気が上昇中に水蒸気が凝結し，日本海側の山間部に大雪を降らせる。中学校理科における気象領域では，気象観測，天気の変化，日本の気象について学ぶ。このうち天気の変化では，「霧や雲の発生」と「前線の通過と天気の変化」について学ぶ。学習指導要領解説には，雲の発生に関し，大気が上昇すると気温が低下すること，上空ほど気圧が低くなることを扱うとされている。これを受け中学校理科の教科書には，露点，飽和水蒸気量，湿度，高度と気圧の関係について記載されており，また雲の発生に関する実験も扱われているので，このことを考慮した解答も考えられる。 4 夜間，日射がなくなると地表からの赤外放射によって，地表に接する大気層や地表面が冷却する。これを放射冷却という。放射冷却が強まるのは，良く晴れた風の弱い夜に起こる。これは温室効果をもたらす雲がなく水蒸気が少ないこと，および風が弱いため，下層大気における小さな乱れ(渦対流)が生じにくく，混合による上下の熱交換がおさえられるからである。 5 太陽の放射エネルギーは日の当たった面に与えられる。この総エネルギーは地球の断面積と同じ面積(Sとする)の光束としてもたらせられる。この面を通過する単位面積，単位時間当たりのエネルギー量が太陽定数1.4kW/m^{2}である。よって太陽定数に面積Sをかけたものが，求める値である。すなわち，$1.4\times3.14\times(6.4\times10^6)^2=180.06\cdots\times10^{12}\fallingdotseq1.8\times10^{14}$〔kW〕となる。 6 (1) 天気図における矢羽根は，風が吹いてくる方向を表す。よって図中のP，U，Tでは北寄りの風が，Q，R，Sでは西寄りの風が吹いている。寒冷前線通過後は風向きが北寄りになるので，寒冷前線が観測点P，U，TとQ，R，Sの間に位置する。　(2)　多湿な空気塊が山腹を上昇すると，空気塊の温度は乾燥断熱減率で気温が低下する。気温が低下するとやがて露点に達し，空気塊中に含みきれない水蒸気は凝結して雲になり，雨を降らせる。露点に達してから山頂に至るまで，この空気塊は湿潤断熱減率で気温が低下し続ける。この空気塊が山頂を越え，山麓へと高度を下げると，今度は乾燥断熱減率で気温が上昇する。この空気塊の温度変化において，雲が発生している間は湿潤断熱減率で温度が低下するのに対し，山頂を越えた空気塊は同じ高度間を乾燥断熱減率で温度が上昇する。湿潤断熱減率と乾燥断熱減率はそれぞれ約0.5℃/100m，約1℃/100mなので，温度変化は不飽和大気の方が大きい。よって山を越え山麓に戻った空気塊の方がその分温度が高く，また途中で水蒸気を降雨で減らしているので，水蒸気が少ない乾燥した空気塊となる。この現象をフェーン現象という。

高　校　理　科

【共通問題】

【1】1　ア　日常生活や社会　　イ　探究する能力と態度　　ウ　科学的な見方や考え方　　2　(1)　a　自然の事物・現象　　b　先端科学　c　自然環境の調査　　d　科学を発展させた実験　　(2)　場面…生徒の研究したい分野を専門とする教員がいないとき。　　方法…大学の教員から専門的な指導を受ける。

〈解説〉いずれも「高等学校学習指導要領」及び「高等学校学習指導要領解説」からの出題である。記号選択ではなく記述式であることや，具体例を答えるといった形で難易度が高めになっている。ただ暗記するだけではなく，具体的な場面や内容部分まで広げて対策をしておくことが求められる。

【化学】

【1】1　エ　　2　ナイロン66

3　A　　B　　C　　D　　E

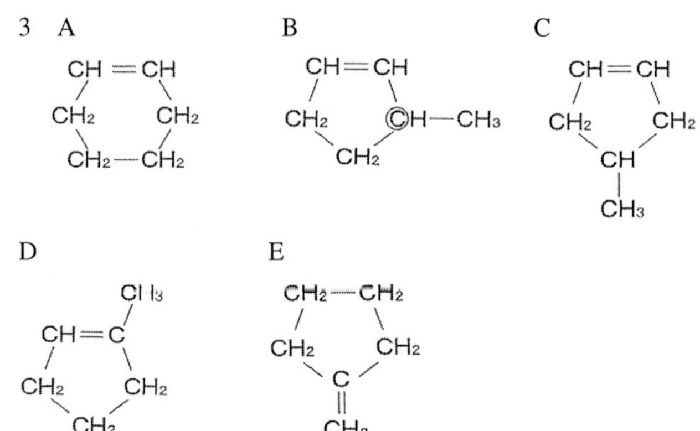

4　$CH_3COCH_3 + 3I_2 + 4NaOH \rightarrow CHI_3 + CH_3COONa + 3NaI + 3H_2O$

〈解説〉1　マルコフニコフ則によると，アルケンに水素化合物が付加する際，Hは，不飽和結合のうちH原子がより多く結合しているC原子側に付加しやすい。本問の場合，$CH_3-CHCl-CH_3$が生成される。

2　ポリアミド系合成繊維とはナイロンのことである。　3　アルケンは二重結合を有する。六員環構造は1種のみで，酸化によりナイロンの原料となるFが生成するAである。五員環構造4種のうちCとEが対称な構造をしていることと，EからJとKが生成していることより，Eは環以外に二重結合が含まれる。Dを酸化するとヨードホルム反応を示す化合物が生成することより，二重結合をもつ炭素原子にメチル基が結合した構造となる。したがって，Bは不斉炭素原子を含む化合物である。　4　ヨードホルムCHI_3が生成する。

【2】1　強塩基と弱酸からなる塩が加水分解することにより，水溶液が塩基性を示すため。　　2　(1)　$AgCl + 2Na_2S_2O_3 \rightarrow Na_3[Ag(S_2O_3)_2] + NaCl$　　(2)　ウ　　3　熱によって励起状態となった電子が，内側の電子殻にもどるときにエネルギーを放出するため。

4　Ⅰ　Ag_2SO_4　　Ⅱ　CH_3COOK　　Ⅲ　$Fe(NO_3)_3$　　Ⅳ　$AlCl_3$

5　記号…ア　　理由…酸性条件では銅イオンのみが硫化物として沈殿するが，中性条件や塩基性条件では両方とも硫化物として沈殿するため分離できない。

〈解説〉1　塩基性を示すので，強塩基と弱酸の組合せでできた塩と判明する。　2　白色沈殿は$AgCl$であり，チオ硫酸ナトリウム水溶液に溶けると，チオスルファト銀(Ⅰ)酸イオンが生成し沈殿は溶け，無色の水溶液となる。　3　原子が加熱されると，電子は熱エネルギーを吸収して，外側にある別の軌道に移る。外側の軌道は不安定なため，電子は元の安定した軌道にすぐに戻る。そのとき，吸収していたエネルギーを光として放出する現象が炎色反応である。　4　Ⅰ：HClで沈殿したことからAg^+を含み，$Ba(OH)_2$で沈殿したことからSO_4^{2-}を含むAg_2SO_4である。Ⅱ：炎色反応からK^+を含み，弱酸との組合せからCH_3COO^-を含むCH_3COOKである。Ⅲ：水酸化物の沈殿が過剰の$NaOH$やNH_3水に溶けないこととHNO_3で変化しないことからFe^{3+}を含む$Fe(NO_3)_3$である。Ⅳ：Ag^+で白色沈殿ができたことからCl^-を含み，過剰の$NaOH$やNH_3水に溶けることからAl^{3+}を含む$AlCl_3$である。　5　酸性の溶液中で，Cu^{2+}はH_2SによってCuSの黒い沈殿を生じるが，Fe^{3+}は沈殿しない。中性や塩基性だと，いずれも沈殿する。

【3】1　a　2　　b　光ファイバー　　c　ファインセラミックス

2　電気伝導性が，金属と絶縁体の中間の大きさであるもの。

3　②　$SiO_2 + 2C \rightarrow Si + 2CO$　　③　$SiO_2 + 6HF \rightarrow H_2SiF_6 + 2H_2O$

4　・生体毒性がない　・耐食性が大きい　・耐摩耗性が大きい

5　$H_2O \rightarrow \cdot OH + H^+ + e^-$　　6　電子配置を比較したとき，ヒドロキシルラジカルには不対電子が存在するために反応性が高い。

〈解説〉1　地殻中の元素の重量比は，O，Siで75％を占め，続いてAl，Feの順である。　2　半導体は，導体と絶縁体の中間的な抵抗率を持ち，熱や磁場，電圧などの条件しだいで抵抗が大きく変化する。

3　③では，強酸のヘキサフルオロケイ酸H_2SiF_6ができる。

4　軽く強度があり薬品にも強いファインセラミックスであり，人工関節等医療器具に多く使用されていることから，耐毒性，耐磨耗性，耐久性などが求められる。　5　ヒドロキシラジカル(・OHで表す)は活性酸素と呼ばれる。正孔とは半導体において，価電子帯の電子が不足した状態を表す。　6　ヒドロキシラジカルの酸素原子が電子を受け取った後の状態が水酸化物イオンである。

【4】1　$MnO_4^- + 2H_2O + 3e^- \rightarrow MnO_2 + 4OH^-$　　2　16g
3　$2KMnO_4 + 8H_2SO_4 + 10FeSO_4 \rightarrow 2MnSO_4 + 5Fe_2(SO_4)_3 + K_2SO_4 + 8H_2O$
4　③より，過マンガン酸カリウム水溶液の濃度は，$\frac{2}{5} \times \frac{4.02}{134} \times \frac{20}{12} =$ 2.00×10^{-2}mol/Lである。⑥より，10mL中に含まれる鉄(Ⅱ)イオンの物質量は，$5 \times 2.00 \times 10^{-2} \times 4.2 \times 10^{-3} = 4.20 \times 10^{-4}$molであるから，混合物X2.00g中に含まれる硫酸鉄(Ⅱ)は，$4.2 \times 10^{-4} \times 10 \times 152 = 0.6384$gとなる。混合物Xに含まれる硫酸鉄(Ⅱ)七水和物の質量パーセントは，
$\frac{0.6384 \times \frac{278}{152}}{2.00} \times 100 = 58.38$%となる。　(答)　58.4%

〈解説〉1　$MnO_4^- + 4H^+ + 3e^- \rightarrow MnO_2 + 2H_2O$，$4H_2O \rightarrow 4H^- + 4OH^-$，塩基性溶液なので，H＋を消去するため2式を足して整理すると，$MnO_4^- +$ $2H_2O + 3e^- \rightarrow MnO_2 + 4OH^-$となる。　2　70gの飽和溶液中には，$FeSO_4$が$70 \times \frac{40}{40} = 20$〔g〕溶けている。温度を下げた時の飽和溶液の質量と無水物の質量を比較し立式する。x〔g〕析出したとすると，$(70 - x) : \left(20 - \frac{152}{278}x\right) = 126 : 26$より$x = 16$〔g〕　3　$MnO_4^- + 8H^+ +$ $5e^- \rightarrow Mn^{2+} + 4H_2O$… (a)　$Fe^{2+} \rightarrow Fe^{3+} + e^-$… (b)　(a)＋(b)×5より，$MnO_4^- + 8H^+ + 5Fe^{2+} \rightarrow Mn^{2+} + 5Fe^{3+} + 4H_2O$　陽イオンとしてK^+を，陰イオンとしてSO_4^{2-}を加えると，$KMnO_4 + 4H_2SO_4 + 5FeSO_4 \rightarrow MnSO_4 +$ $\frac{5}{2}Fe_2(SO_4)_3 + 4H_2O$　両辺を2倍して，$2KMnO_4 + 8H_2SO_4 + 10FeSO_4 \rightarrow$ $2MnSO_4 + 5Fe_2(SO_4)_3 + 8H_2O$　　4　$MnO_4^- + 8H^+ + 5e^- \rightarrow Mn^{2+} + 4H_2O$，$(COO)_2^{2-} \rightarrow 2CO_2 + 2e^-$より2：5のモル比で反応する。また，$Na_2(COO)_2 = 134$である。過マンガン酸カリウムの濃度を$x$〔mol/L〕とする

と，③より $\frac{12.0}{1000}x$：$\left(\frac{4.02}{134}\times\frac{20}{1000}\right)$＝2：5が成り立ち，$x$＝0.0200〔mol/L〕である。次に，3の式よりMnO_4^-とFe^{2+}は1：5のモル比で反応するから，10mL中のFe^{2+}の物質量yについて，$\left(0.0200\times\frac{4.2}{1000}\right)$：y＝1：5より，y＝$4.2\times10^{-4}$〔mol〕である。よって，$FeSO_4$の質量は$4.2\times10^{-4}\times152$＝$6.384\times10^{-2}$〔g〕である。したがって100mL中の七水和物は，$6.384\times10^{-2}\times10\times\frac{278}{152}$＝1.1676〔g〕となり，含有率は，
$\frac{1.1676}{2}\times100\fallingdotseq58.4$〔%〕である。

【生物】

【1】1 (1) a 369.2　b 29.4　(2) エネルギー効率は，生産者では0.1%，一次消費者では13.3%，二次消費者では20.9%であるから，栄養段階が上がるほどエネルギー効率は大きくなる。　(3) 表1において，生産者が固定したエネルギーのうち，二次消費者に移行して同化されたエネルギーは約2.8%しかないことと同じように，栄養段階が上位の生物ほど利用できるエネルギーが少なくなるから。

2 (1) イ　(2) 捕食によって多くの種が共存できるようにする役割。　3 個体群の大きさが小さくなることで起こる，遺伝子の多様性の低下。

〈解説〉1 (1) a 図より，生産者の純生産量＝総生産量－呼吸量，の関係がわかる。a＝467.5－98.3＝369.2　b 一次消費者の成長量＝同化量－(呼吸量＋被食量＋死滅量)＝62.2－(18.5＋13.0＋1.3)＝29.4

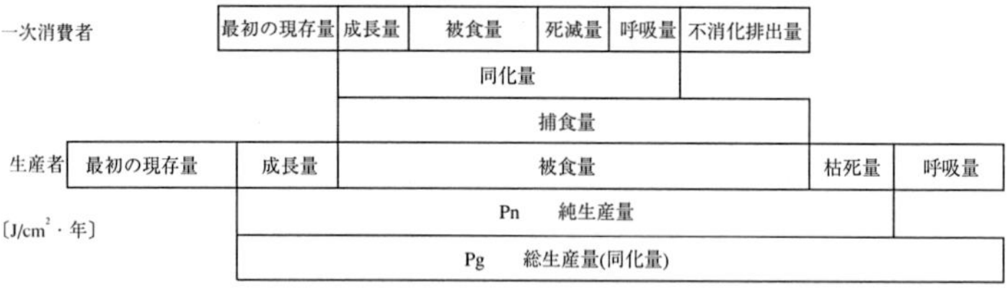

一次消費者　最初の現存量｜成長量｜被食量｜死滅量｜呼吸量｜不消化排出量
同化量
捕食量
生産者　最初の現存量｜成長量｜被食量｜枯死量｜呼吸量
Pn　純生産量
〔J/cm²・年〕
Pg　総生産量(同化量)

物質収支

(2) 各栄養段階のエネルギー効率は，次の式で計算する。

生産者のエネルギー効率〔%〕$=\left(\dfrac{\text{総生産量}}{\text{太陽の入射エネルギー量}}\right)\times 100$〔%〕

消費者のエネルギー効率〔%〕$=\left(\dfrac{\text{その栄養段階の同化量}}{\text{前の栄養段階の同化量}}\right)\times 100$〔%〕

具体的に値を当てはめると，栄養段階を上がるごとにエネルギー効率が大きくなることがわかる。

生産者のエネルギー効率$=\left(\dfrac{467.5}{499262.4}\right)\times 100 \fallingdotseq 0.09$〔%〕

一次消費者のエネルギー効率$=\left(\dfrac{62.2}{467.5}\right)\times 100 \fallingdotseq 13.3$〔%〕

二次消費者のエネルギー効率$=\left(\dfrac{13.0}{62.2}\right)\times 100 \fallingdotseq 20.9$〔%〕

(3) 表1より栄養段階を上がるごとに，純生産量や成長量などの値は小さくなっていることがわかる。 2 (1) 捕食者にたくさん捕食されていても，生息を維持している生物は競争に強いといえる。フジツボやムラサキイガイがそれにあたる。 (2) ヒトデのように生態系内で食物連鎖の上位に位置し，他の生物の生活に大きな影響を与える種をキーストーン種という。 3 種内には遺伝的な違いが存在し，個体の形質は少しずつ異なる。これは種の多様性をもたらす原動力になる。種の多様性が大きいほど，環境の変化による撹乱などの影響を受けにくい。

【2】1 (1) a グリコーゲン b ネフロン c 大動脈
(2) d H_2O e $(NH_2)_2CO$ (3) 172.8L (4) タンパク質…大きな分子であるため，糸球体からボーマンのうにろ過されないから。グルコース…糸球体からボーマンのうにろ過されるが，腎細管ですべて再吸収されるから。 2 (1) 海にも川にもすむことができる。
(2) 海水を飲み，腸から水分を吸収し，体液と等張な尿を少量排出しており，えらの塩類細胞からは能動的に余分な塩類を排出している。

〈解説〉1 (1) ほ乳動物の体液濃度の調節は，腎臓で水分調節と塩類調節，肝臓でグルコース濃度調節などにより維持されている。腎臓についての出題は多く，糸球体，ボーマンのう，腎小体，細尿管(腎細管)，腎単位，集合管などの用語とはたらきを整理しておきたい。肝臓の働きは多く，整理して理解しておく必要がある。　(2)　有機窒素化合物の分解で生じた毒性のあるアンモニアを，肝臓で毒性の低い尿素に変える反応系がオルニチン回路である。化学反応式は，$2NH_3 + CO_2 \rightarrow CO(NH_2)_2 + H_2O$で表される。　(3)　全く再吸収されない原尿中のイヌリンの尿への濃縮率に，1日の尿量を乗ずると，1日に生成される原尿の量を求めることができる。イヌリンの濃縮率＝$\frac{12}{0.1}$＝120〔倍〕1日当たり生成する原尿量＝1分間に生成される尿量×60〔分〕×24〔時間〕×イヌリンの濃縮率＝1×60×24×120＝172800〔mL〕＝172.8〔L〕　(4)　腎小体で，血球や高分子化合物は糸球体からボーマンのうへろ過されない。グルコースは糸球体から全量ろ過され原尿に含まれるが，細尿管(腎細管)ですべて再吸収される。ただし，高血糖の場合は再吸収しきれずに一部は尿に溶け込んだまま糖尿として出てくる。
2　(1)　ケアシガニは外液の塩類濃度が変化するにつれて体液の塩類濃度も変化し，塩類濃度調節能力を欠くことがわかる。モクズガニは外液塩類濃度が低くなっても，体液の塩類濃度を維持するはたらきを持つことがわかる。よって，海水や淡水に変化する潮間帯(汽水域)に住めるのはモクズガニである。　(2)　海水中に住む海産硬骨魚類は，浸透圧の差により体内の水が体外に浸出するために水を失う。そこで，水分を補うために海水を飲み，腸で水を吸収するとともに，えらの塩類細胞から過剰な塩類を能動輸送により排出する。腎臓では塩類をろ過し，体液と等張な濃い尿を少量排出する。

【3】1　(1)　インドール酢酸　(2)　重力を感知し，また，伸長部に向かって成長を抑制する物質を出す働き。　2　(1)　12時間程度経ったとき，重さについては，オーキシンのみを含む液よりもオーキシンとジベレリンの両方を含む液の方が20%程度重くなり，長さについては，オーキシンのみを含む液よりもオーキシンとジベレリンの両方を含む液の方が30%程度長くなる。　(2)　ジベレリンは，茎を細長く伸ばし，華奢に成長させるように作用している。

〈解説〉1　(1)　オーキシンの化学的成分はβ－インドール酢酸である。オーキシン作用をもつ化学成分には，2,4－ジクロロフェノキシ酢酸(2,4－D)，ナフタレン酢酸(NAA)やインドール酪酸(IBA)などがあり，除草剤や植物活性剤として利用されている。　(2)　根冠を形成する細胞にはアミノプラストが発達した細胞がある。重力によってアミノプラストが沈降することで，オーキシン輸送タンパク質の分布が下方に多くなり，オーキシン濃度が下方で増大する。根にとって上側のオーキシン濃度は成長促進，下側の濃度は抑制にはたらき，根の屈地性(下向きの屈性)が生じる。　2　(1)　実験開始時と12時間後について，オーキシンのみの場合とオーキシンとジベレリンの混合の場合について，重さと，長さの両者の量的な違いを示すことがポイントとなる。

(2)　ジベレリン(GA)は，細胞壁を構成するセルロースを一定の方向に合成させるはたらきをもち，植物細胞の伸長成長を促す。ジベレリン単独では効果が少なく，オーキシンと協調して相乗的な効果を出す。

【4】1　(1)　0.98　(2)　記号…イ　理由…炭水化物の呼吸商は約1.0，脂肪の呼吸商は約0.7，タンパク質の呼吸商は約0.8であり，表から呼吸商を求めると0.7となるから。　2　(1)　a　解糖系　b　ピルビン酸　c　オキサロ酢酸　(2)　酸素がない状態で電子伝達系が働かないとNADHや$FADH_2$は酸化されず脱水素酵素の補酵素であるNAD^+や電子受容体であるFADに戻らないので，クエン酸回路における脱水素酵素が働くことができないから。　(3)　40.4%

〈解説〉1　(1)　フラスコAの水酸化カリウムは次の反応式に示すように，フラスコ内に生じた二酸化炭素を吸収する。2KOH(水酸化カリウム)＋CO_2→K_2CO_3(炭酸カリウム)＋H_2O　フラスコAおよびBの体積の変化は次の気体の量の変化を示している。　フラスコA：放出されるCO_2はKOH溶液に吸収されるので，982〔mm^3〕＝吸収O_2の体積　フラスコB：20〔mm^3〕＝吸収O_2の体積－放出CO_2の体積　呼吸商〔RQ〕は次の式で求める。呼吸商〔RQ〕＝$\frac{放出されたCO_2の体積}{吸収されたO_2の体積}=\frac{982-20}{982}\fallingdotseq$0.98　(2)　呼吸商は呼吸基質の種類によりほぼ次の値になることがわかっている。炭水化物：1.0，タンパク質：0.8，脂肪：0.7　トウゴマのRQを求める。RQ＝$\frac{1124-326}{1124}$≒0.709　トウゴマのRQの値が0.7であることにより，呼吸基質は脂肪と判定できる。　2　(1)　呼吸基質としてのグルコースは，解糖系・クエン酸回路・電子伝達系の3つの反応系で，最終的に二酸化炭素と水に分解され，取り出されたエネルギーでATPが生産される。それぞれの反応系の最終産物，脱水素酵素により生じるH^+を受け取る補酵素NAD^+やFADのはたらきを含めて，反応の概略図が描けるようにしておく必要がある。　(2)　酸素がないと電子伝達系の進行が止まる。$NADH^+$ H^+や$FADH_2$がそのままで，クエン酸回路の脱水素反応に必要なNAD^+やFADに戻らないからクエン酸回路が渋滞しやがて反応が止まる。　(3)　1molのグルコースが完全に酸化，分解されたとき生産される38ATPに蓄積されたエネルギー量は，30.5〔kJ〕×38＝1159〔kJ〕である。1159〔kJ〕は，1molのグルコースが完全に酸化，分解されるときに放出されるエネルギー量2870〔kJ〕の何パーセントかを計算する。$\frac{1159}{2870}$×100〔%〕≒40.38〔%〕

●書籍内容の訂正等について

弊社では教員採用試験対策シリーズ（参考書，過去問，全国まるごと過去問題集），公務員試験対策シリーズ，公立幼稚園・保育士試験対策シリーズ，会社別就職試験対策シリーズについて，正誤表をホームページ（https://www.kyodo-s.jp）に掲載いたします。内容に訂正等，疑問点がございましたら，まずホームページをご確認ください。もし，正誤表に掲載されていない訂正等，疑問点がございましたら，下記項目をご記入の上，以下の送付先までお送りいただくようお願いいたします。

> ① **書籍名，都道府県（学校）名，年度**
> （例：教員採用試験過去問シリーズ　小学校教諭 過去問　2025 年度版）
> ② **ページ数**（書籍に記載されているページ数をご記入ください。）
> ③ **訂正等，疑問点**（内容は具体的にご記入ください。）
> （例:問題文では“ア～オの中から選べ”とあるが,選択肢はエまでしかない）

〔ご注意〕

○ 電話での質問や相談等につきましては，受付けておりません。ご注意ください。

○ 正誤表の更新は適宜行います。

○ いただいた疑問点につきましては，当社編集制作部で検討の上，正誤表への反映を決定させていただきます（個別回答は，原則行いませんのであしからずご了承ください）。

●情報提供のお願い

協同教育研究会では，これから教員採用試験を受験される方々に，より正確な問題を，より多くご提供できるよう情報の収集を行っております。つきましては，教員採用試験に関する次の項目の情報を，以下の送付先までお送りいただけますと幸いでございます。お送りいただきました方には謝礼を差し上げます。

（情報量があまりに少ない場合は，謝礼をご用意できかねる場合があります）。

◆あなたの受験された面接試験，論作文試験の実施方法や質問内容

◆教員採用試験の受験体験記

送付先	○電子メール：edit@kyodo-s.jp ○FAX：03-3233-1233（協同出版株式会社　編集制作部 行） ○郵送：〒101-0054　東京都千代田区神田錦町2-5 協同出版株式会社　編集制作部 行 ○HP：https://kyodo-s.jp/provision（右記のQRコードからもアクセスできます）	

※謝礼をお送りする関係から，いずれの方法でお送りいただく際にも，「お名前」「ご住所」は，必ず明記いただきますよう，よろしくお願い申し上げます。

教員採用試験「過去問」シリーズ

山形県の
理科 過去問

編　集　© 協同教育研究会

発　行　令和6年4月10日

発行者　小貫　輝雄

発行所　協同出版株式会社

〒101-0054　東京都千代田区神田錦町2-5

電話　03−3295−1341

振替　東京00190−4−94061

印刷所　協同出版・POD工場

落丁・乱丁はお取り替えいたします。